위드코로나 시대
다음세대 신앙리포트

위드코로나 시대 다음세대 신앙리포트

초판 1쇄 발행 2022년 2월 11일
초판 2쇄 발행 2022년 7월 18일

지은이 이현철 안성복 백경태 박건규 허주은 손지혜
펴낸이 유동휘
펴낸곳 SFC출판부
등록 제104-95-65000
주소 (06593) 서울특별시 서초구 고무래로 10-5 2층 SFC출판부
Tel (02)596-8493
Fax 0505-300-5437
홈페이지 www.sfcbooks.com
이메일 sfcbooks@sfcbooks.com
기획·편집 편집부
디자인편집 최건호
ISBN 979-11-87942-61-0 (03230)
값 20,000원

* 본 저서는 학생신앙운동(SFC)·고신총회교육원의 협력과 진주성광교회(담임목사 정태진)의 지원으로 수행되었음.

위드코로나시대 다음세대 신앙리포트

이현철 안성복 백경태 박건규 허주은 손지혜

SFC

목차

추천의 글

이 책은 코로나19 팬데믹에 따른 전반적인 시대의 변화 속에서 기독 대학생들과 청소년들의 신앙과 삶의 모습이 어떠한지를 실증적으로 분석한 귀한 자료입니다. 뿐만 아니라 그렇게 분석한 실제적인 데이터를 기반으로 기독 대학생들과 청소년들을 향한 미래 사역의 방향과 전략에 유의미한 통찰을 제공해줍니다. 이는 오늘날 "위드코로나 시대에 다음세대의 신앙교육과 사역을 어떻게 할 것인가?"를 고민하는 많은 한국교회의 목회자들과 교사들에게 명쾌한 답을 던져줌으로써 큰 해갈解渴의 기쁨을 느끼게 할 것입니다. 이에 다음세대를 향한 사역자들에게 적극 추천하는 바입니다.

_강학근(대한예수교장로회(고신) 총회장, 대구서문로교회 담임목사)

코로나 시대를 거치면서 저의 고민은 "다음세대인 청소년과 대학생들이 무엇을 원하고 있는가, 그리고 그들을 위해서 어떻게 사역해가야 할 것인가?"입니다. 저는 이 책을 통해 그 해답을 시원하게 얻게 되었습니다. 현장과 괴리된 이론 그리고 알맹이 없는 레토릭rhetoric이 던져주는 허무한 메시지가 아니라, 지금도 사역 현장에서 직접 발로 뛰며 다음세대를 품고 있는 전문 사역자들의 분석과 해석이어서 그 시원함이 배가 됩니다. 다음세대를 향한 생동감 있는 전략을 찾고 있는 모든 목회자와 교사들에게 적극 추천하는 바입니다.

_허태영(학생신앙운동(SFC) 대표간사)

다음세대를 위한 신앙교육은 단순히 가르치는 것을 넘어 그들에게 참된 신앙의 '본'을 보여주고, 그들이 참된 신앙을 '경험'할 수 있도록 장을 열어주는 것으로 시작합니다. 문제는 다음세대에게 '어떻게 그것을 보여주고, 경험하게 하는가?'입니다. 코로나19로 인해 다음세대 사역의 모든 환경이 바뀌었고, 따라서 기존의 사역 전략과는 다른 전략을 고민하고 구상해야만 합니다. 그런 점에서 이 책은 위드코로나 시대에 맞는 다음세대를 위한 새로운 신앙교육의 전략과 방향성을 분석하여 제시함으로써, 그들에게 신앙을 어떻게 보여주고 경험하게 할 것인가를 제시합니다. 그러므로 다음세대를 신앙으로 지도하고자 하는 모든 이들에게 적극 추천합니다.

_김문훈(포도원교회 담임목사, 총회 SFC 지도위원장)

그동안 한국교회와 목회자들의 사역은 개인적인 경험 혹은 소수의 사례에 의존하여 '감'으로 사역을 수행하여 왔습니다. 하지만 코로나19와 같은 팬데믹은 누구도 경험해보지 못한 상황이라 어디서부터 무엇을 해야 할 것인지, 그 자체가 목회자들에게는 불투명하였습니다. 이 책은 그러한 암담한 사역 현장을 바라보고 있는 목회자들에게 '손에 잡히는 사역 방향과 전략'을 제공하고 있습니다. 철저한 개혁신학과 정련된 사회과학적 분석을 통해 탄탄하게 분석된 결과들은 한국교회의 목회자들이 힘 있게 사역해갈 수 있도록 만들어줄 것입니다.

_제인호(가음정교회 담임목사)

우리는 지난 2년간 코로나19 팬데믹 속에서 다음세대 사역이 맥없이 무너지는 것을 보았습니다. 그러한 가운데서 사역이 왜 무너졌는지 정확하게 분석하지 못했고, 따라서 사역을 다시 세울 뚜렷한 대안을 마련할 수 없었습니다. 교회는 그냥 굴러갔고, 교육부서도 그때그때 임기응변으로 지속해갈 뿐이었습니다. 그러다 『위드코로나 시대 다음세대 신앙 리포트』를 보는 순간, 우리나라 기독교에서 이런 보고서가 가능하구나 하는 경외심이 생겼습니다.

이 책은 코로나19에 대한 전문적인 식견을 가진 세상 학자들이 세상의 현상만을 분석해 놓은 책이 아닙니다. 그렇다고 신학자들이 성경적인 눈으로 코로나19를 돌파하는 진부한 식견만을 주는 책도 아닙니다. 이 책의 가장 특별한 점은, 사회를 정확히 분석하는 언어인 '통계'를 통해 매우 정확하고 면밀하게 청소년과 대학생들의 신앙형태에 대해 분석하였다는 것입니다. 그냥 일반적인 통계수치만을 제시하고 끝난 것이 아니라, 통계수치를 정확히 분석해서 다음세대의 문제를 정확히 끄집어내었습니다. 아마 이러한 책은 우리나라 기독교계에 없을 것입니다.

또한 이 책은 단순한 통계분석을 넘어 그 분석에 대한 정확하고 쉬운 해석까지 제공합니다. 따라서 위드코로나 시대와 그 이후 시대에 한국교회가 청소년과 대학생들에게 어떻게 접근해야 효과적으로 사역할 수 있을지에 대해 매우 유용한 아이디어와 대안을 얻을 수 있습니다. 만약 당신의 교회가 코로나19 상황 속에서 다음세대의 사역에 갈피를 잡지 못하고 있다면, 무조건 이 책을 사서 정독해야 합니다. 또한 만약 당신이 교회의 교역자이거나 교육부서에 속한 평신도라면 이 책을 가지고 공부해야 합니다. 이 책만 잘 독파한다면, 위드코로나 시대의 청소년들과 대학생들의 사역에 대안을 찾게 될 것입니다.

_이정현(청암교회 담임목사, 개신대학원 대학교 겸임교수)

코로나19 팬데믹의 엄습으로 전 세계적인 위기입니다. 이러한 상황에서 안팎으로 다양한 요구가 넘쳐나며, 각계각층에서 돌파구를 찾으려는 몸부림이 강합니다. 하여 개혁과 갱신, 전환점을 기대하는 한국교회는 자신의 자리를 잘 인식해야 합니다. 자신의 현실을 바르게 인식할 때, 비로소 맥락을 정확히 짚어가며 미래를 바라볼 수 있는 것입니다. 이 연구 자료는 코로나 시대를 지나고 있는 우리의 현실을 냉철하게 파악하는 데이터를 제공합니다. 데이터는 복잡한 현상을 단순 명료하게 보여주는 암호이며, 새로운 가치를 만들어 내는 힘이 있다는 점에서, 이 자료는 한국교회의 목회자들, 특히 청년 및 캠퍼스 사역자들에게 유용한 지침서가 될 것입니다.

_김성희(학복협 캠퍼스청년연구소 소장)

서문

코로나19 팬데믹pandemic은 우리들의 일상적인 삶 뿐만 아니라 교회 사역 전반의 모습도 송두리째 변화시켰다. 그 변화 속에서 교회는 신앙적 가치를 엄중하게 여기며 그 중요성을 포기하지 않으려고 많은 시도들을 수행하였다. 실제로 한국교회는 팬데믹의 상황 속에서도 예배와 신앙교육에 대한 강조점을 소홀하게 다루지 않았으며, 오히려 그 가치들을 더욱 고민하면서 그 의미들이 훼손되지 않도록 노력하였다.

하지만 한국교회의 신앙과 관련된 뼈를 깎는 노력에도 불구하고 우리가 마주하는 현실과 사역적 딜레마는 컸으며, 무엇을 어떻게 해야 하는가에 대한 질문 속에서 암담한 상황을 걸어갈 수 밖에 없었다. 특별히 목회 현장에서 사역하는 사역자들과 교사들의 경우 무너져버린 다음세대의 신앙과 교육기관의 상황을 바라보며 허망하게 눈물 흘리며 답답함을 호소하였다.

이같은 한국교회와 사역자들의 답답함을 바라보며 이현철·문화랑·이원석·안성복은 2021년 1월,『코로나시대 청소년 신앙 리포트』SFC, 2021를 통해 한국교회 최초로 코로나시대를 살아가는 청소년들의 삶과 인식을 실증적으로 분석하였으며, 이를 통해 현장 사역자들로부터 큰 호응을 이끌어내었다. 이는 팬데믹의 상황에서 청소년들이 무엇을 생각하고, 어떠한 형태로 신앙생활을 하는

지를 선험적으로 파악하게 해줌으로써, 그들을 향한 사역적 방향성을 구성할 수 있게 해주는 의미있는 기초자료가 되었다. 하지만 해당 연구는 코로나시대를 향한 교회 사역 전반의 내용을 담아내기에는 한계가 있었다. 가장 핵심적으로는 분석 대상이 청소년 집단에만 한정되어 있었기에 교회 사역 전반을 아우르고, 전략을 세운다는 것 자체가 어려움이 있었다. 그럼에도 불구하고 해당 작업은 교회사역을 위한 데이터 기반의 사역 전략 구성과 체계적인 분석이 이루어져야 한다는 의미심장한 메시지를 던져줌으로써 후속 연구를 위한 마중물이 되어주었다.

이에 학생신앙운동SFC과 고신총회교육원은 공동으로 "위드코로나 시대 다음세대 신앙양육을 위한 교회사역 방안"연구 사업을 기획하였으며, 각 기관의 특성과 의미를 살펴 연구를 수행하게 되었다. 먼저 학생신앙운동SFC은 한국교회의 다음세대인 청소년과 대학생들에게 집중하여 심층적인 분석을 시도하였으며, 고신총회교육원은 교회 사역 전반에 집중하여 코로나시대 교회사역의 방향성을 구성하고자 노력하였다.

본서는 학생신앙운동SFC이 추구한 다음세대와 관련된 내용을 담고 있으며, 청소년 및 대학생들의 삶을 실증적으로 탐색하였다. 특별히 본서는 청소년과 대학생 집단에 대한 종합적인 분석, 코로나시대 다음세대를 향한 사역 방향성 제시, 현장 사역자들이 직접 참여한 연구라는 가치를 가지면서 초기에 설정한 연구의 목적과 의미를 더욱 강화해주었다. 이 과정에서 연구진으로 참여한 안성복, 백경태, 박건규, 허주은, 손지혜 간사님들의 헌신은 이루 말할 수 없이 컸다. 이들의 경우 신앙으로 다음세대를 세워나가고자 하는 비전을 가진 헌신자들로서 이러한 젊은 사역자들과 함께 작업할 수 있었다는 것 자체가 은혜이고 기쁨이었다. 더불어 나이현철는 이러한 젊은 사역자들이 있기에 미래 한국교회와 다음세대들이 건강하게 세워져 갈 것을 확신한다. 또한 이번 연구 사업은 진주성광교회 담임목사 정태진의 전폭적인 지원과 후원을 통해 이루어질 수 있었다. 진주성광교회의 모든 성도들이 코로나시대 다음세대 신앙 양육을 위한 현실적인 방안이 필요함을 엄중하게 인식하고 실제적인 연구의 장을 열어 준 것에 대해 이 자리를 빌려 심심한 감사의 마음을 전한다.

우리가 믿음 안에서 확실하게 고백할 수 있는 것은 한국교회와 다음세대는 어떠한 위기와 상황 속에서도 삼위하나님의 은혜 가운데 흔들림 없이 세워져 갈 것이라는 사실이다. 코로나시대, 아니 그것보다 더한 무언가가 닥칠지라도 삼위하나님의 강력한 인도하심 속에서 앞으로도 계속 교회의 사역은 힘있게 진행될 것이며, 사역 현장이 직면하게 될 모든 난제難題들은 하나님의 은혜로 극복될 것임을 확신한다. 부디 이번 작업이 하나님 나라 확장을 위한 우리 모두의 노력에 작은 힘이 되길 소망한다. *Soli Deo Gloria!*

2022년 1월
저자 일동

이 책의 특징과 의의

이 책은 한국교회의 청소년·대학·청년 목회자 및 교사들에게 몇 가지의 주요한 메시지를 던져준다.

첫째, 이 책은 다음세대로 대변되는 '청소년과 대학생' 집단에 대한 종합적인 분석을 제시한다. 이번 연구진은 지난 2021년 1월 『코로나시대 청소년 신앙 리포트』SFC, 2021를 통해 코로나시대 한국교회 최초의 청소년 대상 인식 조사를 수행하였다. 이는 한국교회의 다음세대 사역을 위한 데이터 기반의 분석을 수행하였다는 측면에서 청소년 사역과 관련해 의미있는 기초자료로 여겨졌으며, 현장 사역자들로부터 큰 호응을 끌어냈다. 하지만 해당 분석은 안타깝게도 다음세대를 향한 종합적인 시각을 제시하는 데 분명한 한계점을 지니고 있는데, 바로 중학생 및 고등학생 집단만을 대상으로 분석이 이루어졌다는 점이다. 따라서 전술한 연구대상의 한계를 극복하기 위하여 이번 분석은 청소년과 함께 대학생들을 포함하여 다음세대를 구성하는 청소년 집단과 대학생 집단 모두를 아우르고 있으며, 이는 우리에게 코로나시대를 살아가는 다음세대의 상황과 인식을 종합적으로 이해할 수 있게 한다는 의미를 선사한다. 또한 이 과정에서 한국교회를 향한 「Creative Ministries 2025 for the YOU.T.H. plus(+)」가 도출되었는데, 해당 체제는 『코로나시대 청소년 신앙 리포트』에서 제안된 「Creative Ministries 2025 for the YOU.T.H.」 모델의 연속성 안에서 고도화의 의미를 추구한 것이기도 하다.

둘째, 이 책은 코로나시대 다음세대를 향한 사역의 방향성을 제시한다. 이번 조사는 청소년, 대학생, 그리고 이와 관련된 학부모에 대한 분석 결과를 바탕으로 다음세대 사역을 위한 데이터 기반의 사역 방향성을 현장감있게 제시하고 있다. 가능한 현장의 다양성을 담아보고자 노력하였으며, 세부화된 접근을 수행할 수 있도록 자료를 제시하고자 하였다. 물론 사역자 또는 교사들로서는 본인의 교회에 완벽하게 부합하는 내용으로 보기에는 어려울 수 있으나 다음세대의 인식과 그 인식의 경향성을 전체적으로 파악할 수는 있을 것이다. 그리고 그러한 맥락에서 목회자들과 교사들은 어떻게 사역해나갈 것인가에 대한 방향성을 구성할 수 있을 것이다.

셋째, 이 책은 현장 사역자들이 직접 참여하여 연구를 수행하였다. 다음세대에 대한 사역적 '감'highly sensitive은 현장 사역자들이 가장 정확할 것이다. 아무리 실천적 성향을 가진 전문적인 연구자 혹은 교수라 할지라도 현장 사역의 장에서 떠나있다는 점은 사역과 관련된 현장 이해도에 대한 한계를 의미한다. 그런 점에서 이번 작업에는 청소년 및 대학생 사역과 관련하여 지역 교회와 SFC에서 오랫동안 몸담아 온 최고의 현장 사역자들이 직업 참여하여 연구를 수행하였다는 점에서 그 가치가 크다. 더불어 이번 작업은 현장 사역자들의 R&D 전문성을 개발하는 측면에서도 가치가 있는데, 그동안 수행해 온 '몸으로 때우기 식'의 접근을 넘어 분석과 연구를 수행하는 현장 전문가의 차원으로 성장하는 첫 단추가 될 것으로 생각한다.

해석 방법: '통계 1도 몰라도' 분석결과 해석할 수 있어요

이 책의 분석결과들을 효과적으로 활용하기 위해서는 제시된 다양한 자료들을 정확하게 해석하고 이해할 수 있는 역량이 필요하다. 실제로 해당 과정은 대학원 과정의 전문적인 학습 과정이 요청되는 사항이지만 독자들의 상황을 고려하여 약식으로 주요한 요소들만을 설명하고자 한다. 여기에서는 '빈도와 퍼센트%, 집단 간의 차이 분석, 요구도 분석' 등의 결과를 해석하는 몇 가지 팁 tip을 소개하고자 하며, 그 내용은 다음과 같다.

통계 분석 결과표 해석 꿀 팁(1)

통계 분석 결과표 해석에 있어 문항의 주요 사항과 관련된 점수 기재의 의미를 파악하는 것은 결과를 해석하는 데 필수적인 과정이다. 이 책의 본문에서 제시된 분석표와 그림들을 통해서 직관적으로 이해될 수 있는 자료들도 있지만 어떤항목들은 <부록>에 제시된 설문문항을 살펴보고 그 의미를 정확하게 파악하는 것이 중요할 것이다.

아래의 설문 문항은 대학생들의 교회 옮김에 대한 인식을 확인하는 문항인데, 그것에 대한 인식을 파악하기 위하여 5점 척도로서 '5점: 매우 그렇다, 4점: 그렇다, 3점: 보통이다, 2점: 그렇지 않다, 1점: 전혀 그렇지 않다'로 구성된다. 즉, 해당 항목에 대한 응답자들의 평균 수치를 문항의 척도 점수의 의미와 매칭시켜서 확인해야 한다. 특정 문항의 경우 3점 척도로 구성되었음을 유념하면서 분석 결과표를 살펴 보기 바란다.

항목	매우 그렇다	그렇다	보통 이다	그렇지 않다	전혀 그렇지 않다
1) 나는 향후 다른 교회로 옮길 의향이 있다.	⑤	④	③	②	①
2) 나는 향후 신앙생활을 포기할 의향이 있다.	⑤	④	③	②	①
3) 나는 목회자로 인해 교회를 떠나고자 고민해 본 적이 있다.	⑤	④	③	②	①
4) 나는 목회자의 비윤리적 행동 때문에 교회를 떠나고자 고민해 본 적이 있다.	⑤	④	③	②	①

통계 분석 결과표 해석 꿀 팁(2)

구분		코로나19 이전	코로나19 이후	평균차이	t값 ①
전체		② 3.83	3.60	-.225	-6.692***
학교급	중학교	3.88	3.61	-.270	-5.482***
	고등학교	3.77	3.53	-.236	-3.837***
	기타 (홈스쿨링, 대안학교)	③ 3.80	3.69	-.102	-1.533

위의 표를 살펴볼 때 가장 먼저 확인해야 할 것은 t값 '*'(①)이다. '*'는 통계적으로 '유의미한 차이가 있는가' 혹은 '통계적으로 차이가 없는가'를 확인시켜주는 표시이다. 일단 '*'가 있다면 유의미한 차이가 있다는 것이다. 위의 결과표에 따르면, 코로나19 이전과 코로나19 이후의 신체적 건강 상태 인식의 전체 평균은 통계적으로 유의미한 차이(①)가 나타나고 있다. 즉, 3.83점과 3.60점으로 매우 근소한 평균의 차이(②)가 나고 있으며, 그 차이는 통계적으로 의미있는 차이로서 코로나19 이후의 건강 상태에 대하여 이전보다는 부정적인 인식을 보이고 있다는 것이다. 한편, 기타 구분의 평균은 3.80과 3.69점으로 근소한 평균의 차이(③)가 나고 있지만, t값(①)에 '*'가 없기에 통계적으로 무의미한 차이를 보이고 있습니다. 이는 홈스쿨링과 대안학교 집단의 경우 코로나19 이전과 이후의 건강 상태 인식 비교에 있어 유사한 인식적 수준을 보이고 있다는 것이다.

통계 분석 결과표 해석 꿀 팁(3)

청소년 및 대학생들의 The Locus for Focus 모델 분석 자료는 그림만 보면 된다. 코로나시대 청소년들이 인식하고 있는 신앙생활의 '미래 중요 수준'과

'현재 불일치'를 교차 분석한 것이다.

먼저 제1사분면HH은 바람직한 수준의 평균과 불일치 수준의 평균이 모두 높은 분면으로 최우선적 요구로 분류되는 영역이며, 제2사분면LH은 바람직한 수준은 낮지만 불일치 수준은 높은 분면이며, 제4사분면HL은 바람직한 수준의 평균은 높지만 불일치 수준이 낮은 분면으로 차순위 요구군 영역이며, 제3사분면LL은 바람직한 수준도 낮고 불일치 수준도 낮은 분면으로 우선적으로 고려되어야 할 요구로 보기 어려운 영역이다.

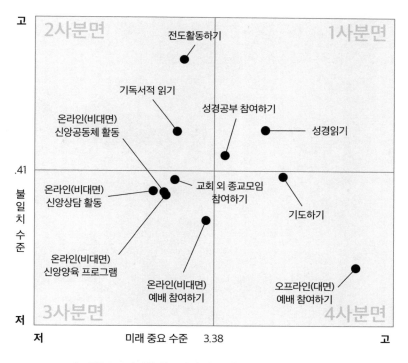

[그림] 코로나시대 청소년의 신앙생활에 대한 요구도 분석 예시

위의 제시된 분석 결과를 보면, 제1사분면에 포함되는 신앙생활은 성경읽기

와 성경공부 참여하기였고, 제2사분면에는 전도활동하기, 기독서적 읽기였으며, 제3사분면에는 교회 외 종교모임 참여하기, (온라인 비대면)신앙상담활동, (온라인 비대면)신앙공동체활동, (온라인 비대면)신앙양육프로그램, (온라인 비대면)예배 참여하기였고, 제4사분면에 포함되는 신앙활동은 기도하기와 (오프라인 대면)예배 참여하기로 나타났다. 절대 어렵지 않다. 제1사분면에 집중하자!

I
위드코로나 시대와
다음세대

위드코로나시대
다음세대
신앙리포트

1. 위드코로나 시대의 의미

    코로나19가 발생한지 벌써 2년이 지났다. 이제 코로나는 우리 삶의 일부가 되었다. 더욱이 델타 변이나 오미크론 변이들이 등장해 끝날 것 같은 코로나시국이 계속 이어지고 있다. 우리의 일상이 점점 멀어지는 형국이다. 그러니 어디를 가도 코로나19의 흔적을 확인할 수 있다. 산책을 위해 공원을 가도, 커피 한잔하기 위해 카페를 가도, 예배드리기 위해 교회를 가도, 학교와 어린이 집은 말할 것도 없고, 버스나 기차를 타도 코로나19의 흔적은 어디에나 함께한다. 그렇기에 이제 코로나19는 without가 아니라 with이다. 우리는 위드코로나를 어떻게 받아 들여야 할까? 코로나19의 발생과 진행사항을 알아보고 행정가, 의학전문가, 국민, 교회가 바라보는 위드코로나의 의미를 살펴보자.

(1) 코로나19(COVID-19)의 발생과 진행사항

    2019년 12월 말, 중국 후베이성 우한의 화난수산시장에서 원인 모를 '폐렴' 환자가 발생했다. 이 때 당시 중국의 최대 명절인 춘절 연휴가 겹쳐 감염자가 급증했고, 아시아권을 넘어 코로나19가 전파되기 시작했다. 2020년 1월 20일에 첫 국내 확진자가 보고되었다. 첫 확진자는 19일에 우한에서 입국한 중국인 30대 여성이었다.

    중국 내에선 확진자들의 급증을 막을 수 없었다. 확진자 관리가 한계에 이르자 중국 정부는 2020년 1월 23일 후베이성 우한시의 하늘 길과 땅의 길을 막는 봉쇄조치에 들어갔다. 우한시의 봉쇄는 76일간 이루어졌고, 4월 8일에 봉쇄조치를 해제하였다.

    국내에서 첫 번째 확진자가 발생한 후 간헐적으로 발생되던 코로나19는 2020년 2월 18일 대구의 모 집단에 의해 1차 대유행을 맞게 된다. 이어 정부는 2020년 2월 23일 신종코로나 바이러스 감염증 위기경보단계를 최고수준인 '심각'으로 격상하였다.

그후 2020년 8월에 광화문 집회로 인해 2차 대유행을 맞게 되었고, 2020년 11월에는 불특정 집단에서 감염이 일어나는 3차 대유행을 겪었다. 이런 와중에 2021년 2월 26일에 국내에서 백신접종이 처음으로 시작되었다. 2021년 7월 4차 대유행을 지나면서 코로나19는 백신접종률이 높아짐에 따라 어느 정도 안정세를 찾았다. 이에 정부와 의학전문가들은 많은 의견 조율을 거쳐 2021년 11월 1일 단계적 일상회복, 일명 '위드코로나'를 시작하였다.

(2) 행정가들이 보는 '위드코로나'

정부는 접종완료율이 70%가 넘으면 조심스럽지만 단계적 일상회복을 준비해서 진행하겠다고 밝히면서 2021년 10월 13일 '코로나19 일상회복 지원위원회'를 발족했다.[1] 2021년 11월 1일 정부는 큰 기대와 긴장감을 가지고 단계적 일상회복을 시작했다. 2020년 1월 국내에서 첫 확진자가 발생한지 652일, 백신을 접종한지 249일만이다.[2] 행정가들이 생각하는 '위드코로나'의 핵심은 백신접종완료율이었다. 2021년 12월 23일 0시 기준, 2차까지 백신 접종완료율을 보면 42,219,818명이 접종을 완료해 82.2%이었다. 수치상 70%를 훨씬 넘었기 때문에 '위드코로나'는 필요충분조건이었다. 그리고 소상공인과 자영업자들의 고통을 더 이상 외면할 수 없었고, 국민들의 코로나19로 인한 누적피로도도 최고에 이르러 일상회복을 더 이상 미룰 수 없다고 판단하고, 드디어 2021년 11월 1일에 부푼 기대와 긴장감을 가지고 위드코로나를 시작하였다.

---

1. 유근형 외 3명, "내주 식당·카페 外 다중시설도 8인 모임 검토…'위드코로나' 준비", 「동아일보」 (2021.10.14.기사), <https://www.donga.com/news/article/all/20211013/109696208/1>, 2021.12.23일 접속.
2. JTBC 뉴스, <https://www.youtube.com/watch?v=RVJYzLW1YEc>, 2021.12.23일 접속.

(3) 의학전문가들이 보는 '위드코로나'

이비인후과 전문의 안태환 의학박사는 "'위드코로나'는 코로나19의 완전한 종식에서 백신접종을 늘려 위중증 환자 관리로의 방역 전환을 준비하자는 것이다. 바이러스와 '함께 살자'는 개념이다. 위드코로나는 지속가능성, 국민수용성, 불편의 최소성, 통제 가능성을 기준으로 코로나19를 관리하는 것이다. 방역 포기나 해제가 아닌 일상 친화적 방역 방식이다."[3]라고 위드코로나를 바라본다. 또한 한림대 의대 감염내과 이재갑 교수는 "의료체계 개편이 위드코로나 준비의 시작과 끝이 될 것이다."[4]라고 말했다.

이처럼 전문가들은 '위드코로나'로 전환할 경우 위중증 환자를 중심으로 관리할 수 있는 의료체계가 반드시 필요하다고 이야기한다. 또한 전문가들은 단계적 일상회복 '위드코로나'로 전환되어도 생활 속 손 씻기나 마스크 착용은 일상화되어야 한다고 이야기한다.

(4) 국민들이 보는 '위드코로나'

국민의 10명 중 7명은 '위드코로나' 전환을 기대하고 있다. 유명순 서울대 보건대학원은 교수팀의 발표에 의하면, '코로나19와 일상이 공존하도록 방역 체계를 전환할 필요가 있다'라는 질문에 76.5%에 달하는 국민들이 '그렇다.'라고 답했다. 그러면서 백신패스[5]의 도입도 74.9%의 국민이 적절하다고 응답했다. 이처럼 국민들은 '단계적 일상회복위드코로나'으로 전환하면 손실보다는 이

---

3. 안태환, "위드 백신, 위드 마스크", 「The JoongAng」(2021.09.27. 기사), <https://www.joongang.co.kr/article/25009862#home>, 2021.12.23일 접속.

4. 황수연, "위드코로나 가려면?…전문가 '경증은 동네병원서도 치료하게'", 「The JoongAng」(2021.10.01. 기사), <https://www.joongang.co.kr/article/25011642>, 2021.12.23일 접속.

5. 백신패스는 식당 등 다중시설 입장시 접종증명서나 PCR(유전자증폭검사)음성 증명서를 제시하도록 하는 제도이다.

득이 더 많을 것으로 예상하는 결과가 나타났다. 다만 위드코로나 전환으로 인해 '기대와 우려가 반반이다'라는 대답이 49.2%로 여전히 코로나19가 위협하고 있다는 것을 알 수 있었다.[6]

(5) 교회가 보는 '위드코로나'

코로나로 인해 많은 곳에서 어려움을 겪었고 여전히 겪고 있지만, 교회도 예외일 순 없다. 특히 성도의 교제가 중요한 중심 축을 이루는 교회는 지난 2년간 한 쪽 날개를 잃은 것과 같았다. 그렇기에 '위드코로나'로 전환은 교회에 많은 기대와 위로를 주는 것이 사실이다. 이런 상황에 대해 정재영 교수실천신대 종교사회학는 다음과 같이 위드코로나 시대 교회의 방향을 제안한다. "코로나 상황에서 활용한 온라인 방식이 위드코로나 상황에서도 여전히 필요하고 유효하게 될 것이다. …… 공동체를 전통적인 개념에서 일정한 물리적인 공간 안에서 친밀한 대면 접촉을 전제로 이해한다면 그런 공동체는 불가능하지만, 오늘날에 공동체 개념은 물리적인 공간에 상관없이 공동의 의식과 공동의 생활 양식을 통해서 결속감이 증대된 집단으로 이해하기 때문에 이러한 공동체는 온라인상에서도 얼마든지 가능하다."[7] 이것은 교회공동체에 대한 '뉴노멀New Nomal' 시대가 열렸음을 암시한다.

(6) '위드코로나'에도 다음세대는 세워져야 한다

우리는 지금까지 행정가, 의학전문가, 국민, 교회가 바라보는 '위드코로나'

---

6. 신선미, "국민 76.5%…'위드코로나' 전환 필요…기대반 우려반", 「연합뉴스」 (2021.10.22. 기사), <https://www.yna.co.kr/view/AKR20211022063100530?input=1195m>, 2021.12.23일 접속.
7. 정재영, "위드코로나 시대에 교회 공동체 세우기", 「GOODNEWS」(2021.11.04.기사), <https://www.goodnews1.com/news/articleView.html?idxno=400199>, 2021.12.23일 접속.

를 살펴보았다. 각 집단마다 '위드코로나'를 바라보는 관점들에 미미한 차이가 있지만, 모두가 코로나 종식이 아니라 함께 가야 하는 것으로 인식하고 있다. 코로나19는 이제 우리 삶의 일부가 되었다. 이제는 '위드코로나'가운데 어떻게 우리의 삶을 살아갈 수 있을지 생각해보고 방법을 찾아 나서야 할 때가 되었다. 중세시대에도 코로나19와 같은 흑사병이 있었다. 유럽 인구의 삼분의 일을 죽음에 이르게 했던 흑사병은 14세기에 사회구조를 붕괴시킬 정도로 유럽사회의 종교사, 사회사, 경제사에 지대한 영향을 미쳤다. 지금 우리가 겪고 있는 코로나19의 '감염병 세계적 유행' 단계인 '팬데믹Pandemic'을 중세시대가 이미 겪었다고 할 수 있다.

이 엄중한 시기에 믿음의 선배 종교개혁자들은 '위드 흑사병'으로 세상과 성도들을 섬겼다.[8] 루터는 목회자는 할 수 있는 한 환자들 곁에서 도와야 한다고 주장하며, 흑사병에 대한 대처 요령을 제시하고, 방역을 준수할 것을 강조했다. 츠빙글리는 흑사병에 전염되어 죽음의 위기를 맞기까지 했다. 기적적으로 죽음의 고비를 넘긴 그는 '역병가'를 작곡했다. 흑사병의 고통 속에서 하나님의 위로를 구하는 찬양을 지어 많은 병자들을 위로했다. 칼빈 역시 흑사병의 위기 속에 흑사병과 함께 성도들을 외면하지 않으며 위로하고 심방하기에 힘썼다. 이제는 우리가 코로나와 함께, 코로나 속에, 코로나와 더불어 다음세대를 세워갈 차례이다. 코로나를 통해서라도 일하시는 하나님을 기대하고, 코로나 속에서라도 역사하실 하나님을 기대한다.

---

8. 박이삭, "흑사병에 대한 종교개혁자들의 대처를 통해 본 팬데믹 상황 속에서의 목회적 방안," 국내석사학위논문 총신대학교 일반대학원(서울, 2021), 21-31.

2. 청소년 및 대학생, M-Z세대의 특징

한국사회 청소년에게 가장 중요한 목표는 '대학'이었고 무엇보다 학업과 성적에 목을 매며 살았다. 청년들의 목표는 '취업'으로 규정되었다. 일류대학을 위해 노력하고 보다 많은 자격증을 보유하여 스펙을 길러 '평생직장'이라 말할 수 있는 좋은 기업에 취직하는 것이었다. 하지만 최근 취업난, 코로나, 미래의 불확실함을 깨달으면서 이들의 생각이 달라지고 있다. 청소년들의 경우 고등학교 진학률을 보면 인문계 고등학교보다 전문계 고등학교 진학률이 더 치열하다. 대학이 필수가 아닌 시대를 맞이하고 있다. 취업해보고 필요하면 대학에 진학하겠다는 인식이 크다. 대학생들은 어떨까? 취준생[9]의 기간이 필수인 시대가 되었고 전공과 상관없는 직장을 정하는 것이 대부분인 시대가 왔다. 평생직장의 기대를 버린 지 오래다. 대학생들의 선택은 취업이 잘되는 학과에 재입학하거나, 일잘러[10]를 꿈꾸며 자신의 길을 찾아가는 선택을 한다. 단순히 돈을 벌기 위함보다 개인의 가치를 위한 동기가 필요한 시대가 왔다. '취업'이 제일 우선이 아닌 '오늘'에 집중하며 '소소한 가치'를 찾아 만족하는 대학생들이 등장하게 되었다. 이런 삶을 사는 세대를 M-Z세대라고 한다.

(1) M-Z세대의 등장

1) 베이비붐세대부터 X세대까지

M-Z세대는 어떻게 탄생하게 되었나? M-Z세대는 밀레니얼세대1981~1995년생와 Z세대1996년 이후 세대를 겸하는 세대를 일컫는 말이다. 90년생을 밀레니얼

---

9. '취업준비생'의 줄임말.
10. '일 잘하는 사람'의 줄임말.

세대, Z세대는 알파벳 가장 마지막 Z를 사용하여 가장 마지막 세대, 최근 세대라는 의미를 가진다. M-Z세대가 주목 받는 이유는 그전 세대의 성향과 많은 차이점을 가지고 있기 때문이다.

과거 한국사회는 가난과 분쟁의 역사를 가지고 있다. 그 시대를 살았던 사람들을 베이비붐세대라고 한다. 이들은 밀레니얼세대의 부모세대로 가난을 경험했고, 가족을 위해 어려서부터 직장을 가져야 했다. 이후 시대가 지나 86세대가 시작되었다. 그들은 민주화운동과 경제성장을 이루었던 시대를 살았다. 당시는 '하면 된다', '잘 살아 보세'라는 표어 아래 주요 업적을 이룬 시대였기 때문에 그들은 노력하면 이룰 수 있다는 것을 경험했다. 그런데 경제가 성장하자 이젠 개인을 돌아보는 시대가 시작되었고 문화적 부흥을 이루게 되었다. 또한 본격적으로 디지털 시대가 시작되었다. 이 시대를 살았던 사람을 X세대라고 하며, 아날로그 시대와 디지털 시대를 겸하고 있다고 해서 '디지털이주민'[11]이라고 불렀다.[12]

M-Z세대 이전 세대를 키워드로 살펴보면, '가난', '성장', '일', '조직', '성실', '책임감', '헌신', 'IMF'라는 단어로 말할 수 있다. 가난했기에 공부가 아닌 일을 선택해야 했고, 가족부양을 위해 책임감을 가지고 자기를 포기해야만 했던 세대였다. 그들은 직장 내에서는 직장을 위해 성실하고 충성하는 모습을 보여야 하는 조직사회를 살았다. 그러다 IMF로 인해 실직의 위기를 맞았다. 그런 위기 속에서 이들의 선택은 더 충성하고 더 성실한 모습을 보이는 것으로 나타났다.

---

11. 이상준, 『밀레니얼은 어떻게 배우고 일하며 성장하는가』 (서울 : 다른상상, 2020), 29.
12. 고광열, 『M-Z세대 트렌드 코드』 (서울 : 밀리언서재, 2021), 22-25. 베이비붐세대는 1955-1963년생, 86세대는 80년대 학번, 60년대생이란 의미로 386세대라고도 불린다. X세대는 1970년대생을 말한다. 본 시대구분은 미국의 기준으로 적용한 것이기에 한국사회와는 맞지 않는 부분도 있다. 미국에 비해 한국사회는 밀레니얼세대에 저출산 저성장시대를 산 것이 가장 큰 차이점이다. 그러나 전반적으로 이전 시대와 구분되는 시대라는 점에서는 의견을 일치한다.

이런 세대의 자녀들이 바로 밀레니얼세대이다.

2) M-Z세대의 등장

　밀레니얼M세대는 Y세대라 불리며 컴퓨터를 소유하고 인터넷에 연결된 환경에서 성장한 '디지털원주민'[13] 세대이다. 부모님의 가족에 대한 헌신과, 조직사회 직장, 경제성장신화를 보았고, 유년기엔 IMF 금융위기 속에서 부모님의 실직을 보며 자랐다. 이 시기는 대학진학률이 어느 세대보다 높다. 금융위기의 영향으로 더 좋은 직장, 더 많은 연봉을 추구하기보다는 안정적인 직장을 찾는 것을 목표로 공무원시험에 몰리기 시작했다. 가족에 헌신적이었던 부모와는 달리 개인의 삶이 중심이 되었다. 직장에 헌신하기보다는 직장을 개인의 성장을 위한 터전으로 생각하며 산다.

　Z세대는 아날로그 시대를 전혀 경험하지 못한 세대로, 태어나면서부터 스마트폰과 태블릿PC를 경험한 세대이다. 그들은 SNS 및 온라인으로 소통하는 것을 선호한다. 많은 정보를 빠르게 습득하는 세대이기에 사회와 기성세대에 대한 불신도 빠르게 접한다. 예를 들면 세월호 사건을 통해 기성세대의 부정부패에 대한 반감도 크게 느끼며, 먼저 취업전선에 들어갔던 선배들이 직장을 오래 다니지 못함을 보고 미래를 포기하기 시작한다. 그래서 3포, 5포, 7포, N포세대[14]의 핵심이 되는 세대이다. 이런 환경에서 이들의 선택은 불분명한 미래를 대비하기보다는 현재에 집중하는 성향을 보인다.[15]

---

13. 이상준, 30.
14. 위키백과 검색 N포세대 : N가지를 포기한 사람들의 세대를 말하는 신조어, 3포세대는 연애, 결혼, 출산을 포기한 세대, 5포세대는 집과 경력까지 포기한 세대, 7포세대는 희망과 취미, 인간관계까지 포기한 세대, 9포세대는 신체적 건강과 외모까지 포기한 세대를 일컫는다.
15. 고광열, 24.

(2) M-Z세대의 특징

1) MZ세대의 내러티브

중학생인 P군은 고교진학에 있어 고민이다. 모두가 인문계 고등학교에 지원서를 낼 때 본인은 전문계 특성화 고등학교인 마에스트고에 지원서를 냈다. 성적이 나쁜 것도 아니다. 오히려 반 친구들 중 성적이 좋은 편이다. 전문계 고등학교를 졸업하고 부사관으로 직업을 선택하여 입대했다. 곧 복무기간이 끝나는데 제대 후 간호학과를 목표로 대입을 준비하고 있다.

K군은 전문계 고등학교에 진학하여 학교생활을 보냈고, 고3때에 대기업인 삼성전자에 취업하였다. 누구나 선호하는 대기업에 취직했지만 몇 년간의 직장생활을 이어가다 불연듯 퇴사를 한다. 그간 인터넷 쇼핑몰 피팅모델을 했던 경력을 살려 본인만의 특색을 살린 의류 쇼핑몰을 운영하고 있다.

T군은 I대학에서 작곡을 전공하였다. 음악분야에 특출한 재능을 가졌고 성적 역시 최상을 유지하며 졸업하였다. 영화음악에 대한 꿈을 품고 이 길을 택했지만 그리 만만치 않았다. 유학도 준비하고, 국내학위 등 여러 방법을 시도하였음에도 그 벽은 상당히 높았다. 결국 그는 취업이 잘 되는 학과로 편입을 결정했고, 편입 후 낮에는 학과 공부를 하고 밤에는 작곡 및 편곡 작업을 하고 있다. 오케스트라 공연 및 YOUTUBE를 하고 있으며, 연극공연에 음향디렉터도 하면서 자신의 길을 가고 있다.

L군은 기계과 전공으로 졸업한 취준생이다. 취업을 준비하고 자격증 공부를 진행하지만 취업에 대해 조급해하지 않는다. 언제든지 취업은 할 수 있는 일이라 생각하며 아르바이트로 생활비를 벌고 있다. 그가 지금 열심을 내는 것은 '운동'이다. 그는 취업 전에 꼭 몸을 잘 만들어 '바프'[16]에 성공하는 것을 목표로 하고 있다.

2) 자신의 주관과 생각이 중요한 세대

P군과 K군의 일화 속에서 무엇을 생각할 수 있을까? 대학의 가치가 상실되었다거나 혹은 전문계 고등학교 진학 후 취업하는 것이 답이라고 말하는 것이 아니다. 대기업 입사가 쇼핑몰보다 가치가 없음을 말하는 것도 아니다. 다만 대학의 가치나 대기업의 가치보다 '개인의 가치', '개인의 행복'을 더 중요시하는 세대의 등장을 의미한다. 대학 진학과 누구나 선호하는 대기업 취업이 어떤 이의 세계에선 중요한 것이 아니다. P군과 K군의 예를 보면, 군입대나 대기업 취업은 '과정'이지 종착점으로 생각하지 않는다. '당연히'라는 말은 더 이상 효과가 없다. 모든 일과 생각에 '왜'라는 질문을 하면서 다른 길을 찾아낸다. 누가 뭐래도 자신의 길을 고집하며 산다. 이것을 대학내일20대연구소에서는 '마이싸이더'라고 정의했다.[17]

---

16. 'Body Profile'의 준말로 '바디 프로필 사진'을 뜻한다.
17. 대학내일20대연구소, 『트렌드 M-Z 2019』 (서울: 한빛비즈, 2018), 55. My(나의) + Side(~을 중심으로 한) + er(사람). 내 안에 기준을 세우고 따르는 M-Z세대의 트렌드를 정의한 키워드.

3) 개성! 다양성을 가진 세대

'마이싸이더'는 개인의 생각이 진리가 된다. '개성'이란 말보다 더 깊고 심오한 '세계관'을 가진 세대가 등장한 것이다. 그것은 다른 말로 다양한 세계의 집합체를 의미한다. 청소년을 말할 때 그들을 '외계인'이나 '좀비'들로 부른다. 대화가 통하지 않고 들으려하지 않기 때문이다. 청소년 사역을 처음 시작할 때 설령 외계인이라도 괜찮다고 생각했다. "내가 외계인이 되면 되지"라고 생각했기 때문이다. 수준을 잘 맞출 수 있을 거라 생각했다. 하지만 예상과는 달랐다. 외계인 수준도 수준이지만 각자의 별이 달랐기 때문이다. 청소년들 개인의 세계가 있는데다가, 각자의 생각이 따로 존재하고 있었다.

청소년, 청년들의 신조어, 줄임말들을 보라. 이제는 신조어 탄생의 주기도 짧아지고, M-Z세대인 당사자들도 무슨 줄임말인지 알기 어렵다. 모두가 공감하는 신조어도 있지만, 특정 커뮤니티, 특정 사람들만 이해하고 사용하는 줄임말도 등장한다. '별다줄'별걸 다 줄이네의 시대가 등장했다.[18] 이렇듯 M-Z세대는 자신만의 공간, 자신만의 대화법으로 자기만의 세계를 만들어가고 있다.

4) 쉽고, 간단하게, 삶을 공유하는 세대

M-Z세대는 학연이나 지연, 혈연 등을 중요시 여겼던 과거 사회와는 다르게 자신의 가치와 생각에 맞는 공동체를 만든다. 상대가 누군지, 알게 된 시간이 얼마나 되었는지는 아무 상관이 없다. 그저 자신과 공통된 무엇인가 있다면 쉽게 '팸'[19]이 된다. MBTI 성격유형이 같은 것, MBTI에 관심이 있는 것만으로도 끈끈한 모임을 형성하며, 음식의 기호에 따라서도 모임이 형성된다. '민초단'[20]

---

18. 고광열, 55.
19. '패밀리'(가족)의 약어, 공통된 목적, 생각을 가진 모임을 일컫는 단어.
20. 민트초코를 선호하는 사람들을 일컫는 말.

과 같은 모임이 그것이다.

이런 모임은 디지털원주민답게 온라인으로 주로 관계를 맺는데, 특히 SNS, YOUTUBE, 오픈채팅방이 큰 역할을 했다. 게임 유튜버인 '겜브링'은 자신의 오픈채팅방을 YOUTUBE로 방송했는데, 주요공지에 다음과 같은 글이 있었다. "이 채팅방에는 겜브링은 없습니다.", "겜브링에 대해 이야기하는 방입니다." 겜브링이 없는 겜브링 채팅방은 언듯 보기엔 무의미해 보인다. 하지만 같은 관심사 하나만으로 뭉칠 수 있음을 보여주는 예가 된다.

5) '취향존중'이 중요한 세대

이렇듯 M-Z세대는 개인주의 성향이 강하다. '개인주의'라 하면 자기만 생각하는 이기적인 것, 혹은 개인이 중심이 되어 세상의 부적응자가 되는 것으로 생각하면 오산이다. '자신의 취향'의 존중을 바라는 만큼 '타인의 취향'도 존중하는 자세도 겸비하고 있다.

또한 과거엔 타인이 어떻게 살든 관심 없는 모습을 보였다면, M-Z세대는 자신의 기준에 공정하지 못한 타인의 일에는 함께 분노하며 적극적으로 나서는 모습도 보인다. 세월호, 탄핵, 텔레그램 N번방, 정인이 사건 등, 사회의 부당함이나 강자의 갑질로 약자의 피해를 당한 경우에는 챌린지나 혹은 온라인 신고를 통해 자신의 의사를 명확히 표현한다. 이렇듯 자기만의 스타일, 자기만의 방법으로 세상과 공존하고 세상을 변화시키려는 세대가 M-Z세대이다.[21] 이들의 개인주의는 개인으로 끝나지 않고 사회전반에 영향을 주고 있다. 정부나 사회단체도 이들의 소리에 집중할 만큼 그 영향력은 크다. 우리 사회는 M-Z세대

---

21. 대학내일20대연구소, 『밀레니얼-Z세대 트렌드 2021』 (고양: 위즈덤하우스, 2020), 15, 149. 개인의 생각을 적극적으로 소통하려는 시도를 가진 세대를 '인플루언서블 세대'라고 규정하며, 공정성을 나타내기 위한 표현, 노력들을 '선한 오지랖'이라고 한다.

가 옳다고 믿는 방향으로 바꾸어 가고 있다.[22]

6) 열정적인 세대

M-Z세대를 살아가는 청소년, 대학생들은 열정적이다. 기성세대는 이 말에 동의하기 어려울지도 모른다. 그들이 열정적이었으면 지금의 현실보단 나았을 것이라는 인식 때문이다. 기성세대에게 있어 '열정'이란 누구나 공감되는 목표를 이루었거나 목표를 이루는 과정에 대한 열심을 의미한다. 하지만 M-Z세대는 큰 목표, 성취보다 자신이 세운 작고 소소한 목표에 큰 열정을 쏟는다. 국어, 영어, 수학에 집중된 학업에 열정을 보이는 것이 아니라 '운동', '화장', '다이어리꾸미기', '그림', '음악' 등 사소한 행동들에 열정을 보인다. 이를 '~에 진심인 편'이라는 말로 대신 사용하고 있다. 많은 사람들은 이런 것을 '열정'이라 말하지 않는다. 그러나 달리 보면 누군가에겐 대단한 열정일 수 있다.

7) 노력으로도 안 되는 시대를 살아가는 세대

2008년, 금융위기로 소득이 떨어지기 시작했으며, 2019년의 코로나는 취업난에 큰 영향을 주었다. 결국 M-Z세대는 부모세대보다 학벌은 좋으나 부모세대보다 가난한 세대가 되어버렸다.[23] 좋은 대학에 입학하기 위해 노력하고, 스펙을 쌓기 위해 노력하고, 여기저기 이력서를 넣어도 '경력직 우대'라는 말로 기회조차 갖지 못한다. 경력을 위해 입사와 퇴사를 겸한 뒤 다시 신입사원으로 지원하여 합격률을 높이는 방법을 택하는 것이 시간은 걸려도 더 나은 길이 되었다.[24] 노력을 하고, 성실하게 충성을 다해도 안 되는 시대를 살아가고 있다.

---

22. Ibid, 18.
23. 고광열, 26.
24. Ibid, 34. 경력을 가진 사람들이 경력직이 아닌 신입사원으로 입사하는 것을 가리켜 '중고신입'이라고 부른다.

그래서 M-Z세대에 속한 청년들은 결심한다. "열심히 살지 않겠다고……"[25]

8) 할 수 있는 것에 집중하는 세대

최근 대학 신입생들 중에는 대학을 졸업하고 재입학하거나 편입을 하는 학생들의 비율이 늘어나고 있다. 필자가 사역하는 대학선교단체SFC의 신입생 가입자 중 25-30%의 학생들은 재입학 및 편입한 학생들이다. 원래 전공으론 취업이 어려우니 취업이 쉬운 학과로 재입학한 것이다. 그러나 본인의 꿈을 포기한 것은 아니다. T군의 사례에서 볼 수 있듯이, 꿈이 곧 직업이란 공식은 없다. 음악을 잘하기 위해 직장이 필요하여 재입학한 것뿐이다. 자신의 삶의 한 영역을 자신이 하고 싶은 것으로 채워감으로써 자신의 존재를 드러내는 '인플루언서블'[26]한 삶을 살아간다.

반면에 직업을 위해 전공을 택했다가 사회생활을 경험한 후 꿈을 위해 재입학, 편입하는 학생들도 있다. 세상이 말하는 좋은 취업자리를 위한 싸움이 아니라 자신이 좋아하는 것, 꿈을 위해 재도전하는 것이다. 그저 자신이 만족하고, 후회 없는 삶을 위해 도전하는 모습을 보인다.

9) '일상'을 누리는 세대

'마이싸이더' M-Z세대는 무의미한 것에서 의미를 찾는 '무민세대'를 열었다.[27] 무의미해 보이는 일에서 의미와 즐거움을 찾는다는 뜻이다.[28] L군은 다른

---

25. Ibid, 32-34.
26. 각주 10번을 참고하라.
27. 대학내일20대연구소, 35. "무의미에서 꾸밈없는 의미를 찾는 세대"를 일컫는 용어. 대학내일 20대연구소에서는 '무민세대'를 2018년을 대표하는 키워드로 제시하며, 성공에 대한 강박을 내려놓고 의미없고 홀가분한 일상을 살고자 하는 세대라는 의미로 이 용어를 사용하였다.
28. Ibid, 23.

사람들이 취업을 걱정할 때 자신이 원하는, 자신을 위한 도전을 시작했다. 누군가는 그것이 무의미하다고 여길 것이며, 한심한 듯 바라볼 수도 있다. 그럼에도 대학생활에 고생한 자신에게 주는 선물이자, 지금 아니면 할 수 없는 것이라는 생각으로 목표를 세우고 노력한다.

M-Z세대는 불확실한 미래보다 '오늘'에 집중하는 세대가 되었다. 이 의미는 2017년 '욜로YOLO'처럼 현재를 후회 없이 즐기며 살자는 인생이 아니다. 오늘에 집중한다는 의미는 '일상'을 성실히 채워감으로 자기를 가꾸고 흔들리는 미래를 확실하게 걸어갈 힘을 얻는다는 것이다.[29]

(3) M-Z세대 그리고 복음

M-Z세대의 청소년, 대학생들은 급변하면서도 다양하다. 그들은 각자 자기만의 세계를 가지고 있다. 그러면 교회는 이 세대를 어떻게 바라봐야 할 것인가? 먼저는 그들에 대한 '이해'와 '존중'이 필요하다. M-Z세대의 청소년들은 자기의 세계를 가지고 있는 만큼 타인의 세계를 이해하는 마음도 함께 가지고 있다. 기성세대가 보기엔 한심하고 실패한 것처럼 보일지 모르겠다. 하지만 그것은 한계가 많은 이 시대를 사는 그들만의 생존 방법이었다. 따라서 그것을 작은 것부터 성취하려는 그들의 '열정'으로 바라보는 것이 어떨까 싶다. 세상은 이미 이런 것을 '열정'으로 받아들이고 있다. <쇼미더머니 시즌10>에서 아넌딜라이트홍윤태라는 가수가 "쉬어"라는 곡을 불러 큰 화제가 되었다. 가사의 일부를 보면 다음과 같다.

숨을 쉬어 숨을 들이쉬고 내쉬고를 반복, 다시 넘어지더라도 일어나길 반

---

29. 대학내일20대연구소, 34-35.

복, 결국 끝에 가선 푸른 풀밭이 날 반겨, 쉴 만한 물가에서 비파와 수금으로 반격 yeah, 이제 그냥 켜 봐라 TV, 마술사 아닌데 now you see me 거기서 외칠 말은 단 하나 다른 거 없다 마, 다만 하나님의 사랑

쉼이라는 주제로 시편 23편을 랩으로 만들어 불렀고 당시 오디션에선 '올패스'를 받으며 음원차트 1위를 한 곡이다. 심사위원인 자이언티는 "배틀 같은 걸 하면서 인격적인 모독을 받으면 어떻게 대처할 생각이냐?"라고 물었고, 그는 "예수님의 사랑으로 보듬어 주면서 반격해야죠. 사랑합니다. 여러분"이라고 답했다.[30] 이렇듯 M-Z세대는 자기표현에 확실하고 비신자들조차도 인정할 수 있는 문화가 되어 있다.

M-Z세대 청소년, 대학생들의 중심에 복음이 있을 경우, 그들은 세상이 뭐라고 하든지 신앙고백으로 흔들림 없는 신자로 살아갈 수 있을 것이다. 하루하루, 일상을 살아갈 힘을 복음에서 찾는 세대가 된다면, 그야말로 복음으로 사는 세대가 탄생할 수 있을 것이다. 그러므로 이들을 좀 더 품고 기도하며 양육하는 한국교회가 되길 소망한다.

3. 코로나시대, 그들의 신앙현주소

(1) 영상과 비트에 익숙한 세대, 찬양과 설교에 흥미를 잃다

코로나19가 본격화된 2020년 3월을 기점으로 유튜브와 넷플릭스 이용자 수가 크게 증가했다. 2020년 3월은 마스크 쓰기와 거리두기가 본격적으로 시

---

30. 「크리스찬 투데이」(2021.10.12. 기사), <https://www.christiantoday.co.kr/news/343081>

작되는 시기였다. 특별히 2020년 5월 6일자 넷플릭스 시청률 상위 10위까지의 동영상을 키워드로 요약하면, '범죄' '시리즈' '범죄스릴러'로 나타난다. 장편의 시리즈물과 스릴러물을 선호하는 이유를, 격리된 공간에서 몰입감 높은 내용을 장시간 집중하여 보냄으로써 시간을 빨리 보내고자 하는 것으로 해석할 수 있다.[31] 반면에 유튜브에서는 짧게 편집된 콘텐츠일수록 인기가 있었다. 코로나19 사태가 길어지면서 기존 방송 기반의 채널들MBC, JTBC, KBS, tvN은 짧게 편집된 콘텐츠를 통해 조회수와 구독자 수가 급등하였다.[32] 더불어 알고리즘을 통해 이용자가 선호하는 콘텐츠를 추천해주는 시스템은 더욱 많은 영상 시청에 시간을 쏟게 만들었다. 이렇듯 코로나19로 마주한 상황 속에서 청소년은 영상에 익숙하다. 빠르게 변화하는 짧은 영상이나, 자극적이어서 몰입감이 높은 영상에 익숙하다. 이런 청소년들이 주일에 마주하는 예배에서 흥미를 느끼는 것은 어렵다.

물론 예배에 나오는 청소년의 마음에 하나님에 대한 사모함과 기대가 있다면, 흥미가 없더라도 은혜를 구하며 집중할 것이다. 하지만 그런 마음이 없거나 있더라도 미온적이라면 상황은 어려워진다. 자극적인 전자음과 비트감 있는 K-POP에 익숙한 청소년들에게 찬양은 시대에 뒤처지는 고리타분한 음악이 된다. 목사님의 설교에 집중하기도 어렵다. 빠르게 변화하는 영상과 박진감 있는 배경음악 없이는 집중이 되지 않는다.

영상과 음악이 익숙하지 않았던 광복 이후의 시대에는 교회가 선진 문물?을 처음 접하는 곳이었다. 스피커를 통해 울려 퍼지는 찬양과 목사님의 말씀은 새로운 문화이고 지적인 보고였다. 하지만 현재는 상황이 반대가 되었다. 청소년은 교회를 뒤처진다고 느낄 수 있다. 문제는 교회에는 한계가 있다는 것이다.

---

31. 배영 외 9명, 『포스트 코로나시대, 데이터로 읽는 대한민국』 (서울: 플루토, 2021), 130.
32. Ibid, 133.

자극성 있는 영상을 줄 수도 없고, 전자음과 비트로 찬양의 중심을 흐릴 수도 없다. 그렇기 때문에 교회는 지속적으로 청소년을 교육해야 한다. 찬양을 하는 방법과 설교를 듣는 방법을 따로 교육해야 한다. 지속적인 훈련이 필요하다. 청소년에게 진심을 담은 찬양이 무엇인지 알려주고, 설교를 들으며 머리로 정리하고 가슴에 새기는 훈련을 지속적으로 해나갈 때, 급변하는 영상물 속에서도 잠잠히 하나님께 집중하는 청소년을 세워갈 수 있을 것이다.

(2) 마스크로 얼굴을 가린 채 거리를 둔 세대, 공감과 관계가 고프다

코로나가 시작되면서 온라인 수업과 과제로 대체되는 수업이 진행되었다. 친구들 간에 소통도 없고 더불어 사는 법을 배울 기회가 사라졌다. 선생님과의 대화 시간도 전혀 없다. 오랫동안 보지 못한 친구와는 어색해져서 대화가 어려워졌다.[33] 코로나19로 학교가 문을 닫은 사이에 만났던 친구들에게 "학교 안가서 좋아?"라고 물었을 때 대부분의 친구들은 학교를 다시 가기를 원했다. 온라인 수업의 어려움 때문일 수 있지만, 앞서 말한 친구들과의 관계 때문이다. 인디고 서원의 책 『우리는 정의로운 세상을 만들 것이다』에서 한 학생은 이렇게 말했다.

> 온라인 수업을 하니 장점도 있습니다. …… 하지만 학교의 중요한 기능, 사람과 사람 사이의 교류가 이루어지지 못하고 있는 것 같습니다. …… 선생님은 온라인 수업에서 학생들을 집중하게 하기가 어려워졌다고 하십니다. 저도 그 말에 동의합니다. 그러나 공부보다도 '오프라인' 학교에서만 우리가 누릴 수 있었던 친구들 사이의 우정과 공감의 시간에 목이

---

33. 인디고 서원, 『우리는 정의로운 세상을 만들 것이다』 (파주: 궁리출판, 2021), 25.

마릅니다. 다양한 사람들과 만나고, 함께 지내는 일은 앞으로 사회를 이 끌어갈 학생들에게 중요한 경험이라고 생각합니다.[34]

"친구들 사이의 우정과 공감의 시간에 목이 마릅니다"라는 표현처럼, 학생들은 다른 사람과 더불어 살기를 원한다. 이것이 관계다. 개인적으로는 관계라는 용어보다 '부대낌'이라는 용어가 더 잘 어울린다고 생각한다. 일주일에 한 번 있었던 체육시간의 부대낌, 매일 점심 시간의 부대낌, 짧은 쉬는 시간 재잘거리며 매점을 향해 뛰어가던 부대낌들이 학창시절의 즐거움의 추억이다. 학생들에게 필요한 것은 이런 부대낌이다. 그리고 학생들이 원하는 것은 이런 부대낌들이 조금 늘어나는 것이다.

2018년 서울의 모 초등학교에서 만난 학생자치회 간부 아이들에게 학교가 어떻게 변하면 좋겠냐고 물었더니 …… 아이들이 원한 것은 여유 있는 점심시간, 매일 한시간 이상의 체육시간, 20분 넘는 쉬는 시간이었다.[35]

교회교육에 있어서도 아이들의 부대낌들, 즉 관계성들이 필요하다. 아니 오히려 교회에서야말로 이런 관계성의 형성이 훨씬 중요하다. 관계가 형성되지 못한 상태에서 설교 중에 듣게 되는 교회의 한 몸됨은 오히려 이질감을 줄 수 있다. 서로를 '형제'와 '자매'로 부르는 것 또한 참된 가족으로의 인식보다는 오히려 교회를 가식적인 공간으로 인식하게 할 수 있다. 따라서 교회 속에서 서로를 공감하고 이해하며, 거룩한 무리의 일원이자 한 몸으로서 인식하는 것이 필요하다. 이것은 지속적인 가르침을 통해 아는 것만으로는 부족하다. 물

---

34. Ibid, 37.
35. 황정아 외 9명, 『코로나 팬데믹과 한국의 길』(파주: 창비, 2021), 154.

론 지식을 통해 아는 것이 필요하지만 직접 느끼고 깨달을 수 있도록 해야 한다. 먼저 교사들이 참된 가족됨의 사랑을 보여줄 수 있어야 한다. 요즘 친구들의 가정을 보면 한부모 가정이나 조부모의 돌봄 속에 살아가는 친구들이 많다. 이런 시대 속에 교회가 참된 가족의 모습을 알려주고, 바른 관계성을 가르치고 맺는 것은 청소년들을 바르게 양육하는 교회의 첫걸음이 될 것이다.

(3) 격리된 공간 속에 드러난 가정의 민낯, 가정의 신앙이 회복되어야 한다

코로나19 이후 사람들은 격리되었다. 어른들도 필요에 의한 외출과 출근을 제외하고는 집에서만 생활하게 되었다. 청소년들의 상황은 더욱 심각했다. 부모들의 불안과 걱정이 청소년들의 외출을 막았기 때문이다. 부모들의 눈에 청소년들의 외출은 타당한 근거가 부족했다. 학교 또한 온라인으로 수업이 대체되었고, 유일한 생활 반경은 집 안이 되었다. 이런 상황에서 가정은 더욱 중요한 공간이 되었고, 가족 안의 관계도 더 중요해졌다. 하루 종일 같은 공간에서 마주보며 밥을 먹고, 부딪히고, 피치 못할 간섭을 하게 되었다.

이런 상황의 결과는 제각각 달랐다. 누군가에게 더욱 돈독해지는 의미있는 시간이 되었는가 하면, 누군가에게는 서로간의 간극을 더욱 넓히는 시간이 되었다.

코로나19 이후 가정은 신앙에 있어서도 더욱 중요해졌다. 온라인으로 예배를 드리거나, 오프라인으로 오전만 예배를 드리는 경우가 많았다. 자유로워진 주일을 보내는 부모들의 모습이 가정마다 달랐고, 그것은 자녀들에게 큰 영향을 끼쳤다. 부모들은 진짜 신앙 양육자가 되었다. 코로나 이전에는 자녀의 신앙을 교회에 위탁해왔다면, 이제는 직접적으로 보여주고 가르치는 역할을 담당하게 된 것이다. 물론 담당 교역자가 SNS나 온라인으로 양육하지만 분명 부족한 점이 있다. 이제 부모가 진짜 신앙의 부모가 될 차례가 온 것이다.

그러므로 교회는 부모가 진짜 신앙의 부모가 될 수 있도록 도와주어야 한다. 먼저 가정에서 바른 대화가 오갈 수 있도록 대화법과 관련된 세미나 혹은 부모 양육반을 운영할 필요가 있다. 또한 가정에서 신앙을 교육할 수 있도록 '신앙 가정 학습지'를 제작해서 도울 수도 있다. 교회뿐만 아니라 가정에서도 많은 노력이 필요하겠지만, 자녀들을 바른 신앙인으로 양육하기 위해서는 꼭 필요한 일이다. 그리고 무엇보다 가정 예배를 드리는 것이 필요하다. 여기서 중요한 것은 가정 예배가 잔소리의 시간이 되면 안 된다는 것이다. 가정 예배의 시간이 잔소리의 시간이 되는 순간 자녀들은 가정 예배를 자동적으로 거부하게 될 것이다. 오히려 참되게 가정 예배의 시간을 보낼 때 많은 유익이 있다.

가정 예배에서는 함께 찬양하고, 말씀을 돌아가며 읽고 나누며, 하나님을 알아가고 묵상할 수 있다. 더불어 서로의 어려움과 문제를 나눌 수도 있다. 너무 익숙한 사이여서 나누기 어려웠던 문제들도 가정 예배의 시간을 통해 풀어내고 깊은 대화를 주고 받을 수 있다. 깊은 주제 뿐 아니라, 자녀들의 관심사와 고민, 신앙적인 문제와 경험들을 나눌 수 있다. 부모들은 날마다 신학적인 준비를 해야 하고, 자녀들은 부모와의 관계가 깊어지며, 가정은 하나님 앞에 서게 된다. 혹여나 가정의 분위기가 냉랭할 때도 미리 정한 가정 예배의 시간에 모일 수 밖에 없다. 어쩔 수 없이 마주 앉게 되고, 그러다 보면 냉랭한 것도 풀릴 수 있다. 자녀들은 이런 과정 속에서 관계 극복의 방법도 학습하게 된다. 이렇게 자녀를 위해 끊임없이 노력하는 가정에서 자녀들은 참된 신앙인으로 자라갈 수 있다.[36]

---

36. 박동식, 『코로나 일상 속 신앙, 교회, 삶』 (서울: 기독교문서선교회, 2021), 231.

(4) 청소년도 한명의 성도이자 동역자라는 지지가 필요하다

"한국 학생은 학교에, 국가에 어떤 존재인가?"라는 물음에 학생들은 이렇게 답했다.

> 인적자원입니다. 사람으로 보기보다는 개발하고 가꾸어야 하는 자원으로 생각하는 것 같습니다.
>
> 학생은 학교 실적을 위해 열심히 공부해야 하고 국가 차원에서는 다른 나라와 경쟁시키기 위한 인적 자원입니다.
>
> 말 그대로 미래의 인재라고 여겨지는 것 같습니다. 인격체로 인정받기보다는 나라를 위해 힘써야 하는 일꾼과도 같은 느낌입니다.[37]

물론 대한민국의 청소년들 대부분이 이렇게 느끼는 것은 아닐 것이다. 그러나 소수의 청소년들이 이렇게 이야기한다는 것을 무시해서는 안 된다. 청손년들은 스스로를 소중한 인격체라고 여기기보다 자원으로 느꼈다. 아마도 코로나19 이후에는 이런 마음들이 더욱 심화되었을 것이다. 코로나19 이후 청소년은 매일 모니터를 보며 온라인 수업을 들어야 했다. 눈 뜨자 마자 시작된 온라인 수업을 힘겹게 끝낸 뒤에는 주어진 숙제를 해야 했고, 학원을 가야 했다. 날마다 자신의 가치를 쌓아가기 위한 삶을 살아갔다. 물론 이것들은 '가치 있는 사람'이 되기 위해 꼭 필요한 일이다. 그러나 온라인으로 진행된 교육과 숙제는 '사람'이 되기 위한 교육보다는 '가치 있기' 위한 교육에 가깝다. 피부로 맞닥뜨리는 친구들과 선생님들과의 관계에서 '사람'으로서 자라가는 부분들이 사라졌기 때문이다.

---

37. 인디고 서원, 50.

교회에는 이런 모습이 없는지 고민해 볼 필요가 있다. 위에서 인용한 마지막 문구를 보면서 '청소년들을 볼 때 한명의 성도로 인정해주기보다 교회를 위해 힘써야 하는 일꾼으로 여기지는 않았는지' 스스로를 돌아보게 되었다. 청소년들을 위해 기도할 때 습관적으로 '교회의 일꾼'이 되게 해달라고 기도했던 스스로를 생각하게 되었다. 물론 교회의 일꾼으로 자라가며 교회를 세우는 데 이바지하는 것도 중요한 일이다. 그것을 위해 분명 기도해야 한다. 하지만 동시에 청소년들을 한명의 성도로, 동역자로 바라보는 따뜻한 인정의 마음도 필요하다. 왜냐하면 그들 또한 이미 한명의 거룩한 무리의 일원인 성도이기 때문이다. 그들 또한 하나님께서 사랑하시는 하나님의 자녀이며, 하나님께서 자기의 형상대로 창조하신 하나님의 형상이다. 우리는 그들을 그 자체로서 존중하고 인정해주어야 한다. 우리의 시선에 부족한 모습이 보이더라도 기다려주어야 한다. 주일날 힘없이 자리를 지키고 앉아있는 청소년들에게 필요한 것은 자존감이다. 자기 존재에 대한 감각이다. 이미 거룩한 성도요, 하나님의 자녀이며, 하나님의 형상이라는 존재에 대한 인식이다. 이것은 교회의 청소년들을 양육하는 교회의 어른들의 존중을 통해 가능하다. 오은영 박사는 한 TV프로그램에서 이렇게 말했다.

> 자식을 낳는 순간 나와 분리된 다른 인격체입니다. ······ 아이의 정당성을 인정하고, 어른으로서 타당하지 않았음을 인정할 수 있어야 합니다. 그럴 때 아이는 자존감이 높은 아이가 될 수 있습니다.[38]

---

38. "[육아상담소2] 회사 상사가 부하를 때린다면? 훈육을 위한 체벌은 없다! 오은영 박사가 말하는 단 하나의 육아 철칙! | KBS 대화의 희열3 210527, 210603 방송", KBS Entertain, 20210805 수정, 20211223 접속, >https://www.youtube.com/watch?v=_coKDOc77_E>

가정에서 자녀들에게 마음대로 하기가 쉽다. 그러나 자녀들을 인격체로 존중할 때 자존감이 높은 사람이 된다고 한다. 교회에서도 동일하다. 교회의 청소년들에게 섬김을 요구할 때, 그것이 하나님과 교회를 위한 일임을 가르쳐주며, 다른 동역자에게 요청하듯 존중하는 자세로 부탁할 필요가 있다. 이런 관계 속에서 청소년들은 자라가야 한다. 어른들의 요구 속에 신앙생활을 계속한다면 수동적인 신앙이 될 가능성이 크다. 스스로를 한명의 성도로 인식하여 스스로 판단하고 능동적으로 섬길 때, 청소년들은 한명의 성도이자 하나님의 자녀로, 하나님의 형상으로 온전히 자라갈 수 있을 것이다.

교회의 어른들이 할 일은 청소년들의 울타리가 되어주는 일이다. <학교 가는 길>이라는 영화를 만든 독일의 시그리드 클라우스만 감독은 학부모들에게 이렇게 말했다.

부모님들에게 말씀드리고 싶은 것은 "진정하라"는 것입니다. 아이들에게 강하게 요구하지 말고, 아이들을 늘 지지해주고 격려해주라는 말씀을 드리고 싶습니다. 시간을 충분히 허락해주세요. 아이들 고유의 방식으로 배움을 이어나갈 수 있도록 해주면 좋겠습니다. …… 수학, 화학, 물리 이런 문제들을 풀어야 하는 전사들로 아이들을 키우지 마시고, 아이들을 경쟁이라는 전쟁터에 내몰지 마시고, 아이마다 다른 배움의 공간과 여유와 시간이 필요하다는 것을 인정하고 아이들에게 충분한 시간을 허락해주십시오. …… 부모님들은 아이들의 수호신이 되어서 그냥 그들을 지켜주기만 해도 아이들은 충분히 알아서 잘 자랍니다.[39]

---

39. 인디고 서원, 105.

교회의 청소년들을 양육하는 우리도 그들을 지지하며 기다릴 필요가 있다. 그들은 모두가 하나님의 형상이지만, 각자의 방식으로 자라간다. 하나님께서 각자에게 가장 알맞은 방식으로 길러가신다. 세상이라는 싸움터에 나가기 위해 전신갑주를 입어가는 중이지만, 각자의 사이즈가 다르고, 입는 순서와 걸리는 시간이 모두 다르다. 우리는 그것을 모르지만, 하나님께서는 가장 잘 아신다. 우리는 이 사실을 믿어야 한다. 하나님께서 가장 알맞게 길러가심을 믿으며 열심히 심고 물을 주어야 한다고전3:6. 청소년들의 울타리가 되어 그들이 필요할 때마다 말씀을 심어주고, 사랑의 물을 부어주어야 한다. 그것이 그들을 지지하는 것이다. '지지'에는 여러 가지 뜻이 있는데 두 가지만 살펴보자면, 첫 번째는 어린아이의 말로, 더러운 것을 이를 때 쓰이고, 두 번째는 '지지하다'의 어근으로 무거운 물건을 받치거나 버틴다는 의미를 가진다.[40] 이렇게 더러운 것에 닿지 않도록 "지지야"라고 말해주는 것인 동시에, 무겁고 어려운 일이 닥칠 때 버팀목이 되어주어 "지지"해주는 울타리같은 교회의 어른들을 통해, 교회의 청소년들은 한명의 바른 성도로, 어른들의 동역자로 건강하게 자라갈 것이다.

4. 코로나시대, 청년들은 왜 교회를 떠나는가?

여기서는 한국교회 내 청년들이 왜 교회를 떠나며, 무엇으로 힘들어하고 있는가를 살펴보기 위하여 함영주·이현철이 수행한 "한국교회 청년들의 교회 이동 및 신앙생활 포기 요인 분석"의 일부를 소개하고자 한다.[41] 해당 자료는 한

---

40. "표준국어대사전," 국립국어원, 20081009 수정, 20211223 접속, <https://stdict.korean.go.kr/search/searchResult.do>
41. 함영주·이현철(2021), "한국교회 청년들의 교회 이동 및 신앙생활 포기 요인 분석," 『기독교교육논총』 66,

국청년들의 교회 이동과 신앙생활 포기 의향에 대한 인식을 중심으로 해당 의향과 인식에 영향을 주는 요인을 분석하였으며, 이를 바탕으로 청년 사역을 위한 정책적 시사점을 제공해주고자 하였다. 함영주와 이현철은 Align Research Center for Christianity ARCC[42]의 2021년 청년실태조사 데이터를 활용하였으며, 분석 데이터는 전국단위의 1,017명을 최종 분석대상으로 하여 작성되었다. 구체적으로 남성이 409명(40.2%), 여성이 608명(59.8%), 연령대는 20대가 658명(64.7%), 30대가 269명(26.5%)이었다. 신앙경력은 모태신앙이 657명(64.6%)이었으며, 그 외에도 11년 이상 신앙생활을 지속하고 있는 청년들이 많음을 확인할 수 있었다. 연구에 참여한 청년 중 현재 교회 출석 유무의 경우, 출석하고 있는 대상이 895명(88%), 교회에 출석하고 있지 않은 청년이 122명(12%)이었다.

(1) 향후 교회 이동과 신앙생활 포기 의향에 대한 인식

함영주와 이현철은 향후 교회 이동과 신앙생활 포기 의향에 대한 인식을 분석하였으며, 각 영역별로 내용을 살펴보면 다음과 같다. 먼저 향후 교회 이동 의향이 높은 상 집단의 경우 320명으로 전체 31.5%를 차지하고 있으며, 의향이 보통인 중 집단은 224명으로 22.0%, 교회 이동 의향이 낮은 하 집단은 473명으로 전체의 46.5%를 차지하고 있었다. 다음으로 향후 신앙생활 포기 의향이 높은 상 집단은 80명으로 전체의 7.9%를 차지하고 있으며, 보통인 중 집단은 61명으로 6.0%, 하 집단은 876명으로 86.1%로 나타났다.

209-241.

42. Align Research Center for Christianity(대표 윤은성 목사)는 세상과 교회의 가교역할과 한국교회 내 다양한 사역들의 연합을 위해 설립된 기독교 전문연구기관으로서 실천적인 측면을 지향하며 초교파적으로 신학과 다양한 일반 학문 전공분야의 전문 연구자들의 연구를 지원하고자 한다.

<표 Ⅰ- 1> 향후 교회 이동과 신앙생활 포기 의향에 대한 인식

구분		N	%	총계(%)
향후 교회 이동 의향	의향 없음(하)	473	46.5	1,017(100.0)
	의향 보통(중)	224	22.0	
	의향 높음(상)	320	31.5	
향후 신앙생활 포기 의향	의향 없음(하)	876	86.1	1,017(100.0)
	의향 보통(중)	61	6.0	
	의향 높음(상)	80	7.9	

(2) 주요 항목에 대한 집단별 인식의 차이

'향후 교회 이동 의향' 수준별 집단 간 차이 분석을 살펴보면, 교회를 옮길 의향 수준에 따라 목회자 요인, 청년공동체 요인, 개인신앙 요인, 교회문화 요인, 헌신강요 요인 등 모두에서 통계적으로 유의미한((p<.001) 인식의 차이를 확인할 수 있다. 즉, 교회를 옮길 의향이 높은 집단(상)은 주요 인식에 있어서도 부정적인 인식을 보이고 있음을 의미한다. 이러한 집단 간의 유의미한 차이와 인식은 사후 검증을 통해서도 유사하게 확인되고 있다.

<표 Ⅰ- 2> '향후 교회 이동 의향' 수준별(상/중/하) 차이에 따른 인식

구분		평균	표준편차	F
목회자 요인	의향 없음(하)	2.1757	1.06035	96.210** 상>하,중 중>하
	의향 보통(중)	2.6378	1.14627	
	의향 높음(상)	3.2672	1.08414	
청년공동체 요인	의향 없음(하)	2.3294	1.15164	48.161** 상>하,중 중>하
	의향 보통(중)	2.6500	1.17110	
	의향 높음(상)	3.1444	1.12382	

개인신앙 요인	의향 없음(하)	1.9079	.96318	106.080** 상>하,중 중>하
	의향 보통(중)	2.2723	1.03153	
	의향 높음(상)	2.9607	1.03096	
교회문화 요인	의향 없음(하)	1.7188	.78672	110.597** 상>하,중 중>하
	의향 보통(중)	2.0740	.91308	
	의향 높음(상)	2.6804	1.01986	
헌신강요 요인	의향 없음(하)	1.9715	1.04746	78.118** 상>하,중 중>하
	의향 보통(중)	2.3973	1.19254	
	의향 높음(상)	3.0219	1.29121	

**p<.001, Scheffe 검증

'향후 신앙생활 포기 의향' 수준별 집단 간 차이 분석을 살펴보면, 신앙생활 포기 의향 수준에 따라 목회자 요인, 청년공동체 요인, 개인신앙 요인, 교회문화 요인, 헌신강요 요인 등 모두에서 통계적으로 유의미한(p<.001) 인식의 차이를 확인할 수 있다. 이는 신앙생활 포기 의향이 높은 집단(상)은 주요 변수에 대하여 부정적인 인식을 보이고 있음을 의미하는 것이다.

<표 I-3> '향후 신앙생활 포기 의향'수준별(상/중/하) 차이에 따른 인식

구분		평균	표준편차	F
목회자 요인	의향 없음(하)	2.5195	1.16103	24.244** 상>하, 중>하
	의향 보통(중)	3.2172	1.08106	
	의향 높음(상)	3.2766	1.18747	
청년공동체 요인	의향 없음(하)	2.5630	1.17964	19.947** 상>하, 중>하
	의향 보통(중)	3.1967	1.13107	
	의향 높음(상)	3.2675	1.18981	

개인신앙 요인	의향 없음(하)	2.1691	1.02657	67.707** 상>하, 중>하
	의향 보통(중)	3.1265	1.06748	
	의향 높음(상)	3.3500	1.07601	
교회문화 요인	의향 없음(하)	1.9715	.91217	59.951** 상>하, 중>하
	의향 보통(중)	2.8220	1.00768	
	의향 높음(상)	2.9518	1.08629	
헌신강요 요인	의향 없음(하)	2.2483	1.18092	50.145** 상>하, 중>하
	의향 보통(중)	3.1066	1.22173	
	의향 높음(상)	3.4688	1.26126	

**$p<.001$, Scheffe 검증

교회 출석과 미출석가나안청년 집단 간의 차이 분석를 살펴보면, 목회자 요인, 청년공동체 요인, 개인신앙 요인, 교회문화 요인, 헌신강요 요인에 있어 $p<.001$ 수준에서 모두 통계적으로 유미의한 차이를 보여주고 있다. 항목에 있어 모두 교회 미출석가나안청년 집단이 높게 나타나고 있어 해당 집단의 주요 변수에 대한 부정적인 인식이 높음을 실증적으로 확인해주고 있다.

<표 I - 4> 교회 출석과 미출석(가나안청년) 집단 간의 차이 분석

구분		평균	표준편차	T
목회자 요인	교회 출석	2.5535	1.16545	-4.975**
	교회 미출석 (가나안청년)	3.1158	1.21236	
청년공동체 요인	교회 출석	2.5832	1.18191	-5.343**
	교회 미출석 (가나안청년)	3.1934	1.19474	
개인신앙 요인	교회 출석	2.2348	1.07160	-6.600**
	교회 미출석 (가나안청년)	2.9403	1.09997	

교회문화 요인	교회 출석	2.0190	.94851	-7.242**
	교회 미출석 (가나안청년)	2.6909	1.05128	
헌신강요 요인	교회 출석	2.2978	1.20048	-6.950**
	교회 미출석 (가나안청년)	3.1148	1.34039	

**p<.001

(3) 교회 이동 및 신앙생활 포기 의향에 대한 영향 요인

교회 이동 및 신앙생활 포기에 대한 영향 요인을 살펴보면, 먼저 향후 교회 이동 의향에 대하여 목회자 요인, 개인신앙 요인, 교회문화 요인이 통계적으로 유의미하게 영향을 주고 있음을 확인할 수 있다.

<표 I - 5> '향후 교회 이동 의향'에 대한 주요 변수의 영향

종속변수	독립변수	표준오차	β	표준화 β	t	유의수준
향후 교회 이동 의향	상수	.828	.068		12.162	.000
	목회자 요인	.129	.029	.176	4.486	.000
	청년공동체 요인	-.014	.027	-.019	-.527	.598
	개인신앙 요인	.161	.031	.203	5.270	.000
	교회문화 요인	.142	.044	.160	3.253	.001
	헌신강요 요인	.020	.030	.029	.671	.502
	R=.475, R square=.226 , 조정된 R square=.222 Durbin-Watson=1.918					

구체적으로 회귀식에 대한 R제곱값은 .226으로 22.6%수정 계수는 22.2% 설명력을 보이고 있는 가운데, Durbin-Waton은 1.918으로 잔차들 간에 상관관계가 없어 회귀모형이 적합한 것으로 나타나고 있다. 향후 교회를 옮길 의향과

관련된 주요변수의 영향을 분석한 결과 목회자 요인표준화 β=.176, p<.001, 개인신앙 요인표준화 β=.203, p<.001, 교회문화 요인표준화 β=.160, p<.05이 통계적으로 유의미한 영향을 미치고 있는 것으로 나타났다. 이는 목회자 요인, 개인신앙 요인, 교회문화 요인에 대하여 부정적인 인식이 교회 이동 의향을 높이고 있음을 확인해주고 있는 것이다.

다음으로 향후 신앙생활 포기 의향에 대해서는 개인신앙 요인, 교회문화 요인, 헌신강요 요인이 통계적으로 유의미하게 영향을 미치고 있음을 확인할 수 있다. 회귀식에 대한 R제곱값은 .137으로 13.7%수정 계수는 13.3% 설명력을 보이고 있는 가운데, Durbin-Waton은 1.920으로 잔차들 간에 상관관계가 없어 회귀모형이 적합한 것으로 나타나고 있다. 향후 신앙생활 포기 의향과 관련된 주요변수의 영향을 분석한 결과 개인신앙 요인표준화 β=.231, p<.001, 교회문화 요인표준화 β=.140, p<.05, 헌신강요 요인표준화 β=.137, p<.05이 통계적으로 유의미한 영향을 미치고 있는 것으로 나타났다. 이는 개인신앙 요인, 교회문화 요인, 헌신강요 요인에 대하여 부정적인 인식이 신앙생활 포기 의향을 높이고 있음을 확인해주고 있는 것이다.

<표 I - 6> '향후 신앙생활 포기 의향'에 대한 주요 변수의 영향

종속변수	독립변수	표준오차	β	표준화 β	t	유의수준
향후 신앙생활 포기 의향	상수	.775	.047		16.391	.000
	목회자 요인	-.034	.020	-.070	-1.690	.091
	청년공동체 요인	-.026	.018	-.054	-1.410	.159
	개인신앙 요인	.120	.021	.231	5.665	.000
	교회문화 요인	.081	.030	.140	2.688	.007
	헌신강요 요인	.063	.021	.137	3.019	.003
R=.371, R square=.137 , 수정된 R square=.133 Durbin-Watson=1.920						

(4) 무엇을 어떻게 해야 하는가?

청년들은 다양한 이유로 교회를 옮기거나 신앙을 떠나려고 하고 있었는데, 특히 '목회자 요인, 청년 신앙공동체 요인, 개인신앙 요인, 교회 문화 요인, 헌신 강요 요인' 등이 대표적인 요인들이었다. 이와 관련하여 많은 청년이 신앙의 고위험군에 속해 있었으며, 교회와 청년부의 직접적인 간섭과 회복을 위한 노력이 필요한 상황이었다.

한국교회는 교회학교를 중심으로 교육부서를 운영해 왔는데 주로 '유치부, 유초등부, 청소년부'까지의 교육체계에 집중해 왔고, 모든 교육적 역량을 이러한 부서들에 집중해 왔다. 그러나 안타깝게도 청년들에 관한 관심이나 교육적 투자는 상대적으로 적게 이루어진 것이 사실이다. 한국교회는 교회를 옮기거나 신앙 자체를 포기하는 등의 신앙 고위험군 청년들이 점차 늘어나고 있는데, 이에 대한 좀 더 체계적인 접근과 분석이 요청된다.

특별히 교회는 청년들에게 기독교 신앙의 본질에 대한 교육을 통해 개인의 경건생활을 회복할 수 있도록 지원해주어야 할 것이다. 만약 청년들이 자신의 신앙에 대한 내적동기가 회복된다면, 개인의 신앙성장은 물론이거니와 청년부 공동체 내에서의 다양한 교육 활동에도 적극적이고 능동적으로 참여하게 될 것이며, 이는 다시 청년부 내에서 건강한 신앙생활을 하게 되는 선순환으로 나타나게 될 것이다. 이를 위해 사역자들은 청년들에게 신앙의 본질을 회복시켜 주기 위하여 청년사역의 전문성을 길러야 하며, 동시에 자신의 삶이 이원론적이지 않고 앎과 삶이 일치하는 삶이 되도록 노력해야 할 것이다.

5. 다음세대를 위한 사역 가능성들

앞서 우리는 위드코로나 시대 속 우리가 처한 현주소를 확인했다. 이 시기에 우리의 마음을 가장 힘들게 하는 것은 한 치 앞을 예측할 수 없고, 돌파구를 찾지 못하고 있는 와중에도 여전히 시간은 흐르고 있다는 사실이다. 상황이 나아지길 기다리거나 더 나은 방법을 찾느라 더 이상 시간을 흘려보낼 수만은 없다. 삼위 하나님의 일하심을 신뢰하며, 우리는 우리가 할 수 있는 것들을 치열하고도 담담히 해가야 한다. 그래서 위드코로나 시대에 강화하거나 적극적으로 우리 현장에 적용할 수 있지 않을까 하는 요소들을 제안하고자 한다.

(1) 위드코로나는 생활 속 신앙을 강화할 수 있는 기회다

한국교회 신앙생활의 핵심은 교회다. 이것은 매우 건강하고 바람직한 모습이다. 하지만 안타깝게도 지금은 지나친 교회 의존적 태도와 피상적인 신앙생활로 변질되고 있다. 일상에서의 신앙이 분리되고 이른바 '선데이 크리스천'이라는 용어까지 생긴 지 오래다. 그런 가운데 위드코로나는 모이는 것에는 익숙하지만 흩어지는 데에는 서툰 한국교회를 위한 신앙성장의 기회인 것이다. 코로나19의 장기화는 매 주일 교회로 모이는 것에만 익숙하던 우리의 신앙생활에 다음과 같은 물음표를 던졌다. "흩어져서는 어떻게 살아야 할까?" 이는 주일성수 외에 참된 그리스도인들의 특징이 무엇인지, 교회 공간과 주일을 넘어 6일 동안 우리에게 주어진 일상 속에서 신자로 사는 삶이 어떠해야 하는지 고민하게 되는 좋은 기회가 되었다.

실제로 다음세대들을 교회에서만 양육하고 지도하기에는 시간이 절대적으로 부족하다. 이제는 가정과 교회보다 학교와 학원에서 보내는 시간이 절대적으로 크기 때문이다. 그렇기에 교회와 가정은 물론이고 학교와 학원에서 그리스도인으로 살도록 독려하고 관련된 신앙 훈련을 제공할 필요가 있다.

이를 위해 먼저는 학교와 학원에서 그리스도인으로 사는 것을 가르치고 인식시키는 것이 필요하다. 또한 구체적인 삶의 형태를 제안하고 함께 할 수 있도록 독려할 필요가 있다예를 들어, 학교에서 큐티하기, 학교를 위해 기도하기와 같은 경건생활과 쓰레기 줍기, 시험기간에 친구들 응원하기, 지나친 학업중심은 경계하기, 하나님의 영광을 위해 성실히 공부하기, 소외된 학우와 친구되기 등과 같은 건강한 학교를 만드는 캠페인. 이때 그리스도인 교사를 비롯한 학교 내에서 학생들의 신앙과 삶을 돌볼 수 있는 존재, 교회와 협력하여 이 사역을 전담할 수 있는 전문 사역자들의 역할이 필요하고 더욱 중요해질 것이다.

(2) 위드코로나는 가정 중심의 자녀의 신앙교육을 강화시킬 수 있는 기회다

자녀에게 있어서 부모의 영향은 절대적이다. 신앙에 있어서도 마찬가지이다. 개혁신앙 안에서 자녀를 믿음으로 양육하는 것도 1차적으로 부모의 몫이다. 앞서 언급한 생활 속의 신앙 강화도 부모의 역할이 뒷받침될 때에야 비로소 가능하다. 애석하게도 자녀의 신앙교육이 교회 주일학교에 맡겨지고, 주양육자가 마치 담당 교역자와 주일학교 교사인 것처럼 여겨지게 되었다. 하지만 코로나19는 상황을 바꾸었다. 감염 위험으로 교회는 물론이고 외부 활동의 제약이 생기게 되었다. 가정 내에서 부모가 자녀와 함께하게 되는 시간이 늘어나게 되었다. 부모들은 더 이상 자녀의 신앙교육을 교회에만 맡겨놓을 수 없게 되었다. 다시 말해 부모를 통해 자녀의 신앙을 교육하기에 적기가 된 셈이다.

이것은 두 가지 측면에서 의미를 지닌다. 먼저는 가정을 배제한 주일학교 중심의 신앙 양육은 어디까지나 한계가 있고, 자녀의 신앙에 대한 주양육자가 부모라는 사실을 다시 일깨운다. 다음으로는, 앞서 언급한 내용을 알면서도 용기를 내지 못했던 부모와 교회에게 이제는 힘을 내야만 하는 이유를 제공한다.

변화의 원동력이 된 것이다. 우리는 이 소중한 기회를 적극 활용해야 한다.

이런 맥락에서 개체교회와 교회교육 사역자들은 가정에서 부모들이 주체적으로 자녀들의 신앙을 지도하고 교육할 수 있는 전략과 방안을 모색해야 한다. 교사 중심의 훈련에서 부모 교육으로 확대함으로써 가정에서 부모가 자녀의 신앙을 양육할 수 있도록 지원해주어야 할 것이다. 이러한 지원으로는 '자녀의 신앙 양육을 위한 세미나', '가정예배 매뉴얼', '신앙 학습지' 등을 제공할 수 있겠고, 부모를 대상으로 하는 신앙 훈련 등이 있겠다. 이는 교회 교육과 부모의 신앙 교육 간의 이질감을 감소시키고, 신앙 교육의 방향을 명확히 하는 데 효과적인 전략이 될 것이다. 또한 부모를 통한 자연스러운 신앙 전수를 통해 한국교회의 뿌리가 더욱 단단해지는 계기가 될 것이다.

(3) 위드코로나는 신앙교육의 새로운 연합 전선(가정-학교-교회)을 구축할 기회다

다음세대를 신앙으로 양육하는 일은 단순히 어느 한 개체의 열정과 노력만으로는 불가능한 시대가 되었다. 이들이 살아가는 세상은 더 복합적이고 다채롭기 때문이다. 그러나 그간 교회와 학교, 가정을 비롯한 관련 개체들이 각개전투를 했다고 해도 과언이 아니다. 각각의 역할이 다르고 상황이 다르기에 일어난 자연스러운 현상이었다. 이런 와중에 코로나19를 통해 가정도, 학교도, 교회도 각각 나름의 한계를 겪었다. 이제는 각자의 몫을 감당하는 것은 물론이고, 통합적이고 다각도의 노력도 함께 시도되어야 함을 시사한다.

이런 맥락에서 위드코로나는 각각이 아니라 신앙교육의 연합전선을 구축할 기회다. 교회와 학교, 가정은 다음세대 신앙 양육이라는 공동의 과업을 목표로 힘을 모아야 한다. 어느 한 영역에서만 감당하기에는 역부족이다. 교회가 그리스도를 먹고 마시지 못하면 학교에서도 그리스도인으로 살아갈 수 없고, 가정에서 하나님 나라를 누리지 못하면 학교 현장에서 하나님 나라를 선포할 수 없다. 가정에서 그리스도를 말하지 않으면 교회에서 그리스도로 함께 지어져갈 수가 없다. 모두 연결되어 있고, 모두가 위드코로나 시대를 지나는 중이다. 그렇기에 더욱 신앙교육의 연합전선이 구축되어야 한다.

교회는 부모 교육을 통해 가정에서 부모를 통한 신앙교육이 되도록 지원하고 하나님께서 맡겨주신 다음세대를 잘 양육해야 할 것이다. 또한 가정에서는 교회의 지도 안에서 자녀를 신앙으로 양육하기에 힘써야 할 것이다. 학교와 학원에서는 기독인 교사와 전문 사역자를 통해 일상 공간에서 그리스도인으로 살기를 훈련시키는 역할을 감당해야 할 것이다. 이를 위해서는 먼저 서로 간의 신뢰와 소통이 전제되어야 한다. 각각의 입장에서의 한계를 서로가 이해하고 나누는 장이 필요하다. 가령 교사&학부모 세미나를 기독 교사와 전문 사역자들이 함께 하는 것도 하나의 방법이 되겠다.

(4) 위드코로나는 온오프라인을 통한 맞춤형 신앙교육의 기회다

이 시대의 큰 흐름은 '맞춤형'이다. 대량 생산된 것들에 환호하기보다는 각자의 취향과 선호도를 맞추는 것이 더 중요한 시대가 되었다. 학교교육도, 패션도, 음악도, 가전도 전반적인 모든 것들이 그렇다. 특별히 학교교육은 수준별 맞춤 학습을 시작한 지 이미 오래되었고, 이를 통한 긍정적인 면도 입증되고 있다. 그 가운데 한국교회는 맞춤형 신앙교육보다는 일괄적이고 전체적인 신앙교육만을 진행해 왔다. 대면을 전제로 하던 교회교육에서는 학생들의 특성과 수준을 고려하기에 한계가 많았기 때문이다. 이런 상황 속에서 위드코로나는 온라인을 통한 신앙교육의 장을 앞당겼으며, 기존 교회교육의 교육적 플랫폼 형태를 확장해주었다.

온라인으로 소규모 단위의 교회교육이 가능해지면서 학생들의 특성과 수준을 고려할 수 있는 가능성이 높아졌다. 또한 학생들이 공개적인 자리에서는 부담스러워서 하지 못했던 신앙적 고민과 삶의 문제들을 나눌 수 있는 환경이 조성된 것이다. 그러나 온라인만으로의 교육은 한계도 분명히 존재한다. 관계성을 쌓기가 힘든 구조 속에서는 마음을 나누고, 특성을 고려하기가 어렵다. 특히나 관계에 큰 영향을 받는 중고생 시기에는 더욱 그렇다.

이런 맥락에서 위드코로나는 기존의 오프라인 신앙교육과 확장된 온라인 신앙교육을 병행할 수 있는 기회를 제공한다. 그러므로 온오프라인에서의 각각의 장점을 적극 활용할 필요가 있다. 오프라인을 통해 주일학교 교사는 학생들과의 관계성을 쌓고, 특별히 1:1 혹은 1:소수의 대면 심방 비중을 높일 필요가 있다. 이를 통해 학생들의 특성과 수준을 파악하려는 노력이 필요하다. 더불어 온라인을 통해서는 학생 개개인의 특성과 수준을 고려한 주제와 교육 콘텐츠를 제공할 수 있다. 개체교회와 교회교육 전문가들은 이를 위해 다양한 신앙교육 콘텐츠 개발과 학생 개인의 수준과 이해도를 고려한 자료 개발 및 제공에 힘써야 할 것이다.

(5) 위드코로나는 스말로그smalogue적 사역을 준비 및 적용할 수 있는 기회다

스말로그는 디지털 기반 스마트smart 교육과 전통의 대면 아날로그식 analogue 교육을 합성한 용어이다. 일반적으로 스말로그 교육은 최첨단 스마트 기기 및 다양한 앱이 활용된 에듀테크edutech와 전통적 교육에서 강조한 요소들을 동시적으로 활용하여 이루어지는 최신의 교육 개념이다.[43]

위드코로나는 스말로그적 사역을 준비 및 적용할 수 있는 좋은 기회다. 이미 우리의 교육장면 속에서 에듀테크와 같은 스마트 요소는 그 효과성이 검증

---

43. 이현철, "교회교육의 재탄생: 교회교육 내 에듀테크(edutech)의 활용 가능성과 한계", 2021년 12월 3일 한국교회교육복지실천학회 추계학술대회 자료집.

되었으며, 이를 지혜롭게 활용하여 '어떻게 하면 유익하게 활용할 수 있을까' 를 고민해야 할 때이다. 이는 단순히 기존의 접근 방식과 다르다고 하여 그것을 부정해서는 안 된다는 의미이다.

도구적인 측면에서 우리가 어떻게 하면 유익하게 활용할 수 있을까를 고민할 때 잊지 말아야 할 것은 그동안 수행하였던 핵심적 가치들을 존중하고 그것이 훼손되어서도 안 된다는 확고한 입장이다. 이를테면 대면교육의 가치와 중요성, 교사와 학생 그리고 학생과 학생 간의 상호작용의 가치와 중요성 등과 같은 가치들은 절대로 양보할 수 없는 요소들인 것이다. 이러한 맥락에서 다음 세대 신앙교육을 위한 스말로그적인 사역과 접근은 성경적 세계관에 기초하여 비평적으로 에듀테크의 가능성을 부정하지 않으면서도 기존의 사역적 의미와 기독교교육적 가치를 손상시키지 않는 방향성과 틀을 제공할 수 있을 것으로 기대한다.[44]

---

44. 이현철, "교회교육의 재탄생: 교회교육 내 에듀테크(edutech)의 활용 가능성과 한계."

II

연구방법

위드코로나시대
다음세대
신앙리포트

1. 연구 대상

본 연구에서는 교회에 출석하는 청소년중·고등학생과 대학생 760명남 356명, 여 404명을 대상으로 실태 조사를 실시하였다. 설문조사 시기는 2021년 11월 8일부터 12월 13일까지 6주간 실시하였으며, 설문조사 방법은 네이버폼을 이용한 웹설문지 형식으로 실시하였다. 주요 연구대상은 다음과 같으며, 대상별 배경은 각 파트의 항목에서 확인하기 바란다.

<표 II - 1> 연구대상

구분			명	%	총합(명, %)
성별	남자		356	46.84	760(100)
	여자		404	53.16	
학교급	청소년	중학교	205	26.97	760(100)
		고등학교	145	19.07	
		기타(홈스쿨링, 대안학교)	90	11.85	
	대학생 및 청년	2년제	22	2.89	
		3년제	13	1.72	
		4년제	268	35.27	
		대학원	8	1.05	
		기타	9	1.18	

<표 II - 2> 연구대상: 청소년

구분		명	%	총합(명, %)
성별	남자	210	47.7	440(100.0)
	여자	230	52.3	
학교급	중학교	205	46.6	440(100.0)
	고등학교	145	33.0	
	기타(홈스쿨링, 대안학교)	90	20.4	
교회규모	50명 미만	26	5.9	440(100.0)
	50-150명 미만	81	18.4	
	150-300명 미만	105	23.9	
	300-600명 미만	74	16.8	
	600-1000명 미만	15	3.4	
	1000명 이상	3	.7	
	결측치	133	30.2	
신력	원입(새신자)	20	4.5	440(100.0)
	학습	43	9.8	
	세례	89	20.2	
	유아세례(입교)	282	64.1	
	결측치	20	4.5	

구분		명	%	총합(명, %)
성별	남자	146	45.6	320(100.0)
	여자	174	54.4	
학교유형	2년제	22	6.9	320(100.0)
	3년제	13	4.1	
	4년제	268	83.8	
	대학원	8	2.5	
	기타	9	2.8	
교회규모	50명 미만	34	10.6	320(100.0)
	50-150명 미만	73	22.8	
	150-300명 미만	76	23.8	
	300-600명 미만	37	11.6	
	600-1000명 미만	40	12.5	
	1000명 이상	60	18.8	
신력	원입(새신자)	5	1.6	320(100.0)
	학습	11	3.4	
	세례	112	35.0	
	유아세례(입교)	192	60.0	

2. 설문 내용

청소년용 설문 내용은 개인적 배경과 관련된 9문항, 코로나19와 개인생활 관련 10문항, 코로나19와 신앙생활 관련 97문항의 총 116문항으로 구성되었으며, 대학생용은 개인적 배경과 관련된 9문항, 코로나19와 개인생활 관련 10문항, 코로나19와 신앙생활 관련 69문항의 총 120문항으로 구성되었다. 본 연구의 설문 내용은 각각 다음과 같다. 또한 문항의 신뢰도는 명명척도를 제외한 문항에 대하여 Cronbach α 0.06 이상을 확인하여 수행되었다.

<표 II - 4> 청소년 설문 내용

구분	문항번호 및 내용	문항수
개인적 배경	1. 성별, 2. 소재지, 3. 학교급, 4. 학년, 5. 연령, 6. 교회 출석 기간, 7. 교회 전체 인원, 8. 교회 청소년부 인원, 9. 신력	9
코로나19와 개인생활	10. 코로나19로 인한 개인적 변화(7문항) 11. 코로나19로 인한 어려움 12. 코로나19 이전과 이후의 신체적 건강상태 변화 13. 코로나19 이전과 이후의 정신적 건강상태 변화	10
코로나19와 신앙생활	14. 교회에서의 온라인 활동에 대한 인식(7문항) 15. 코로나19로 인한 신앙생활의 변화(10문항) 16. 온라인 예배에 대한 인식 17-1. 온라인 교회모임의 가능성에 대한 인식(5문항) 17-2. 온라인 교회모임 참여 의향(5문항) 18. 신앙생활에 대한 현재 선호도/미래 중요도(11문항) 19. 위드코로나 시대의 다음세대 교회 사역을 위해 가장 중요한 요인 (현재 선호도/미래 중요도)(19문항) 20. 신앙교육에 가장 큰 영향을 미친 사람 21. 교회에 출석하는 동기 22. 교회를 떠나고자 한 고민들(19문항) 23. 일상생활 및 신앙생활 전반적 만족도(4문항) 24. 다음세대에 대한 기대(8문항) 25. 코로나 이후(향후 3-5년) 한국교회의 변화(3문항) 26. 신앙고백 수준(3문항)	97
계	총 116문항	

<표 II - 5> 대학생 설문 내용

구분	문항번호 및 내용	문항수
개인적 배경	1. 성별, 2. 소재지, 3. 학교유형, 4. 학년, 5. 연령, 6. 교회 출석 기간, 7. 교회 전체 인원, 8. 교회 대학청년부 인원, 9. 신력	9
코로나19와 개인생활	10. 코로나19로 인한 개인적 변화(7문항) 11. 코로나19로 인한 어려움 12. 코로나19 이전과 이후의 신체적 건강상태 변화 13. 코로나19 이전과 이후의 정신적 건강상태 변화	10
코로나19와 신앙생활	14. 교회에서의 온라인 활동에 대한 인식(5문항) 15. 코로나19로 인한 신앙생활의 변화(10문항) 16. 온라인 예배에 대한 인식 17-1. 온라인 교회모임의 가능성에 대한 인식(5문항) 17-2. 온라인 교회모임 참여 의향(5문항) 18. 코로나19가 개인의 신앙생활에 미친 영향(6문항)	32
	19. 신앙생활에 대한 현재 선호도/미래 중요도(11문항) 20. 위드코로나 시대의 다음세대 교회 사역을 위해 가장 중요한 요인 　　(현재 선호도/미래 중요도)(19문항) 21. 신앙교육에 가장 큰 영향을 미친 사람 22. 교회에 출석하는 동기 23. 교회를 떠나고자 한 고민들(19문항) 24. 다음세대에 대한 기대(8문항) 25. 일상생활 및 신앙생활 전반적 만족도(4문항) 26. 코로나 이후(향후 3~5년) 한국교회의 변화(3문항) 27. 신앙고백 수준(3문항)	69
계	총 120문항	

3. 분석 방법

본 연구에서는 SPSS 23.0 프로그램을 활용하여 연구대상의 인식을 분석하였다. 구체적인 분석 방법은 다음과 같다.

첫째, 연구대상의 개인적 배경을 파악하기 위해 빈도분석을 실시하였다.

둘째, 연구대상의 인식을 분석하기 위해 빈도분석 및 기술통계를 실시하였으며, 개인적 배경별 차이를 파악하기 위해 교차분석 및 독립표본 t검증, 일원분산분석을 실시하였다.

셋째, 코로나19 이전과 코로나19 이후의 인식 비교와 요구도 분석을 위해 대응표본 t검증을 실시하였다.

넷째, 요구도 우선순위를 파악하기 위하여 Borich의 요구도 및 The Locus for Focus Model을 적용하여 분석하였다. 먼저 Borich의 요구도 값은 현재 수준과 바람직한 수준 간의 차이에 바람직한 수준에 대한 가중치를 부여함으로써 두 수준 간 차이에 대하여 우선순위 결정의 방향성을 제공한다. 이를 수식으로 나타내면 다음과 같다.[1]

$$\frac{\sum_{n=1}^{N}(RL_n - PL_n) \times \overline{RL}}{N}$$

RL(Required Level) : 미래 중요도 수준
PL(Perceived Level) : 현재 선호도 수준
$\overline{RL}$: 미래 중요도 수준의 평균
N : 전체 사례 수

Borich 요구도 공식은 바람직한 수준에 가중치를 둔 방식으로 요구도 값에 따라서 우선순위를 결정할 수 있다. 그러나 어느 순위까지를 최우선적으로 고려할 것인지에 대한 판단기준은 없다는 단점이 있다. 다음으로 이러한 단점을

---

1. 이현철·문화랑·이원석·안성복, 『코로나시대 청소년신앙 리포트』 (서울: SFC, 2021), 58.

보완하기 위해 The Locus for Focus Model을 사용하였다.[2]

<그림 Ⅱ-1> The Locus for Focus Model

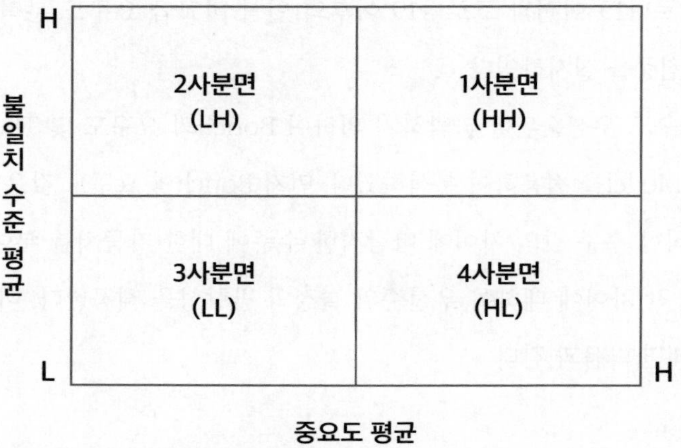

중요도 평균

The Locus for Focus Model은 바람직한 수준의 평균값을 X축으로, 바람직한 수준과 현재 수준 간의 차이불일치 수준의 평균값을 Y축으로 하는 좌표평면으로 <그림 Ⅱ-1>과 같다. <그림 Ⅱ-1>에서 볼 수 있듯이, 제1사분면HH은 중요성이 평균보다 높고 두 수준의 차이불일치 수준가 평균보다 높은 최우선순위군으로 분류할 수 있다. 다음으로 제2사분면LH은 중요성이 평균보다 낮고 두 수준의 차이가 평균보다 높고, 제4사분면HL은 중요성이 평균보다 높고 두 수준의 차이가 평균보다 낮아 차우선순위군으로 분류할 수 있다. 제3사분면LL은 중요성이 평균보다 낮고 두 수준의 차이불일치 수준가 평균보다 낮아 우선순위가

---

2. Borich 요구도와 The Locus for Focus Model에 관하여서는 다음의 자료를 참고하라. Borich, G. D. "A needs assessment model for conducting follow-up studies," *The Journal of Teacher Education*, 31(3)(1980), 39-42. Mink, O. G., Shultz, J. M., & Mink, B. P. *Developing and managing open organizations: A model and method for maximizing organizational potential* (Austin: Somerset Consulting Group, Inc, 1991).

가장 낮은 영역이라고 할 수 있다.[3]

　　Borich 공식과 마찬가지로 바람직한 수준으로 우선순위 결정의 방향성을 갖는 The Locus for Focus Mode의 결과는 Borich 공식에서 도출된 우선순위에서 어느 순위까지를 1차적으로 고려할지에 대한 정보를 제공해 준다. 마지막으로 The Locus for Focus Mode에서 HH분면에 포함된 항목과 그 개수를 파악한다차순위도 포함. 그리고 The Locus for Focus Mode에서 HH분면에 속한 항목의 개수만큼 Borich의 요구도 상위 순위에 포함된 항목들을 결정한다차순위도 포함. 그리고 두 방법을 통해 상위 우선순위로 제안된 항목들의 중복성을 확인한다. 두 방법으로부터 공통으로 상위 우선선위에 해당되는 항목을 최우선순위 항목들로 결정한다. 또한 두 방법 중 하나에만 해당되는 항목을 차순위 항목들로 결정한다.[4]

3. 현영섭·권대봉·신현석·강현주·장은하·최지수, 『지역인적자원개발 정책 과제 발굴 및 추진계획마련』 (서울: 고려대학교 HRD 정책연구소, 2017), 67.
4. 조대연. "설문조사를 통한 요구분석에서 우선순위결정 방안 탐색," 『교육문제연구』 35(2009), 177.

III

데이터 결과보기:
대학생 및 청소년(중·고생)

위드코로나시대
다음세대
신앙리포트

1. 대학생 분석

(1) 코로나19로 인한 개인적 변화

대학생들의 코로나19로 인한 개인적 변화 인식에서 '혼자있는 시간이 많아졌다', '가족들과 대화가 많아졌다', '친구들과 모임이 줄었다'는 보통수준에서 확인되고 있으나, '코로나19로 인해 우울감이 들었다', '코로나19로 인해 불안감이 들었다', '코로나19로 인해 고립감이 들었다', '코로나19로 인해 학교에 가는 게 약간은 겁난다'는 5점 척도에 2점대에 해당되어 부정적 변화는 감소함을 확인할 수 있다.

성별에 따른 코로나19로 인한 개인적 변화에서 '가족들과 대화가 많아졌다', '코로나19로 인해 우울감이 들었다', '코로나19로 인해 불안감이 들었다', '코로나19로 인해 학교에 가는 게 약간은 겁난다'는 여자가 남자보다 점수가 높았다. 그러나 '혼자있는 시간이 많아졌다', '코로나19로 인해 고립감이 들었다'는 성별에 따른 차이가 없었다. 성별에 따른 코로나19로 인한 개인적 변화 인식 차이는 <표 III-1>과 같다.

<표 III-1> 성별 코로나19로 인한 개인적 변화 인식 차이

(단위: 점(5점 척도))

구분		평균	표준편차	t
혼자있는 시간이 많아졌다.	남자	3.69	1.048	.664
	여자	3.61	1.157	
	전체	3.65	1.107	
가족들과 대화가 많아졌다.	남자	3.19	.927	-2.572*
	여자	3.47	.966	
	전체	3.34	.957	

친구들과 모임이 줄어들었다.	남자	3.64	.960	-.473
	여자	3.69	1.018	
	전체	3.67	.991	
코로나19로 인해 우울감이 들었다.	남자	2.34	1.228	-3.351**
	여자	2.80	1.235	
	전체	2.59	1.251	
코로나19로 인해 불안감이 들었다.	남자	2.57	1.259	-2.322*
	여자	2.90	1.259	
	전체	2.75	1.268	
코로나19로 인해 고립감이 들었다.	남자	2.48	1.187	-1.042
	여자	2.62	1.223	
	전체	2.56	1.207	
코로나19로 인해 학교에 가는 게 약간은 겁난다.	남자	2.31	1.189	-3.096**
	여자	2.71	1.142	
	전체	2.53	1.179	

*$p<.05$, **$p<.01$, ***$p<.001$

(2) 코로나19로 인해 어려운 점

대학생들이 인식하는 코로나19로 인해 어려운 점은 1순위로 '외출하기 어려워졌다'(20.6%)가 가장 많았으며, 다음으로 '미디어 사용이 증가하였다'(19.7%), '친구와 자구 만나지 못한다'(18.1%), 생'활이 불규칙해졌다'(12.8%) 등의 순으로 나타났다. 2순위는 '미디어 사용이 증가하였다'(22.5%)가 가장 많았으며, 다음으로 '외출하기 어려워졌다'(16.3%) 등의 순으로 나타났다.

성별별로 1순위를 살펴보면, 남자는 '외출하기 어려워졌다'(22.6%)가 가장 많았고, 여자는 '미디어 사용이 증가하였다'(20.1%)가 가장 많았다. 성별로 대학생들의 코로나19로 인해 어려운 점은 <표 Ⅲ-2>와 같다.

<표 III-2> 성별 코로나19로 인해 어려운 점

(단위: %, 1순위(2순위))

구분		A	B	C	D	E	F	G	H
전체		18.1(15.6)	20.6(15.6)	12.5(12.8)	12.8(16.3)	19.7(22.5)	1.6(2.5)	8.1(9.4)	6.6(5.3)
성별	남자	19.2(16.4)	22.6(17.8)	12.3(15.1)	11.6(17.1)	19.2(16.4)	1.4(2.7)	7.5(8.2)	6.2(6.2)
	여자	17.2(14.9)	19(13.8)	12.6(10.9)	13.8(15.5)	20.1(27.6)	1.7(2.3)	8.6(10.3)	6.9(4.6)

주, A: 친구와 자주 만나지 못한다, B: 외출하기 어려워졌다, C: 학업에 소홀해졌다(공부가 잘 되지 않는다), D: 생활이 불규칙해졌다, E: 미디어(스마트폰, TV, PC/노트북 등) 사용이 증가하였다, F: 식사를 혼자 해결해야 하는 경우가 많아졌다, G: 취업 및 진로준비, H: 알바 및 경제활동

(3) 코로나19 이전과 이후의 신체적 건강 상태

대학생들이 인식하는 코로나19 이전과 이후의 신체적 건강 상태는 5점 척도에 코로나19 이후가 3.46점으로 코로나19 이전의 3.70점에 비해 낮아진 것으로 나타났다. 즉, 대학생들은 코로나19 이후로 신체적 건강 상태가 나빠졌다고 인식하는 것으로 나타났다

성별로는 남자와 여자 모두 신체적 건강 상태가 코로나19 이후로 나빠졌다고 인식하였으며, 여자의 전후 차이가 더 큰 것으로 나타났다. 대학생들의 성별 코로나19 이전과 이후의 신체적 건강 상태 인식 차이는 <표 III-3>과 같다.

<표 III-3> 성별 코로나19 이전과 이후의 신체적 건강 상태 인식 차이

(단위: 점(5점 척도))

구분		코로나19 이전	코로나19 이후	평균차이	t
전체		3.70	3.46	.241	5.457***
성별	남자	3.84	3.66	.185	3.216**
	여자	3.59	3.30	.287	4.413***

**$p<.01$, ***$p<.001$

(4) 코로나19 이전과 이후의 정신적 건강 상태

대학생들이 인식하는 코로나19 이전과 이후의 정신적 건강 상태는 5점 척도에 코로나19 이후가 3.60점으로 코로나19 이전의 3.82점에 비해 낮아진 것으로 나타났다. 즉, 대학생들은 코로나19 이후로 정신적 건강 상태가 나빠졌다고 인식하는 것으로 나타났다.

성별로는 남자와 여자 모두 정신적 건강 상태가 코로나19 이후로 나빠졌다고 인식하였으며, 여자의 전후 차이가 더 큰 것으로 나타났다. 대학생들의 성별 코로나19 이전과 이후의 정신적 건강 상태 인식 차이는 <표 III-4>와 같다.

<표 III-4> 성별 코로나19 이전과 이후의 정신적 건강 상태 인식 차이

(단위: 점(5점 척도))

구분		코로나19 이전	코로나19 이후	평균차이	t
전체		3.82	3.60	.213	4.521***
성별	남자	3.84	3.66	.185	3.216**
	여자	3.78	3.54	.236	3.652***

**$p<.01$, ***$p<.001$

(5) 교회에서의 온라인을 통한 활동에 대한 인식

대학생들의 교회에서의 온라인을 통한 활동에 대한 인식은 '사역자들은 온라인 사역 준비를 잘하는 것 같다'에서 3점대의 다소 긍정적인 인식을 보이고 있었다. 그러나 '사역자들은 대면활동보다 설명을 더 잘하는 것 같다'와 '전체적으로 온라인을 통한 신앙활동에 만족한다'에서는 2점대의 부정적인 인식을 보이는 것으로 나타났다. 한편, '대면 활동보다 온라인 활동에 집중이 잘된다', '대면 활동보다 온라인 교육의 효과가 더 있다'는 1점대의 매우 부정적인 인식을 보이고 있다.

성별로 살펴보면, 성별로는 차이를 보이지 않고 있다. 교회규모별로 살펴보면, '사역자들은 온라인 사역 준비를 잘하는 것 같다'에서 1000명 이상의 규모에서 점수가 가장 높았으나, 50명 미만의 규모에서는 가장 점수가 낮았다.

<표 III-5> 성별 및 교회규모별 교회에서의 온라인을 통한 활동에 대한 인식

(단위: 점(5점 척도))

	구분		평균	표준편차	t/F
사역자들은 온라인 사역 준비를 잘하는 것 같다.	성별	남자	3.58	.930	-.257
		여자	3.61	.942	
	교회 규모	50명 미만	3.12	1.008	2.814*
		50-150명 미만	3.63	.993	
		150-300명 미만	3.64	.860	
		300-600명 미만	3.43	.959	
		600-1000명 미만	3.70	.853	
		1000명 이상	3.80	.879	
		전체	3.60	.935	
사역자들은 대면활동보다 설명을 더 잘하는 것 같다.	성별	남자	2.79	.804	-.113
		여자	2.80	.788	
	교회 규모	50명 미만	2.62	.853	.961
		50-150명 미만	2.90	.869	
		150-300명 미만	2.84	.817	
		300-600명 미만	2.78	.630	
		600-1000명 미만	2.65	.770	
		1000명 이상	2.83	.740	
		전체	2.80	.794	

대면 활동보다 온라인 활동에 집중이 잘된다.	성별	남자	1.90	.861	.477
		여자	1.85	.880	
	교회 규모	50명 미만	1.68	.843	1.057
		50-150명 미만	1.93	.918	
		150-300명 미만	1.89	.793	
		300-600명 미만	1.70	.740	
		600-1000명 미만	1.83	.874	
		1000명 이상	2.02	.983	
		전체	1.87	.871	
대면 활동보다 온라인 교육의 효과가 더 있다.	성별	남자	1.90	.845	-1.195
		여자	2.02	.934	
	교회 규모	50명 미만	1.94	.952	.959
		50-150명 미만	2.04	.964	
		150-300명 미만	1.96	.855	
		300-600명 미만	1.68	.784	
		600-1000명 미만	2.03	.862	
		1000명 이상	2.02	.911	
		전체	1.96	.895	
전체적으로 온라인을 통한 신앙활동에 만족한다.	성별	남자	2.13	1.065	-.274
		여자	2.16	.942	
	교회 규모	50명 미만	2.00	1.128	.397
		50-150명 미만	2.21	1.027	
		150-300명 미만	2.08	.977	
		300-600명 미만	2.16	.866	
		600-1000명 미만	2.13	.992	
		1000명 이상	2.25	1.019	
		전체		.999	

$*p<.05$

(6) 코로나19로 인한 신앙적 변화 인식

대학생들의 코로나19로 인한 신앙적 변화 인식에서 '온라인 매체(pc, 태블릿, 동영상 스트리밍 등) 활용 빈도가 늘어났다'는 4점대의 가장 높은 점수로 나타났으며, '교회의 온라인 사역 활동 빈도가 늘어났다'는 3점대로 나타났다. 기도시간, 성경읽기, 기독서적 읽기, 친구들이나 가족과 신앙과 관련된 대화시간, 교회 지체들과의 교제 시간, 분반공부 참여 시간, 교회의 대면 심방(연락), 교회의 비대면(전화, SNS 등) 심방(연락)의 빈도는 2점대로 나타나 기능적으로 사역이 진행되고 있지 못함을 실제적으로 확인할 수 있었다.

성별에 따른 차이는 '친구들이나 가족과 신앙과 관련된 대화시간이 늘어났다'에서 여자가 남자보다 점수가 높았다.

교회규모에 따른 신앙적 변화 인식 차이를 살펴보면, '기도하는 시간이 늘어났다'와 '기독교 서적 읽기가 늘어났다'에서는 300~600명 미만 규모가 가장 높았고, '성경 읽는 시간이 늘어났다'에서는 1000명 이상 규모가 가장 높았으며, '온라인 매체(pc, 태블릿, 동영상 스트리밍 등) 활용 빈도가 늘어났다'에서는 600~1000명 미만의 규모가 가장 높았다. 성별 및 교회규모에 따른 신앙적 변화 인식 차이는 <표 III-6>과 같다.

<표 III-6> 성별 및 교회규모별 신앙적 변화 인식 차이

(단위: 점(5점 척도))

	구분		평균	표준편차	t/F
기도하는 시간이 늘어났다	성별	남자	2.79	1.103	.628
		여자	2.71	1.030	
	교회 규모	50명 미만	2.47	1.161	2.337*
		50-150명 미만	2.77	1.137	
		150-300명 미만	2.67	1.012	
		300-600명 미만	3.11	.843	
		600-1000명 미만	2.48	.933	
		1000명 이상	2.93	1.118	
		전체	2.75	1.063	
성경 읽는 시간이 늘어났다	성별	남자	2.84	1.077	-.178
		여자	2.86	1.007	
	교회 규모	50명 미만	2.41	1.131	3.013*
		50-150명 미만	2.85	1.036	
		150-300명 미만	2.74	1.012	
		300-600명 미만	3.03	.726	
		600-1000명 미만	2.75	1.032	
		1000명 이상	3.18	1.097	
		전체	2.85	1.038	
기독교 서적 읽기가 늘어났다	성별	남자	2.82	1.118	1.766
		여자	2.61	.977	
	교회 규모	50명 미만	2.32	.976	2.703*
		50-150명 미만	2.85	1.114	
		150-300명 미만	2.55	.900	
		300-600명 미만	3.08	.954	
		600-1000명 미만	2.60	1.081	
		1000명 이상	2.80	1.132	
		전체	2.71	1.047	

친구들이나 가족과 신앙과 관련된 대화시간이 늘어났다.	성별	남자	2.76	1.078	-2.011*
		여자	3.00	1.048	
	교회 규모	50명 미만	2.76	1.182	.315
		50-150명 미만	2.90	.974	
		150-300명 미만	2.82	.976	
		300-600명 미만	2.95	1.104	
		600-1000명 미만	2.90	1.172	
		1000명 이상	3.00	1.150	
		전체	2.89	1.067	
교회 지체들과의 교제 시간이 늘었다.	성별	남자	2.28	1.113	.131
		여자	2.26	1.122	
	교회 규모	50명 미만	2.15	1.158	.874
		50-150명 미만	2.36	1.123	
		150-300명 미만	2.33	1.136	
		300-600명 미만	2.08	.983	
		600-1000명 미만	2.08	1.095	
		1000명 이상	2.42	1.154	
		전체	2.27	1.116	
분반공부 참여 시간이 늘어났다.	성별	남자	2.55	1.077	.406
		여자	2.51	1.074	
	교회 규모	50명 미만	2.18	1.029	1.350
		50-150명 미만	2.59	1.188	
		150-300명 미만	2.51	.973	
		300-600명 미만	2.65	.978	
		600-1000명 미만	2.38	.979	
		1000명 이상	2.70	1.169	
		전체	2.53	1.074	

교회의 대면 심방(연락)의 빈도가 늘어났다.	성별	남자	2.15	.920	-.850
		여자	2.24	.865	
	교회 규모	50명 미만	2.00	.853	1.579
		50-150명 미만	2.12	.942	
		150-300명 미만	2.17	.958	
		300-600명 미만	2.16	.800	
		600-1000명 미만	2.18	.675	
		1000명 이상	2.47	.911	
		전체	2.20	.890	
교회의 비대면(전화, SNS 등) 심방(연락)의 빈도가 늘어났다.	성별	남자	2.90	1.119	.655
		여자	2.82	1.092	
	교회 규모	50명 미만	2.59	1.158	1.209
		50-150명 미만	2.88	1.117	
		150-300명 미만	2.97	1.131	
		300-600명 미만	2.59	1.117	
		600-1000명 미만	2.83	1.035	
		1000명 이상	3.00	1.042	
		전체	2.85	1.103	
교회의 온라인 사역 활동 빈도가 늘어났다.	성별	남자	3.28	1.068	.425
		여자	3.23	1.067	
	교회 규모	50명 미만	2.91	1.288	2.061
		50-150명 미만	3.05	1.039	
		150-300명 미만	3.28	1.028	
		300-600명 미만	3.35	1.006	
		600-1000명 미만	3.45	.986	
		1000명 이상	3.47	1.049	
		전체	3.25	1.066	

온라인 매체 (pc, 태블릿, 동영상 스트리밍 등) 활용 빈도가 늘어났다.	성별	남자	3.99	.805	-.202
		여자	4.01	.896	
	교회 규모	50명 미만	3.53	1.212	3.078*
		50-150명 미만	3.93	.855	
		150-300명 미만	4.11	.759	
		300-600명 미만	4.00	.667	
		600-1000명 미만	4.23	.832	
		1000명 이상	4.05	.769	
		전체	4.00	.855	

$*p<.05$

(7) 온라인 예배에 대한 인식

대학생들의 온라인 예배에 대한 인식은 '어쩔 수 없는 경우에는 할 수도 있다고 생각한다'가 82.2%로 가장 많았고, 다음으로 '평상시에도 할 수 있다고 생각한다'(13.1%), '절대 해서는 안 된다고 생각한다'(3.1%), '잘 모르겠다'(1.6%)의 순으로 나타났다.

성별과 교회규모별로는 큰 차이가 없는 것으로 나타났다. 대학생들의 성별 및 교회규모별 온라인 예배에 대한 인식은 <표 III-7>과 같다.

<표 III-7> 성별 및 교회규모별 온라인 예배에 대한 인식

(단위: %)

구분		절대 해서는 안됨	어쩔 수 없는 경우에는 할 수도 있음	평상시에도 할 수 있음	잘 모르겠음
전체		3.1	82.2	13.1	1.6
성별	남자	3.4	83.6	13.0	0.0
	여자	2.9	81.0	13.2	2.9
교회 규모별	50명 미만	0.0	76.5	14.7	8.8
	50-150명 미만	0.0	83.6	15.1	1.4
	150-300명 미만	2.6	88.2	7.9	1.3
	300-600명 미만	2.7	86.5	10.8	0.0
	600-1000명 미만	7.5	75.0	17.5	0.0
	1000명 이상	6.7	78.3	15.0	0.0

(8) 온라인 교회모임의 가능성 인식

대학생들의 온라인 교회모임의 가능성3점 척도에 대한 응답으로 '대학청년부 온라인 성경공부'가 2.51점으로 가장 긍정적이었으며, 다음으로 '대학청년부 온라인 소모임성경공부 외 다양한 모임'(2.40점), '대학청년부 온라인 예배'(2.26점), '대학청년부 온라인 제자훈련'(2.24점), '대학청년부 온라인 수련회'(2.00점)의 순으로 나타나 전반적으로 온라인 교회모임의 가능성을 긍정적으로 인식하는 것으로 나타났다.

성별에 따른 차이는 없으며, 교회규모별로 살펴보면, '대학청년부 온라인 수련회'에서 50~150명 규모의 점수(2.08점)가 가장 높은 것으로 나타났으며, 300~600명의 점수(1.62점)가 가장 낮은 것으로 나타났다. 성별 및 교회규모별에 따른 온라인 교회모임의 가능성 인식 차이는 <표 III-8>과 같다.

<표 III-8> 성별 및 교회규모별 온라인 교회모임의 가능성 인식

(단위: 점(3점 척도))

구분			평균	표준편차	t/F
대학청년부 온라인 예배	성별	남자	146	2.21	-1.018
		여자	174	2.30	
	교회 규모	50명 미만	2.26	.790	1.082
		50-150명 미만	2.32	.831	
		150-300명 미만	2.38	.748	
		300-600명 미만	2.11	.843	
		600-1000명 미만	2.08	.829	
		1000명 이상	2.23	.871	
		전체	2.26	.817	
대학청년부 온라인 성경공부	성별	남자	146	2.55	1.084
		여자	174	2.47	
	교회 규모	50명 미만	2.56	.660	1.776
		50-150명 미만	2.70	.617	
		150-300명 미만	2.50	.757	
		300-600명 미만	2.43	.765	
		600-1000명 미만	2.43	.813	
		1000명 이상	2.35	.777	
		전체	2.51	.734	
대학청년부 온라인 소모임 (성경공부 외 다양한 모임)	성별	남자	146	2.42	.562
		여자	174	2.37	
	교회 규모	50명 미만	2.44	.746	1.125
		50-150명 미만	2.56	.687	
		150-300명 미만	2.37	.846	
		300-600명 미만	2.30	.845	
		600-1000명 미만	2.23	.891	
		1000명 이상	2.38	.846	
		전체	2.40	.809	

대학청년부 온라인 제자훈련	성별	남자	146	2.24		-.080
		여자	174	2.25		
	교회 규모	50명 미만		2.47	.788	2.120
		50-150명 미만		2.44	.764	
		150-300명 미만		2.11	.858	
		300-600명 미만		2.14	.787	
		600-1000명 미만		2.13	.853	
		1000명 이상		2.20	.840	
		전체		2.24	.825	
대학청년부 온라인 수련회	성별	남자	146	2.00		-.062
		여자	174	2.01		
	교회 규모	50명 미만		2.21	.808	2.357*
		50-150명 미만		2.08	.846	
		150-300명 미만		2.07	.806	
		300-600명 미만		1.62	.758	
		600-1000명 미만		2.03	.832	
		1000명 이상		1.93	.821	
		전체		2.00	.825	

*$p<.05$

(9) 온라인 교회모임 참여 의향

대학생들의 온라인 교회모임 참여 의향을 살펴보면, '대학청년부 온라인 예배'에 참여하겠다는 비율이 85.6%로 가장 많았고, 다음으로 '대학청년부 온라인 성경공부'(75.3%), '대학청년부 온라인 소모임'(74.7%), 대학청년부 온라인 수련회'(71.6%), '대학청년부 온라인 제자훈련'(63.8%) 순으로 나타났다. 전반적으로 대학생들의 온라인 교회모임 참여 의향은 긍정적인 것으로 나타났다.

성별로는 큰 차이를 보이지 않았으며, 교회규모별로 살펴보면, 300명 이상의 규모에서는 온라인 교회모임 참여 의향이 높은 반면, 300명 미만 규모에서는 상대적으로 온라인 교회모임 참여의향이 낮은 것으로 나타났다. 대학생들의 성별 및 교회규모별 온라인 교회모임 참여 의향은 <표 III-9>와 같다.

<표 III-9> 성별 및 교회규모별 온라인 교회모임 참여 의향

(단위: %)

구분		대학청년부 온라인 예배		대학청년부 온라인 성경공부		대학청년부 온라인 소모임		대학청년부 온라인 제자훈련		대학청년부 온라인 수련회	
		참여함	참여하지않음	참여함	참여하지않음	참여함	참여하지않음	참여함	참여하지않음	참여함	참여하지않음
전체		85.6	14.4	75.3	24.7	74.7	25.3	63.8	36.3	71.6	28.4
성별	남자	85.6	14.4	77.4	22.6	76.0	24.0	61.0	39.0	71.9	28.1
	여자	85.6	14.4	73.6	26.4	73.6	26.4	66.1	33.9	71.3	28.7
교회 규모별	50명 미만	85.3	14.7	64.7	35.3	79.4	20.6	67.6	32.4	70.6	29.4
	50-150명 미만	80.8	19.2	82.2	17.8	79.5	20.5	69.9	30.1	71.2	28.8
	150-300명 미만	84.2	15.8	73.7	26.3	69.7	30.3	56.6	43.4	72.4	27.6
	300-600명 미만	94.6	5.4	83.8	16.2	81.1	18.9	64.9	35.1	73.0	27.0
	600-1000명 미만	92.5	7.5	75.0	25.0	67.5	32.5	57.5	42.5	72.5	27.5
	1000명 이상	83.3	16.7	70.0	30.0	73.3	26.7	66.7	33.3	70.0	30.0

(10) 신앙생활에 대한 요구도

대학생의 신앙생활에 대한 요구도를 분석하기 위해서 대응표본 t검정을 실시하였다. 현재 선호 수준과 미래 중요 수준에서 모두 '(오프라인 대면) 예배 참여하기'의 평균이 가장 높았으며, 대응표본 t검정 결과, 11개 분야에서 모두 통계적으로 유의미한 차이를 보였다. 본 연구에서 요구는 현재 선호 수준과 미래 중요 수준 간의 차이로 정의되기 때문에 모든 분야에서 갭gap으로서의 요구가 존재하였다. 다음으로 Borich의 요구도 값을 산출한 결과 가장 높은 요구도 값은 '전도활동하기'였으며, 그 다음 순으로 '성경읽기', '기독서적 읽기', '성경공부 참여하기' 등의 순이었다. 대학생의 신앙생활에 대한 요구도에 대한 우선순위 분석방법을 정리하면 <표 III-10>과 같다.

<표 III-10> 대학생의 신앙생활에 대한 요구도 분석

구분	현재선호도		미래중요도		차이		요구도	순위
	평균	순위	평균	순위	평균	t값		
(오프라인 대면) 예배 참여하기	4.38	1	4.62	1	.23	5.303***	1.08	11
(온라인 비대면) 예배 참여하기	2.68	9	3.32	11	.64	8.827***	2.13	10
(온라인 비대면) 신앙양육 프로그램	2.74	8	3.44	9	.70	9.911***	2.41	8
(온라인 비대면) 신앙공동체 활동	2.79	7	3.45	8	.66	9.629***	2.26	9
(온라인 비대면) 신앙 상담활동	2.47	10	3.36	10	.89	12.121***	2.99	5
기도하기	3.33	2	4.25	2	.92	14.028***	3.90	3
성경읽기	3.27	3	4.23	3	.96	14.705***	4.05	2
성경공부 참여하기	3.07	4	4.03	4	.96	13.840***	3.86	4
기독서적 읽기	2.96	6	3.73	5	.77	11.647***	2.88	6
교회 외 종교모임 참여하기	3.06	5	3.73	5	.67	8.631***	2.50	7
전도활동하기	2.13	11	3.58	7	1.45	19.053***	5.19	1

***p<.001

다음으로 대학생 신앙생활을 The Locus for Focus 모델을 활용하여 우선
순위를 분석한 결과는 <그림 III-1>과 <표 III-11>과 같다. 대학생들이 인식하고
있는 신앙생활의 미래 중요 수준 평균은 3.79이며, 불일치 수준미래 중요 수준-현재
선호 수준의 평균은 0.80으로 나타났다. 미래 중요 수준의 평균을 X축으로, 불일
치 수준의 평균을 Y축으로 하여 사사분면으로 나타냈을 때, 제1사분면의 영역
에 속하는 신앙생활들은 대학생들이 중요하게 생각하고 미래 중요 수준과 현
재 선호 수준 간의 불일치 수준이 높은 것들로 최우선적으로 요구되는 신앙생
활들이다.

분석 결과, 제1사분면에 포함되는 신앙생활은 '기도하기', '성경읽기', '성경
공부 참여하기'였고, 제2사분면에는 '(온라인 비대면)신앙상담활동', '전도활동
하기'였으며, 제3사분면에는 '(온라인 비대면)예배 참여하기', '(온라인 비대면)
신앙양육프로그램', '(온라인 비대면)신앙공동체활동', '기독서적 읽기', '교회

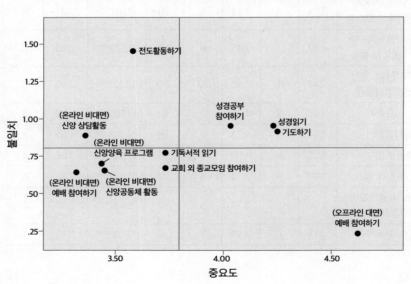

<그림 III-1> The Locus for Focus모델을 활용한 대학생 신앙생활 우선순위

외 종교모임 참여하기'였고, 제4사분면에 포함되는 신앙활동은 '(오프라인 대면)예배 참여하기'였다.

<표 Ⅲ-11> The Locus for Focus 모델을 활용한 대학생 신앙생활 우선순위

분면	신앙생활 우선순위
1사분면 (고고)	기도하기, 성경읽기, 성경공부 참여하기
2사분면 (저고)	(온라인 비대면)신앙상담활동, 전도활동하기
3사분면 (저저)	(온라인 비대면)예배 참여하기, (온라인 비대면)신앙양육프로그램, (온라인 비대면)신앙공동체활동, 기독서적 읽기, 교회 외 종교모임 참여하기
4사분면 (고저)	(오프라인 대면)예배 참여하기

1) 남자 대학생의 신앙생활 요구도

남자 대학생의 신앙생활에 대한 요구도를 분석하기 위해서 대응표본 t검정을 실시하였다. 현재 선호 수준과 미래 중요 수준에서 모두 '(오프라인 대면)예배 참여하기'의 평균이 가장 높았으며, 대응표본 t검정 결과, 11개 모든 분야에서 통계적으로 유의미한 차이를 보였다. 본 연구에서 요구는 현재 선호 수준과 미래 중요 수준 간의 차이로 정의되기 때문에 11개 분야에서 갭gap으로서의 요구가 존재하였다. 다음으로 Borich의 요구도 값을 산출한 결과 가장 높은 요구도 값은 '전도활동하기'였으며, 그 다음 순으로 '성경읽기', '기도하기', '성경공부 참여하기' 등의 순이었다. 이상의 남자 대학생의 신앙생활에 대한 요구도에 대한 우선순위 분석방법을 정리하면 <표 Ⅲ-12>와 같다.

<표 III-12> 남자 대학생의 신앙생활에 대한 요구도 분석

구분	현재선호도		미래중요도		차이		요구도	순위
	평균	순위	평균	순위	평균	t값		
(오프라인 대면) 예배 참여하기	4.38	1	4.62	1	.23	5.303***	1.08	11
(온라인 비대면) 예배 참여하기	2.68	9	3.32	11	.64	8.827***	2.13	10
(온라인 비대면) 신앙양육 프로그램	2.74	8	3.44	9	.70	9.911***	2.41	8
(온라인 비대면) 신앙공동체 활동	2.79	7	3.45	8	.66	9.629***	2.26	9
(온라인 비대면) 신앙 상담활동	2.47	10	3.36	10	.89	12.121***	2.99	5
기도하기	3.33	2	4.25	2	.92	14.028***	3.90	3
성경읽기	3.27	3	4.23	3	.96	14.705***	4.05	2
성경공부 참여하기	3.07	4	4.03	4	.96	13.840***	3.86	4
기독서적 읽기	2.96	6	3.73	5	.77	11.647***	2.88	6
교회 외 종교모임 참여하기	3.06	5	3.73	5	.67	8.631***	2.50	7
전도활동하기	2.13	11	3.58	7	1.45	19.053***	5.19	1

***$p<.001$

다음으로 남자 대학생의 신앙생활을 The Locus for Focus 모델을 활용하여 우선순위를 분석한 결과는 <그림 III-2>와 <표 III-13>과 같다. 남자 대학생들이 인식하고 있는 신앙생활의 미래 중요 수준 평균은 3.78이며, 불일치 수준 미래 중요 수준-현재 선호 수준의 평균은 0.72로 나타났다. 제1사분면에 포함되는 신앙생활은 '기도하기', '성경읽기', '성경공부 참여하기'였고, 제2사분면에는 '(온라인 비대면)신앙 상담활동', '전도활동하기'였으며, 제3사분면에는 '(온라인 비대면)예배 참여하기', '(온라인 비대면)신앙양육 프로그램', '(온라인 비대면)

신앙공동체 활동', '기독서적 읽기', '교회 외 종교모임 참여하기'였고, 제4사분면에 포함되는 신앙활동은 '(오프라인 대면)예배 참여하기'였다.

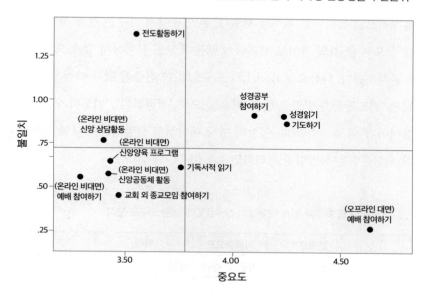

<그림 III-2> The Locus for Focus모델을 활용한 남자 대학생 신앙생활 우선순위

<표 III-13> The Locus for Focus 모델을 활용한 남자 대학생 신앙생활 우선순위

분면	신앙생활 우선순위
1사분면 (고고)	기도하기, 성경읽기, 성경공부 참여하기
2사분면 (저고)	(온라인 비대면)신앙 상담활동, 전도활동하기
3사분면 (저저)	(온라인 비대면)예배 참여하기, (온라인 비대면)신앙양육 프로그램, (온라인 비대면)신앙공동체 활동, 기독서적 읽기, 교회 외 종교모임 참여하기
4사분면 (고저)	(오프라인 대면)예배 참여하기

2) 여자 대학생의 신앙생활 요구도

여자 대학생의 신앙생활에 대한 요구도를 분석하기 위해서 대응표본 t검정
을 실시하였다. 현재 선호 수준과 미래 중요 수준에서 모두 '(오프라인 대면)
예배 참여하기'의 평균이 가장 높았으며, 대응표본 t검정 결과, 11개 분야에서
모두 통계적으로 유의미한 차이를 보였다. 본 연구에서 요구는 현재 선호 수준
과 미래 중요 수준 간의 차이로 정의되기 때문에 모든 분야에서 갭gap으로서의
요구가 존재하였다. 다음으로 Borich의 요구도 값을 산출한 결과 가장 높은 요
구도 값은 '전도활동하기'였으며, 그 다음 순으로 '성경읽기', '기도하기', '성경
공부 참여하기' 등의 순이었다. 이상의 여자 대학생의 신앙생활에 대한 요구도
에 대한 우선순위 분석방법을 정리하면 <표 III-14>와 같다.

<표 III-14> 여자 대학생의 신앙생활에 대한 요구도 분석

구분	현재선호도		미래중요도		차이		요구도	순위
	평균	순위	평균	순위	평균	t값		
(오프라인 대면) 예배 참여하기	4.39	1	4.59	1	.21	3.445**	0.95	11
(온라인 비대면) 예배 참여하기	2.63	9	3.34	10	.71	6.651***	2.38	9
(온라인 비대면) 신앙양육 프로그램	2.71	8	3.45	9	.74	7.780***	2.56	7
(온라인 비대면) 신앙공동체 활동	2.75	7	3.48	8	.72	7.903***	2.52	8
(온라인 비대면) 신앙 상담활동	2.33	10	3.32	11	.99	10.044***	3.30	6
기도하기	3.28	2	4.24	2	.96	10.434***	4.07	3
성경읽기	3.21	3	4.21	3	1.00	10.973***	4.21	2
성경공부 참여하기	2.98	5	3.97	4	.99	10.254***	3.95	4
기독서적 읽기	2.80	6	3.70	5	.90	9.434***	3.34	5

교회 외 종교모임 참여하기	3.09	4	3.58	7	.49	5.913***	1.75	10
전도활동하기	2.09	11	3.60	6	1.51	14.318***	5.44	1

***p<.001

다음으로 여자 대학생 신앙생활을 The Locus for Focus 모델을 활용하여 우선순위를 분석한 결과는 <그림 III-3>과 <표 III-15>와 같다. 여자 대학생들이 인식하고 있는 신앙생활의 미래 중요 수준 평균은 3.77이며, 불일치 수준미래 중요 수준-현재 선호 수준의 평균은 0.84로 나타났다. 제1사분면에 포함되는 신앙생활은 '기도하기', '성경읽기', '성경공부 참여하기'였고, 제2사분면에는 '(온라인 비대면)신앙양육 프로그램', '(온라인 비대면)신앙 상담활동', '기독서적 읽기', '전도활동하기'였으며, 제3사분면에는 '(온라인 비대면)신앙양육 프로그램', '(온라인 비대면)예배 참여하기', '(온라인 비대면)신앙공동체 활동', '교회

<그림 III-3> The Locus for Focus모델을 활용한 여자 대학생 신앙생활 우선순위

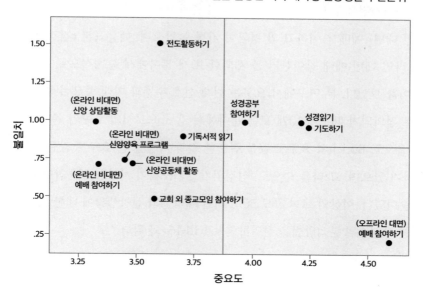

외 종교모임 참여하기'였고, 제4사분면에 포함되는 신앙활동은 '(오프라인 대면)예배 참여하기'였다.

<표 III-15> The Locus for Focus 모델을 활용한 여자 대학생 신앙생활 우선순위

분면	신앙생활 우선순위
1사분면 (고고)	기도하기, 성경읽기, 성경공부 참여하기
2사분면 (저고)	(온라인 비대면)신앙 상담활동, 기독서적 읽기, 전도활동하기
3사분면 (저저)	(온라인 비대면)신앙양육 프로그램, (온라인 비대면)예배 참여하기, (온라인 비대면)신앙공동체 활동, 교회 외 종교모임 참여하기
4사분면 (고저)	(오프라인 대면)예배 참여하기

3) 교회 규모 50명 미만 대학생의 신앙생활 요구도

교회 규모 50명 미만 대학생의 신앙생활에 대한 요구도를 분석하기 위해서 대응표본 t검정을 실시하였다. 현재 선호 수준과 미래 중요 수준에서 모두 '(오프라인 대면) 예배 참여하기'의 평균이 가장 높았으며, 대응표본 t검정 결과, '(오프라인 대면)예배 참여하기'를 제외한 10개 분야에서 통계적으로 유의미한 차이를 보였다. 본 연구에서 요구는 현재 선호 수준과 미래 중요 수준 간의 차이로 정의되기 때문에 10개 모든 분야에서 갭gap으로서의 요구가 존재하였다. 다음으로 Borich의 요구도 값을 산출한 결과 가장 높은 요구도 값은 '전도활동하기'였으며, 그 다음 순으로 '성경읽기', '기도하기', '성경공부 참여하기' 등의 순이었다. 이상의 교회 규모 50명 미만 대학생의 신앙생활에 대한 요구도에 대한 우선순위 분석방법을 정리하면 <표 III-16>와 같다.

\<표 III-16\> 교회 규모 50명 미만 대학생의 신앙생활에 대한 요구도 분석

구분	현재선호도		미래중요도		차이		요구도	순위
	평균	순위	평균	순위	평균	t값		
(오프라인 대면) 예배 참여하기	4.38	1	4.56	1	.18	1.184	0.80	11
(온라인 비대면) 예배 참여하기	2.91	5	3.41	10	.50	2.357*	1.71	10
(온라인 비대면) 신앙양육 프로그램	2.56	9	3.53	9	.97	4.848***	3.43	7
(온라인 비대면) 신앙공동체 활동	2.59	8	3.62	7	1.03	5.524***	3.72	5
(온라인 비대면) 신앙 상담활동	2.44	10	3.38	11	.94	4.074***	3.18	8
기도하기	3.32	2	4.32	2	1.00	4.835***	4.32	3
성경읽기	2.91	5	4.15	3	1.24	5.845***	5.12	2
성경공부 참여하기	3.00	4	4.03	4	1.03	4.738***	4.15	4
기독서적 읽기	2.62	7	3.59	8	.97	4.234***	3.48	6
교회 외 종교모임 참여하기	3.12	3	3.68	6	.56	3.957***	2.05	9
전도활동하기	2.15	11	3.91	5	1.76	7.891***	6.90	1

*$p<.05$, **$p<.01$, ***$p<.001$

다음으로 교회 규모 50명 미만 대학생 신앙생활을 The Locus for Focus 모델을 활용하여 우선순위를 분석한 결과는 \<그림 III-4\>와 \<표 III-17\>과 같다. 교회 규모 50명 미만 대학생들이 인식하고 있는 신앙생활의 미래 중요 수준 평균은 3.83이며, 불일치 수준미래 중요 수준-현재 선호 수준의 평균은 0.93으로 나타났다. 제1사분면에 포함되는 신앙생활은 '기도하기', '성경읽기', '성경공부 참여하기', '전도활동하기'였고, 제2사분면에는 '(온라인 비대면)신앙 상담활동', '(온라인 비대면)신앙양육 프로그램', '(온라인 비대면)신앙공동체 활동', '기독서적 읽기'였으며, 제3사분면에는 '(온라인 비대면)예배 참여하기', '교회 외 종

교모임 참여하기'였고, 제4사분면에 포함되는 신앙활동은 '(오프라인 대면)예배 참여하기'였다.

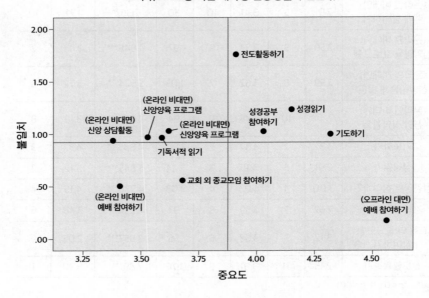

<그림 III-4> The Locus for Focus모델을 활용한
교회 규모 50명 미만 대학생 신앙생활 우선순위

<표 III-17> The Locus for Focus 모델을 활용한
교회 규모 50명 미만 대학생 신앙생활 우선순위

분면	신앙생활 우선순위
1사분면 (고고)	기도하기, 성경읽기, 성경공부 참여하기, 전도활동하기
2사분면 (저고)	(온라인 비대면)신앙 상담활동, (온라인 비대면)신앙양육 프로그램, (온라인 비대면)신앙공동체 활동, 기독서적 읽기
3사분면 (저저)	(온라인 비대면)예배 참여하기, 교회 외 종교모임 참여하기
4사분면 (고저)	(오프라인 대면)예배 참여하기

4) 교회 규모 50명~150명 미만 대학생의 신앙생활 요구도

교회 규모 50명~150명 미만 대학생의 신앙생활에 대한 요구도를 분석하기 위해서 대응표본 t검정을 실시하였다. 현재 선호 수준과 미래 중요 수준에서 모두 '(오프라인 대면) 예배 참여하기'의 평균이 가장 높았으며, 대응표본 t검정 결과, 11개 모든 분야에서 통계적으로 유의미한 차이를 보였다. 본 연구에서 요구는 현재 선호 수준과 미래 중요 수준 간의 차이로 정의되기 때문에 11개 모든 분야에서 갭gap으로서의 요구가 존재하였다. 다음으로 Borich의 요구도 값을 산출한 결과 가장 높은 요구도 값은 '전도활동하기'였으며, 그 다음 순으로 '(온라인 비대면)신앙 상담활동', '성경공부 참여하기', '성경읽기' 등의 순이었다. 이상의 교회 규모 50명~150명 미만 대학생의 신앙생활에 대한 요구도에 대한 우선순위 분석방법을 정리하면 <표 III-18>과 같다.

<표 III-18> 교회 규모 50명~150명 미만 대학생의 신앙생활에 대한 요구도 분석

구분	현재선호도		미래중요도		차이		요구도	순위
	평균	순위	평균	순위	평균	t값		
(오프라인 대면) 예배 참여하기	4.41	1	4.73	1	.32	3.453**	1.49	11
(온라인 비대면) 예배 참여하기	2.93	9	3.41	11	.48	3.094**	1.64	10
(온라인 비대면) 신앙양육 프로그램	2.99	7	3.67	10	.68	4.829***	2.51	8
(온라인 비대면) 신앙공동체 활동	2.97	8	3.71	7	.74	5.530***	2.75	7
(온라인 비대면) 신앙 상담활동	2.64	10	3.68	9	1.04	7.042***	3.84	2
기도하기	3.40	3	4.21	3	.81	5.604***	3.40	5
성경읽기	3.47	2	4.32	2	.85	6.665***	3.66	4
성경공부 참여하기	3.32	4	4.19	4	.88	7.296***	3.67	3

기독서적 읽기	3.15	6	3.88	5	.73	5.794***	2.81	6
교회 외 종교모임 참여하기	3.29	5	3.74	6	.45	3.453**	1.69	9
전도활동하기	2.34	11	3.70	8	1.36	8.229***	5.02	1

**p<.01, ***p<.001

다음으로 교회 규모 50명~150명 미만 대학생의 신앙생활을 The Locus for Focus 모델을 활용하여 우선순위를 분석한 결과는 <그림 III-5>와 <표 III-19> 와 같다. 교회 규모 50명~150명 미만 대학생들이 인식하고 있는 신앙생활의 미래 중요 수준 평균은 3.93이며, 불일치 수준미래 중요 수준-현재 선호 수준의 평균 은 0.76로 나타났다. 제1사분면에 포함되는 신앙생활은 '기도하기', '성경읽기', '성경공부 참여하기'였고, 제2사분면에는 '(온라인 비대면)신앙 상담활동', '전

<그림 III-5> The Locus for Focus모델을 활용한
교회 규모 50명~150명 미만 대학생 신앙생활 우선순위

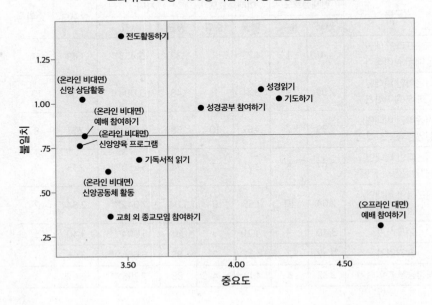

도활동하기'였으며, 제3사분면에는 '(온라인 비대면)예배 참여하기', '(온라인 비대면)신앙양육 프로그램', '(온라인 비대면)신앙공동체 활동', '기독서적 읽기', '교회 외 종교모임 참여하기'였고, 제4사분면에 포함되는 신앙활동은 '(오프라인 대면)예배 참여하기'였다.

<표 III-19> The Locus for Focus 모델을 활용한
교회 규모 50명~150명 미만 대학생 신앙생활 우선순위

분면	신앙생활 우선순위
1사분면 (고고)	기도하기, 성경읽기, 성경공부 참여하기
2사분면 (저고)	(온라인 비대면)신앙 상담활동, 전도활동하기
3사분면 (저저)	(온라인 비대면)예배 참여하기, (온라인 비대면)신앙양육 프로그램, (온라인 비대면)신앙공동체 활동, 기독서적 읽기, 교회 외 종교모임 참여하기
4사분면 (고저)	(오프라인 대면)예배 참여하기

5) 교회 규모 150명~300명 미만 대학생의 신앙생활 요구도

교회 규모 150명~300명 미만 대학생의 신앙생활에 대한 요구도를 분석하기 위해서 대응표본 t검정을 실시하였다. 현재 선호 수준과 미래 중요 수준에서 모두 '(오프라인 대면) 예배 참여하기'의 평균이 가장 높았으며, 대응표본 t검정 결과, 11개 모든 분야에서 통계적으로 유의미한 차이를 보였다. 본 연구에서 요구는 현재 선호 수준과 미래 중요 수준 간의 차이로 정의되기 때문에 11개 모든 분야에서 갭gap으로서의 요구가 존재하였다. 다음으로 Borich의 요구도 값을 산출한 결과 가장 높은 요구도 값은 '전도활동하기'였으며, 그 다음 순으로 '성경읽기', '기도하기', '성경공부 참여하기' 등의 순이었다. 이상의 교회

규모 150명~300명 미만 대학생의 신앙생활에 대한 요구도에 대한 우선순위 분석방법을 정리하면 <표 III-20>과 같다.

<표 III-20> 교회 규모 150명~300명 미만 대학생의 신앙생활에 대한 요구도 분석

구분	현재선호도		미래중요도		차이		요구도	순위
	평균	순위	평균	순위	평균	t값		
(오프라인 대면) 예배 참여하기	4.37	1	4.67	1	.30	3.443**	1.41	11
(온라인 비대면) 예배 참여하기	2.49	9	3.30	9	.82	5.293***	2.69	6
(온라인 비대면) 신앙양육 프로그램	2.51	8	3.28	11	.76	5.020***	2.50	7
(온라인 비대면) 신앙공동체 활동	2.79	7	3.41	8	.62	4.263***	2.11	9
(온라인 비대면) 신앙 상담활동	2.26	10	3.29	10	1.03	6.597***	3.38	5
기도하기	3.17	2	4.20	2	1.03	7.390***	4.31	3
성경읽기	3.04	4	4.12	3	1.08	7.451***	4.44	2
성경공부 참여하기	2.87	5	3.84	4	.97	6.449***	3.74	4
기독서적 읽기	2.87	5	3.55	5	.68	4.359***	2.43	8
교회 외 종교모임 참여하기	3.05	3	3.42	7	.37	2.937**	1.26	11
전도활동하기	2.09	11	3.47	6	1.38	9.295***	4.80	1

**p<.01, ***p<.001

다음으로 교회 규모 150명~300명 미만 대학생 신앙생활을 The Locus for Focus 모델을 활용하여 우선순위를 분석한 결과는 <그림 III-6>과 <표 III-21>과 같다. 교회 규모 150명~300명 미만 대학생들이 인식하고 있는 신앙생활의 미래 중요 수준 평균은 3.69이며, 불일치 수준미래 중요 수준-현재 선호 수준의 평균

은 0.82로 나타났다. 제1사분면에 포함되는 신앙생활은 '기도하기', '성경읽기', '성경공부 참여하기'였고, 제2사분면에는 '(온라인 비대면)신앙 상담활동', '전도활동하기'였으며, 제3사분면에는 '(온라인 비대면)예배 참여하기', '(온라인 비대면)신앙양육 프로그램', '(온라인 비대면)신앙공동체 활동', '기독서적 읽기', '교회 외 종교모임 참여하기'였고, 제4사분면에 포함되는 신앙활동은 '(오프라인 대면)예배 참여하기'였다.

<그림 III-6> The Locus for Focus모델을 활용한
교회 규모 150명~300명 미만 대학생 신앙생활 우선순위

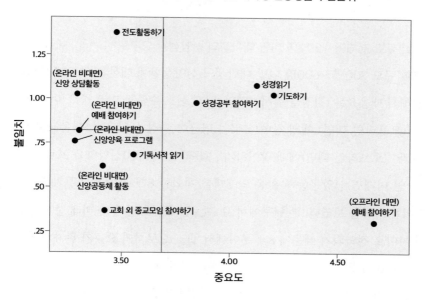

<표 III-21> The Locus for Focus 모델을 활용한
교회 규모 150명~300명 미만 대학생 신앙생활 우선순위

분면	신앙생활 우선순위
1사분면 (고고)	기도하기, 성경읽기, 성경공부 참여하기
2사분면 (저고)	(온라인 비대면)신앙 상담활동, 전도활동하기
3사분면 (저저)	(온라인 비대면)예배 참여하기, (온라인 비대면)신앙양육 프로그램, (온라인 비대면)신앙공동체 활동, 기독서적 읽기, 교회 외 종교모임 참여하기
4사분면 (고저)	(오프라인 대면)예배 참여하기

6) 교회 규모 300명~600명 미만 대학생의 신앙생활 요구도

교회 규모 300명~600명 미만 대학생의 신앙생활에 대한 요구도를 분석하기 위해서 대응표본 t검정을 실시하였다. 현재 선호 수준과 미래 중요 수준에서 모두 '(오프라인 대면) 예배 참여하기'의 평균이 가장 높았으며, 대응표본 t검정 결과, '(오프라인 대면)예배 참여하기', '(온라인 비대면)신앙양육 프로그램', '(온라인 비대면)신앙공동체 활동'의 3개를 제외한 8개 분야에서 통계적으로 유의미한 차이를 보였다. 본 연구에서 요구는 현재 선호 수준과 미래 중요 수준 간의 차이로 정의되기 때문에 8개 분야에서 갭gap으로서의 요구가 존재하였다. 다음으로 Borich의 요구도 값을 산출한 결과 가장 높은 요구도 값은 '전도활동하기'였으며, 그 다음 순으로 '성경읽기', '성경공부 참여하기', '기독서적 읽기' 등의 순이었다. 이상의 교회 규모 300명~600명 미만 대학생의 신앙생활에 대한 요구도에 대한 우선순위 분석방법을 정리하면 <표 III-22>와 같다.

<표 III-22> 교회 규모 300명~600명 미만 대학생의 신앙생활에 대한 요구도 분석

구분	현재선호도		미래중요도		차이		요구도	순위
	평균	순위	평균	순위	평균	t값		
(오프라인 대면) 예배 참여하기	4.38	1	4.43	1	.05	.572	0.24	11
(온라인 비대면) 예배 참여하기	2.43	10	2.97	11	.54	2.609*	1.61	8
(온라인 비대면) 신앙양육 프로그램	2.92	7	3.24	8	.32	1.707	1.05	9
(온라인 비대면) 신앙공동체 활동	2.86	8	3.19	9	.32	1.743	1.03	10
(온라인 비대면) 신앙 상담활동	2.46	9	3.11	10	.65	3.209**	2.02	6
기도하기	3.54	2	4.19	2	.65	3.922***	2.72	5
성경읽기	3.38	3	4.19	2	.81	5.099***	3.40	2
성경공부 참여하기	3.24	4	3.97	4	.73	4.144***	2.90	3
기독서적 읽기	2.95	5	3.70	5	.76	3.875***	2.80	4
교회 외 종교모임 참여하기	2.95	5	3.51	6	.57	2.898**	1.99	7
전도활동하기	1.97	11	3.35	7	1.38	6.566***	4.62	1

**$p<.01$, ***$p<.001$

다음으로 교회 규모 300명~600명 미만 대학생 신앙생활을 The Locus for Focus 모델을 활용하여 우선순위를 분석한 결과는 <그림 III-7>과 <표 III-23>과 같다. 교회 규모 300명~600명 미만 대학생들이 인식하고 있는 신앙생활의 미래 중요 수준 평균은 3.62이며, 불일치 수준미래 중요 수준-현재 선호 수준의 평균은 0.62로 나타났다. 제1사분면에 포함되는 신앙생활은 '기도하기', '성경읽기', '성경공부 참여하기', '기독서적 읽기'였고, 제2사분면에는 '(온라인 비대면)신앙 상담활동', '전도활동하기'였으며, 제3사분면에는 '(온라인 비대면)예배 참여하기', '(온라인 비대면)신앙양육 프로그램', '(온라인 비대면)신앙공동

체 활동', '교회 외 종교모임 참여하기'였고, 제4사분면에 포함되는 신앙활동은
'(오프라인 대면)예배 참여하기'였다.

<그림 III-7> The Locus for Focus모델을 활용한
교회 규모 300명~600명 미만 대학생 신앙생활 우선순위

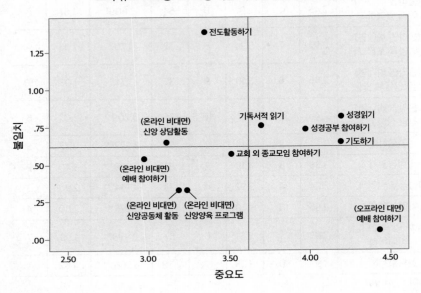

<표 III-23> The Locus for Focus 모델을 활용한
교회 규모 300명~600명 미만 대학생 신앙생활 우선순위

분면	신앙생활 우선순위
1사분면 (고고)	기도하기, 성경읽기, 성경공부 참여하기, 기독서적 읽기
2사분면 (저고)	(온라인 비대면)신앙 상담활동, 전도활동하기
3사분면 (저저)	(온라인 비대면)예배 참여하기, (온라인 비대면)신앙양육 프로그램, (온라인 비대면)신앙공동체 활동, 교회 외 종교모임 참여하기
4사분면 (고저)	(오프라인 대면)예배 참여하기

7) 교회 규모 600명～1000명 미만 대학생의 신앙생활 요구도

교회 규모 600명～1000명 미만 대학생의 신앙생활에 대한 요구도를 분석하기 위해서 대응표본 t검정을 실시하였다. 현재 선호 수준과 미래 중요 수준에서 모두 '(오프라인 대면) 예배 참여하기'의 평균이 가장 높았으며, 대응표본 t검정 결과, '(오프라인 대면)예배 참여하기'를 제외한 10개 분야에서 통계적으로 유의미한 차이를 보였다. 본 연구에서 요구는 현재 선호 수준과 미래 중요 수준 간의 차이로 정의되기 때문에 10개 분야에서 갭gap으로서의 요구가 존재하였다. 다음으로 Borich의 요구도 값을 산출한 결과 가장 높은 요구도 값은 '기도하기'였으며, 그 다음 순으로 '성경읽기', '성경공부 참여하기', '전도활동하기' 등의 순이었다. 이상의 교회 규모 600명～1000명 미만 대학생의 신앙생활에 대한 요구도에 대한 우선순위 분석방법을 정리하면 <표 III-24>와 같다.

<표 III-24> 교회 규모 600명～1000명 미만 대학생의 신앙생활에 대한 요구도 분석

구분	현재선호도		미래중요도		차이		요구도	순위
	평균	순위	평균	순위	평균	t값		
(오프라인 대면) 예배 참여하기	4.40	1	4.58	1	.18	1.096	0.80	11
(온라인 비대면) 예배 참여하기	2.63	9	3.60	6	.98	5.015***	3.51	5
(온라인 비대면) 신앙양육 프로그램	2.78	7	3.48	7	.70	3.681**	2.43	9
(온라인 비대면) 신앙공동체 활동	2.70	8	3.45	8	.75	3.777**	2.59	7
(온라인 비대면) 신앙 상담활동	2.55	10	3.30	10	.75	3.717**	2.48	8
기도하기	3.15	3	4.28	2	1.13	5.918***	4.81	1
성경읽기	3.28	2	4.25	3	.98	5.015***	4.14	2
성경공부 참여하기	3.10	4	4.10	4	1.00	4.531***	4.10	3

기독서적 읽기	2.88	6	3.68	5	.80	5.387***	2.94	6
교회 외 종교모임 참여하기	2.95	5	3.40	9	.45	2.377*	1.53	10
전도활동하기	1.90	11	3.15	11	1.25	5.469***	3.94	4

**p<.01, ***p<.001

다음으로 교회 규모 600명~1000명 미만 대학생 신앙생활을 The Locus for Focus 모델을 활용하여 우선순위를 분석한 결과는 <그림 III-8>과 <표 III-25>과 같다. 교회 규모 600명~1000명 미만 대학생들이 인식하고 있는 신앙생활의 미래 중요 수준 평균은 3.75이며, 불일치 수준미래 중요 수준-현재 선호 수준의 평균은 0.81로 나타났다. 제1사분면에 포함되는 신앙생활은 '기도하기', '성경읽기', '성경공부 참여하기'였고, 제2사분면에는 '(온라인 비대면)예배 참여

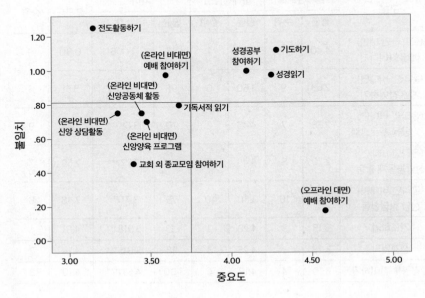

<그림 III-8> The Locus for Focus모델을 활용한
교회 규모 600명~1000명 미만 대학생 신앙생활 우선순위

하기', '전도활동하기'였으며, 제3사분면에는 '(온라인 비대면)신앙양육 프로그램', '(온라인 비대면)신앙공동체 활동', '(온라인 비대면)신앙 상담활동', '기독서적 읽기', '교회 외 종교모임 참여하기'였고, 제4사분면에 포함되는 신앙활동은 '(오프라인 대면)예배 참여하기'였다.

<표 III-25> The Locus for Focus 모델을 활용한
교회 규모 600명~1000명 미만 대학생 신앙생활 우선순위

분면	신앙생활 우선순위
1사분면 (고고)	기도하기, 성경읽기, 성경공부 참여하기
2사분면 (저고)	(온라인 비대면)예배 참여하기, 전도활동하기
3사분면 (저저)	(온라인 비대면)신앙양육 프로그램, (온라인 비대면)신앙공동체 활동, (온라인 비대면)신앙 상담활동, 기독서적 읽기, 교회 외 종교모임 참여하기
4사분면 (고저)	(오프라인 대면)예배 참여하기

8) 교회 규모 1000명 이상 대학생의 신앙생활 요구도

교회 규모 1000명 이상 대학생의 신앙생활에 대한 요구도를 분석하기 위해서 대응표본 t검정을 실시하였다. 현재 선호 수준과 미래 중요 수준에서 모두 '(오프라인 대면) 예배 참여하기'의 평균이 가장 높았으며, 대응표본 t검정 결과, 11개 모든 분야에서 통계적으로 유의미한 차이를 보였다. 본 연구에서 요구는 현재 선호 수준과 미래 중요 수준 간의 차이로 정의되기 때문에 11개 모든 분야에서 갭gap으로서의 요구가 존재하였다. 다음으로 Borich의 요구도 값을 산출한 결과 가장 높은 요구도 값은 '전도활동하기'였으며, 그 다음 순으로 '성경읽기', '기독서적 읽기', '성경공부 참여하기' 등의 순이었다. 이상의 교회 규

모 1000명 이상 대학생의 신앙생활에 대한 요구도에 대한 우선순위 분석방법을 정리하면 <표 III-26>과 같다.

<표 III-26> 교회 규모 1000명 이상 대학생의 신앙생활에 대한 요구도 분석

구분	현재선호도		미래중요도		차이		요구도	순위
	평균	순위	평균	순위	평균	t값		
(오프라인 대면) 예배 참여하기	4.35	1	4.58	1	.23	2.427*	1.07	11
(온라인 비대면) 예배 참여하기	2.67	9	3.20	11	.53	3.190**	1.71	10
(온라인 비대면) 신앙양육 프로그램	2.72	7	3.43	7	.72	3.990***	2.46	6
(온라인 비대면) 신앙공동체 활동	2.72	7	3.25	9	.53	3.128**	1.73	9
(온라인 비대면) 신앙 상담활동	2.48	10	3.23	10	.75	4.193***	2.43	7
기도하기	3.43	2	4.33	2	.90	6.337***	3.90	3
성경읽기	3.43	2	4.30	3	.87	5.732***	3.73	4
성경공부 참여하기	2.93	5	4.05	4	1.12	6.329***	4.52	2
기독서적 읽기	3.08	4	3.90	5	.82	5.467***	3.19	5
교회 외 종교모임 참여하기	2.88	6	3.42	8	.53	3.443**	1.82	8
전도활동하기	2.15	11	3.80	6	1.65	9.051***	6.27	1

**p<.01, ***p<.001

다음으로 교회 규모 1000명 이상 대학생 신앙생활을 The Locus for Focus 모델을 활용하여 우선순위를 분석한 결과는 <그림 III-9>와 <표 III-27>과 같다. 교회 규모 1000명 이상 대학생들이 인식하고 있는 신앙생활의 미래 중요 수준 평균은 3.77이며, 불일치 수준미래 중요 수준-현재 선호 수준의 평균은 0.79로

나타났다. 제1사분면에 포함되는 신앙생활은 '기도하기', '성경읽기', '성경공부 참여하기', '기독서적 읽기'였고, 제2사분면에는 '전도활동하기'였으며, 제3사분면에는 '(온라인 비대면)예배 참여하기', '(온라인 비대면)신앙양육 프로그램', '(온라인 비대면)신앙 상담활동', '(온라인 비대면)신앙공동체 활동', '교회 외 종교모임 참여하기'였고, 제4사분면에 포함되는 신앙활동은 '(오프라인 대면)예배 참여하기'였다.

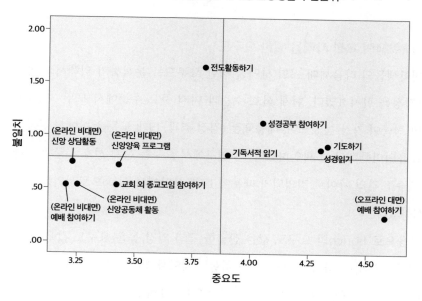

<그림 Ⅲ-9> The Locus for Focus모델을 활용한
교회 규모 1000명 이상 대학생 신앙생활 우선순위

**<표 III-27> The Locus for Focus 모델을 활용한
교회 규모 1000명 이상 대학생 신앙생활 우선순위**

분면	신앙생활 우선순위
1사분면 (고고)	기도하기, 성경읽기, 성경공부 참여하기, 기독서적 읽기
2사분면 (저고)	전도활동하기
3사분면 (저저)	(온라인 비대면)예배 참여하기, (온라인 비대면)신앙양육 프로그램, (온라인 비대면) 신앙 상담활동, (온라인 비대면)신앙공동체 활동, 교회 외 종교모임 참여하기
4사분면 (고저)	(오프라인 대면)예배 참여하기

(11) 대학생의 교회 사역을 위한 요구도

대학생들의 다음세대 교회 사역을 위한 요구도를 분석하기 위해서 대응표
본 t검정을 실시하였다. 현재 선호 수준과 미래 중요 수준에서 모두 '기도 활
동'의 평균이 가장 높았으며, 대응표본 t검정 결과, 19개 모든 분야에서 통계적
으로 유의미한 요소를 확인하였다. 본 연구에서 요구는 현재 선호 수준과 미래
중요 수준 간의 차이로 정의되기 때문에 19개 분야에서 갭gap으로서의 요구가
존재하였다.

다음으로 Borich의 요구도 값을 산출한 결과 가장 높은 요구도 값은 '전도
활동'이었으며, 그 다음 순으로 '심방 활동', '지역사회와 연계된 프로그램', '평
생교육(장노년 포함) 프로그램' 등의 순이었다. 대학생들의 교회사역을 위한
요구도에 대한 우선순위 분석방법을 정리하면 다음과 같다.

<表 III-28> 대학생의 교회 사역을 위한 요구도 분석

구분	현재선호도		미래중요도		차이		요구도	순위
	평균	순위	평균	순위	평균	t값		
담임목사의 리더십	4.28	4	4.48	3	.20	4.895***	0.91	15
담임목사의 목회철학	4.32	2	4.47	4	.15	3.780***	0.66	19
교역자의 현장사역 전문성	4.13	7	4.37	7	.24	5.691***	1.05	12
교회학교 교사의 헌신	4.21	5	4.41	5	.20	4.397***	0.88	16
학생의 개인적 요인 (참여, 관심 등)	4.31	3	4.59	2	.28	5.925***	1.31	7
교회학교 신앙양육 프로그램	3.99	11	4.32	10	.33	6.966***	1.40	5
학부모의 관심	3.96	13	4.27	11	.31	6.402***	1.32	6
전도 활동	3.54	19	4.08	17	.55	8.972***	2.23	1
다음세대 재정 지원	3.91	15	4.15	15	.25	5.450***	1.03	13
성도들의 교회교육에 대한 관심	4.12	8	4.39	6	.27	5.496***	1.17	9
총회 및 노회의 지원과 관심	4.02	10	4.22	13	.20	3.824***	0.83	17
총회 산하 교육기관의 지원(총회교육원, SFC 등)	3.98	12	4.20	14	.22	4.622***	0.93	14
심방 활동	3.73	16	4.14	16	.41	7.853***	1.70	2
교회학교 교사를 위한 교육	3.95	14	4.26	12	.31	6.092***	1.30	8
기도 활동	4.36	1	4.60	1	.23	5.654***	1.08	11
교역자와 성도(부서) 간의 관계	4.19	6	4.36	8	.16	3.832***	0.71	18
교회와 가정이 연계된 신앙교육	4.08	9	4.34	9	.25	5.011***	1.10	10
평생교육(장노년 포함) 프로그램	3.70	17	4.06	18	.36	6.389***	1.45	4
지역사회와 연계된 프로그램	3.62	18	4.00	19	.38	6.761***	1.51	3

**$p<.01$, ***$p<.001$

다음으로 대학생의 교회 사역을 위한 요구를 The Locus for Focus 모델을 활용하여 우선순위를 분석한 결과는 <그림 III-10>과 <표 III-29>와 같다. 대학생들이 인식하고 있는 미래 중요 수준 평균은 4.30이며, 불일치 수준미래 중요 수준-현재 선호 수준의 평균은 0.28로 나타났다. 미래 중요 수준의 평균을 X축으로, 불일치 수준의 평균을 Y축으로 하여 사사분면으로 나타냈을 때, 제1사분면의 영역에 속하는 요구들은 대학생들이 중요하게 생각하고 미래 중요 수준과 현재 선호 수준 간의 불일치 수준이 높은 것들로 최우선적으로 요구되는 요구들이다.

분석 결과, 제1사분면에 포함되는 요구는 '학생의 개인적 요인(참여, 관심 등)', '교회학교 신앙양육 프로그램'이었고, 제2사분면에는 '학부모의 관심', '전도 활동', '심방 활동', '교회학교 교사를 위한 교육', '평생교육(장노년 포함) 프로그램', '지역사회와 연계된 프로그램'이었으며, 제3사분면에는 '다음세대

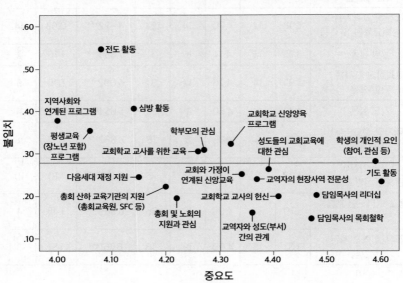

<그림 III-10> The Locus for Focus모델을 활용한 대학생 교회 사역을 위한 우선순위

재정 지원', '총회 및 노회의 지원과 관심', '총회 산하 교육기관의 지원(총회교육원, SFC 등)'이었고, 제4사분면은 '담임목사의 리더십', '담임목사의 목회철학', '교역자의 현장사역 전문성', '교회학교 교사의 헌신', '성도들의 교회교육에 대한 관심', '기도 활동', '교역자와 성도(부서) 간의 관계', '교회와 가정이 연계된 신앙교육'이었다.

<표 III-29> The Locus for Focus 모델을 활용한 대학생 교회 사역을 위한 우선순위

분면	신앙생활 우선순위
1사분면 (고고)	학생의 개인적 요인(참여, 관심 등), 교회학교 신앙양육 프로그램
2사분면 (저고)	학부모의 관심, 전도 활동, 심방 활동, 교회학교 교사를 위한 교육, 평생교육(장노년 포함) 프로그램, 지역사회와 연계된 프로그램
3사분면 (저저)	다음세대 재정 지원, 총회 및 노회의 지원과 관심, 총회 산하 교육기관의 지원(총회교육원, SFC 등)
4사분면 (고저)	담임목사의 리더십, 담임목사의 목회철학, 교역자의 현장사역 전문성, 교회학교 교사의 헌신, 성도들의 교회교육에 대한 관심, 기도 활동, 교역자와 성도(부서) 간의 관계, 교회와 가정이 연계된 신앙교육

1) 남자 대학생의 교회 사역을 위한 요구도

남자 대학생의 신앙생활에 대한 요구도를 분석하기 위해서 대응표본 t검정을 실시하였다. 현재 선호 수준과 미래 중요 수준에서 '기도 활동'과 '학생의 개인적 요인(참여, 관심 등)' 평균이 가장 높았으며, 대응표본 t검정 결과, 19개 모든 분야에서 통계적으로 유의미한 차이를 보였다. 본 연구에서 요구는 현재 선호 수준과 미래 중요 수준 간의 차이로 정의되기 때문에 19개 모든 분야에서 갭gap으로서의 요구가 존재하였다. 다음으로 Borich의 요구도 값을 산출한 결과 가장 높은 요구도 값은 '전도 활동'이었으며, 그 다음 순으로 '교회학교 신앙양육 프로그램', '학부모의 관심', '심방 활동' 등의 순이었다. 이상의 남자 대학생의 교회 사역을 위한 요구도에 대한 우선순위 분석방법을 정리하면 <표 III-30>과 같다.

<표 III-30> 남자 대학생의 교회 사역을 위한 요구도 분석

구분	현재선호도		미래중요도		차이		요구도	순위
	평균	순위	평균	순위	평균	t값		
담임목사의 리더십	4.21	4	4.44	4	.23	3.232**	1.00	14
담임목사의 목회철학	4.28	3	4.52	3	.24	3.748***	1.08	11
교역자의 현장사역 전문성	4.07	8	4.38	6	.32	4.642***	1.38	5
교회학교 교사의 헌신	4.14	7	4.41	5	.27	3.654***	1.21	10
학생의 개인적 요인 (참여, 관심 등)	4.35	2	4.64	1	.29	3.939***	1.37	6
교회학교 신앙양육 프로그램	3.91	12	4.29	9	.38	4.878***	1.62	2
학부모의 관심	3.87	14	4.24	11	.37	4.683***	1.57	3
전도 활동	3.42	19	4.01	17	.58	6.058***	2.33	1
다음세대 재정 지원	3.79	15	4.10	15	.31	4.216***	1.26	9
성도들의 교회교육에 대한 관심	4.14	6	4.36	7	.21	2.940**	0.92	17
총회 및 노회의 지원과 관심	4.05	9	4.27	10	.21	2.792**	0.91	18
총회 산하 교육기관의 지원(총회교육원, SFC 등)	4.02	10	4.24	11	.22	2.974**	0.93	15
심방 활동	3.68	16	4.05	16	.38	4.563***	1.53	4
교회학교 교사를 위한 교육	3.90	13	4.21	14	.31	3.858***	1.30	8
기도 활동	4.39	1	4.61	2	.22	3.501**	1.01	12
교역자와 성도(부서) 간의 관계	4.16	5	4.35	8	.18	2.746**	0.80	19

교회와 가정이 연계된 신앙교육	4.01	11	4.23	13	.22	2.899**	0.93	16
평생교육(장노년 포함) 프로그램	3.62	17	3.88	18	.26	3.246**	1.01	13
지역사회와 연계된 프로그램	3.48	18	3.83	19	.35	3.931***	1.34	7

***$p<.001$

다음으로 남자 대학생 교회 사역을 위한 요구를 The Locus for Focus 모델을 활용하여 우선순위를 분석한 결과는 <그림 III-11>과 <표 III-31>과 같다. 남자 대학생의 미래 중요 수준 평균은 4.27이며, 불일치 수준미래 중요 수준-현재 선호 수준의 평균은 0.29로 나타났다. 제1사분면에는 '교역자의 현장사역 전문성', '학생의 개인적 요인(참여, 관심 등)'이었고, 제2사분면에는 '교회학교 신앙양육 프로그램', '학부모의 관심', '다음세대 재정 지원', '교회학교 교사를 위한 교육', '심방 활동', '지역사회와 연계된 프로그램'이었으며, 제3사분면에는 '총회 및 노회의 지원과 관심', '총회 산하 교육기관의 지원(총회교육원, SFC 등)', '교회와 가정이 연계된 신앙교육', '평생교육(장노년 포함) 프로그램'이었고, 제4사분면에는 '담임목사의 리더십', '담임목사의 목회철학', '전도 활동', '교회학교 교사의 헌신', '기도 활동', '교역자와 성도(부서) 간의 관계', '교회학교 교사를 위한 교육'이었다.

<그림 III-11> The Locus for Focus모델을 활용한 남자 대학생의 교회 사역 우선순위

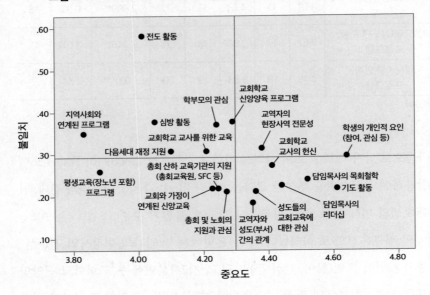

<표 III-31> The Locus for Focus 모델을 활용한 남자 대학생의 교회 사역 우선순위

분면	신앙생활 우선순위
1사분면 (고고)	교역자의 현장사역 전문성, 학생의 개인적 요인(참여, 관심 등)
2사분면 (저고)	교회학교 신앙양육 프로그램, 학부모의 관심, 다음세대 재정 지원, 교회학교 교사를 위한 교육, 심방 활동, 지역사회와 연계된 프로그램
3사분면 (저저)	총회 및 노회의 지원과 관심, 총회 산하 교육기관의 지원(총회교육원, SFC 등), 교회와 가정이 연계된 신앙교육, 평생교육(장노년 포함) 프로그램
4사분면 (고저)	담임목사의 리더십, 담임목사의 목회철학, 전도 활동, 교회학교 교사의 헌신, 기도 활동, 교역자와 성도(부서) 간의 관계, 교회학교 교사를 위한 교육

2) 여자 대학생의 교회 사역을 위한 요구도

여자 대학생의 교회 사역을 위한 요구도를 분석하기 위해서 대응표본 t검정을 실시하였다. 현재 선호 수준과 미래 중요 수준에서 모두 '담임목사의 목회철학'과 '기도 활동' 평균이 가장 높았으며, 대응표본 t검정 결과, '담임목사의 목회철학'을 제외한 18개 모든 분야에서 통계적으로 유의미한 차이를 보였다. 본 연구에서 요구는 현재 선호 수준과 미래 중요 수준 간의 차이로 정의되기 때문에 18개 분야에서 갭gap으로서의 요구가 존재하였다. 다음으로 Borich의 요구도 값을 산출한 결과 가장 높은 요구도 값은 전도 활동이었으며, 그 다음 순으로 '심방 활동', '평생교육(장노년 포함) 프로그램', '지역사회와 연계된 프로그램' 등의 순이었다. 이상의 여자 대학생의 교회 사역을 위한 요구도에 대한 우선순위 분석방법을 정리하면 <표 III-32>와 같다.

<표 III-32> 여자 대학생의 교회 사역에 대한 요구도 분석

구분	현재선호도		미래중요도		차이		요구도	순위
	평균	순위	평균	순위	평균	t값		
담임목사의 리더십	4.33	3	4.52	3	.18	3.757***	0.83	13
담임목사의 목회철학	4.36	1	4.43	5	.07	1.482	0.31	19
교역자의 현장사역 전문성	4.18	7	4.36	9	.18	3.383**	0.78	15
교회학교 교사의 헌신	4.27	5	4.41	7	.14	2.513*	0.61	18
학생의 개인적 요인 (참여, 관심 등)	4.28	4	4.55	2	.28	4.429***	1.26	7
교회학교 신앙양육 프로그램	4.06	10	4.34	10	.28	5.008***	1.22	9
학부모의 관심	4.04	11	4.30	11	.26	4.371***	1.11	11
전도 활동	3.63	19	4.15	18	.52	6.626***	2.15	1
다음세대 재정 지원	4.00	12	4.20	15	.20	3.472**	0.82	14
성도들의 교회교육에 대한 관심	4.10	9	4.41	6	.31	4.773***	1.37	5
총회 및 노회의 지원과 관심	3.99	13	4.18	16	.18	2.622*	0.77	16

총회 산하 교육기관의 지원(총회교육원, SFC 등)	3.95	15	4.17	17	.22	3.546**	0.94	12
심방 활동	3.78	16	4.22	13	.44	6.576***	1.84	2
교회학교 교사를 위한 교육	3.99	13	4.30	11	.30	4.768***	1.31	6
기도 활동	4.34	2	4.59	1	.25	4.461***	1.13	10
교역자와 성도(부서) 간의 관계	4.22	6	4.36	8	.14	2.666**	0.63	17
교회와 가정이 연계된 신앙교육	4.15	8	4.43	4	.28	4.141***	1.25	8
평생교육(장노년 포함) 프로그램	3.77	17	4.21	14	.44	5.667***	1.84	3
지역사회와 연계된 프로그램	3.74	18	4.14	19	.40	5.664***	1.66	4

***$p < .001$

다음으로 여자 대학생의 교회 사역을 위한 요구를 The Locus for Focus 모델을 활용하여 우선순위를 분석한 결과는 <그림 III-12>와 <표 III-33>과 같다. 고등학생 청소년들이 인식하고 있는 미래 중요 수준 평균은 4.33이며, 불일치 수준미래 중요 수준-현재 선호 수준의 평균은 0.27로 나타났다. 제1사분면에는 '학생의 개인적 요인(참여, 관심 등)', '교회학교 신앙양육 프로그램', '성도들의 교회교육에 대한 관심', '교회와 가정이 연계된 신앙교육'이었고, 제2사분면에는 '전도 활동', '교회학교 교사를 위한 교육', '심방 활동', '평생교육(장노년 포함) 프로그램', '지역사회와 연계된 프로그램'이었으며, 제3사분면에는 '학부모의 관심', '다음세대 재정 지원', '총회 및 노회의 지원과 관심', '총회 산하 교육기관의 지원(총회교육원, SFC 등)'이었고, 제4사분면에는 '담임목사의 리더십', '담임목사의 목회철학', '교역자의 현장사역 전문성', '교회학교 교사의 헌신', '교역자와 성도(부서) 간의 관계', '기도 활동'이었다.

<그림 III-12> The Locus for Focus모델을 활용한 여자 대학생의 교회 사역 우선순위

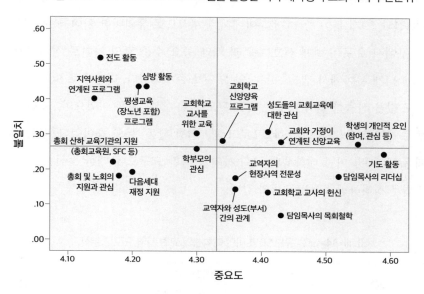

<표 III-33> The Locus for Focus 모델을 활용한 여자 대학생의 교회 사역 우선순위

분면	신앙생활 우선순위
1사분면 (고고)	학생의 개인적 요인(참여, 관심 등), 교회학교 신앙양육 프로그램, 성도들의 교회교육에 대한 관심, 교회와 가정이 연계된 신앙교육
2사분면 (저고)	전도 활동, 교회학교 교사를 위한 교육, 심방 활동, 평생교육(장노년 포함) 프로그램, 지역사회와 연계된 프로그램
3사분면 (저저)	학부모의 관심, 다음세대 재정 지원, 총회 및 노회의 지원과 관심, 총회 산하 교육기관의 지원(총회교육원, SFC 등)
4사분면 (고저)	담임목사의 리더십, 담임목사의 목회철학, 교역자의 현장사역 전문성, 교회학교 교사의 헌신, 교역자와 성도(부서) 간의 관계, 기도 활동

3) 교회 규모 50명 미만 대학생의 교회 사역을 위한 요구도

교회 규모 50명 미만 대학생의 청소년의 교회 사역을 위한 요구도를 분석하기 위해서 대응표본 t검정을 실시하였다. 현재 선호 수준과 미래 중요 수준에

서 모두 '학생의 개인적 요인(참여, 관심 등)' 평균이 가장 높았으며, 대응표본
t검정 결과, 19개 분야 중 14개 분야에서 통계적으로 유의미한 차이를 보였다.
본 연구에서 요구는 현재 선호 수준과 미래 중요 수준 간의 차이로 정의되기
때문에 14개 분야에서 갭gap으로서의 요구가 존재하였다. 다음으로 Borich의
요구도 값을 산출한 결과 가장 높은 요구도 값은 '전도 활동'이었으며, 그 다음
순으로 '평생교육(장노년 포함) 프로그램', '심방 활동' 등의 순이었다. 이상의
교회 규모 50명 미만 대학생의 교회 사역을 위한 요구도에 대한 우선순위 분
석방법을 정리하면 <표 III-34>와 같다.

<표 III-34> 교회 규모 50명 미만 대학생의 교회 사역 요구도 분석

구분	현재선호도		미래중요도		차이		요구도	순위
	평균	순위	평균	순위	평균	t값		
담임목사의 리더십	4.21	4	4.56	3	.35	2.805**	1.61	11
담임목사의 목회철학	4.35	2	4.53	4	.18	1.977	0.80	19
교역자의 현장사역 전문성	4.12	7	4.41	11	.29	2.963**	1.30	15
교회학교 교사의 헌신	4.15	5	4.50	7	.35	2.244*	1.59	12
학생의 개인적 요인 (참여, 관심 등)	4.38	1	4.59	1	.21	1.421	0.94	17
교회학교 신앙양육 프로그램	4.06	9	4.50	7	.44	3.447**	1.99	6
학부모의 관심	4.03	12	4.35	13	.32	3.204**	1.41	14
전도 활동	3.53	18	4.38	12	.85	3.878	3.74	1
다음세대 재정 지원	4.06	9	4.26	16	.21	1.873	0.88	18
성도들의 교회교육에 대한 관심	4.12	7	4.44	9	.32	1.997	1.44	13
총회 및 노회의 지원과 관심	3.91	13	4.32	14	.41	2.231*	1.78	9

총회 산하 교육기관의 지원(총회교육원, SFC 등)	3.85	15	4.29	15	.44	2.385*	1.89	7
심방 활동	3.47	19	4.09	19	.62	3.656**	2.53	3
교회학교 교사를 위한 교육	3.88	14	4.44	9	.56	3.192**	2.48	4
기도 활동	4.35	2	4.59	1	.24	1.757	1.08	16
교역자와 성도(부서) 간의 관계	4.06	9	4.53	4	.47	4.144***	2.13	5
교회와 가정이 연계된 신앙교육	4.15	5	4.53	4	.38	2.510*	1.73	10
평생교육(장노년 포함) 프로그램	3.65	17	4.26	16	.62	3.355**	2.63	2
지역사회와 연계된 프로그램	3.74	16	4.18	18	.44	2.270*	1.84	8

*$p<.05$, **$p<.01$, ***$p<.001$

다음으로 교회 규모 50명 미만 대학생 교회 사역을 위한 요구를 The Locus for Focus 모델을 활용하여 우선순위를 분석한 결과는 <그림 III-13>과 <표 III-35>와 같다. 교회 규모 50명 미만 대학생들이 인식하고 있는 미래 중요 수준 평균은 4.41이며, 불일치 수준미래 중요 수준-현재 선호 수준의 평균은 0.41로 나타났다. 제1사분면에는 '교회학교 신앙양육 프로그램', '교회학교 교사를 위한 교육', '교역자와 성도(부서) 간의 관계'였고, 제2사분면에는 '전도 활동', '총회 및 노회의 지원과 관심', '총회 산하 교육기관의 지원(총회교육원, SFC 등)', '심방 활동, 평생교육(장노년 포함) 프로그램', '지역사회와 연계된 프로그램'이었으며, 제3사분면에는 '학부모의 관심', '다음세대 재정 지원'이었고, 제4사분면에는 '담임목사의 리더십', '담임목사의 목회철학', '교역자의 현장사역 전문성', '교회학교 교사의 헌신', '학생의 개인적 요인(참여, 관심 등)', '성도들의 교회교육에 대한 관심', '기도 활동', '교회와 가정이 연계된 신앙교육'이었다.

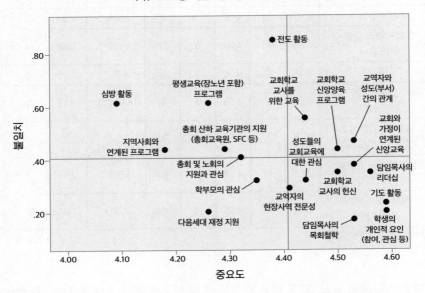

<그림 III-13> The Locus for Focus모델을 활용한
교회 규모 50명 미만 대학생 교회 사역 우선순위

<표 III-35> The Locus for Focus 모델을 활용한
교회 규모 50명 미만 대학생 교회 사역 우선순위

분면	신앙생활 우선순위
1사분면 (고고)	교회학교 신앙양육 프로그램, 교회학교 교사를 위한 교육, 교역자와 성도(부서) 간의 관계
2사분면 (저고)	전도 활동, 총회 및 노회의 지원과 관심, 총회 산하 교육기관의 지원(총회교육원, SFC 등), 심방 활동, 평생교육(장노년 포함) 프로그램, 지역사회와 연계된 프로그램
3사분면 (저저)	학부모의 관심, 다음세대 재정 지원
4사분면 (고저)	담임목사의 리더십, 담임목사의 목회철학, 교역자의 현장사역 전문성, 교회학교 교사의 헌신, 학생의 개인적 요인(참여, 관심 등), 성도들의 교회교육에 대한 관심, 기도 활동, 교회와 가정이 연계된 신앙교육

4) 교회 규모 50명~150명 미만 대학생의 교회 사역을 위한 요구도

교회 규모 50명~150명 미만 대학생의 청소년의 교회 사역을 위한 요구도를 분석하기 위해서 대응표본 t검정을 실시하였다. 현재 선호 수준과 미래 중요 수준에서 '담임목사의 목회철학'과 '기도 활동' 평균이 가장 높았으며, 대응표본 t검정 결과, 19개 분야 중 17개 분야에서 통계적으로 유의미한 차이를 보였다. 본 연구에서 요구는 현재 선호 수준과 미래 중요 수준 간의 차이로 정의되기 때문에 17개 분야에서 갭gap으로서의 요구가 존재하였다. 다음으로 Borich의 요구도 값을 산출한 결과 가장 높은 요구도 값은 '심방 활동'이었으며, 그 다음 순으로 '전도 활동', '지역사회와 연계된 프로그램' 등의 순이었다. 이상의 교회 규모 50명~150명 미만 대학생의 교회 사역을 위한 요구도에 대한 우선순위 분석방법을 정리하면 <표 III-36>과 같다.

<표 III-36> 교회 규모 50명~150명 미만 대학생의 교회 사역 요구도 분석

구분	현재선호도		미래중요도		차이		요구도	순위
	평균	순위	평균	순위	평균	t값		
담임목사의 리더십	4.33	4	4.66	2	.33	3.764***	1.53	9
담임목사의 목회철학	4.42	1	4.62	3	.19	1.941	0.89	18
교역자의 현장사역 전문성	4.18	8	4.51	8	.33	3.367**	1.48	11
교회학교 교사의 헌신	4.37	3	4.60	5	.23	2.937**	1.07	16
학생의 개인적 요인 (참여, 관심 등)	4.33	4	4.62	3	.29	2.716**	1.33	12
교회학교 신앙양육 프로그램	4.08	13	4.49	9	.41	3.923***	1.85	4
학부모의 관심	4.12	10	4.40	12	.27	2.977**	1.20	13
전도 활동	3.73	18	4.32	17	.59	4.510***	2.54	2
다음세대 재정 지원	3.99	15	4.38	13	.40	3.673***	1.74	6

성도들의 교회교육에 대한 관심	4.16	9	4.52	6	.36	3.490**	1.61	7
총회 및 노회의 지원과 관심	4.11	12	4.45	11	.34	3.248**	1.52	10
총회 산하 교육기관의 지원(총회교육원, SFC 등)	4.12	10	4.52	6	.40	4.368***	1.80	5
심방 활동	3.77	17	4.36	15	.59	4.909***	2.57	1
교회학교 교사를 위한 교육	4.07	14	4.34	16	.27	2.553*	1.19	15
기도 활동	4.40	2	4.73	1	.33	3.589**	1.55	8
교역자와 성도(부서) 간의 관계	4.25	6	4.47	10	.22	2.497*	0.98	17
교회와 가정이 연계된 신앙교육	4.19	7	4.37	14	.18	1.715	0.78	19
평생교육(장노년 포함) 프로그램	3.85	16	4.14	18	.29	2.409*	1.19	14
지역사회와 연계된 프로그램	3.67	19	4.14	18	.47	4.151***	1.93	3

*$p<.05$, **$p<.01$, ***$p<.001$

다음으로 교회 규모 50명~150명 미만 대학생의 교회 사역 요구를 The Locus for Focus 모델을 활용하여 우선순위를 분석한 결과는 <그림 III-14>와 <표 III-37>과 같다. 교회 규모 50명~150명 미만 대학생들이 인식하고 있는 미래 중요 수준 평균은 4.45이며, 불일치 수준미래 중요 수준-현재 선호 수준의 평균은 0.34로 나타났다. 제1사분면에는 '교회학교 신앙양육 프로그램', '성도들의 교회교육에 대한 관심', '총회 산하 교육기관의 지원(총회교육원, SFC 등)'이었고, 제2사분면에는 '전도 활동', '다음세대 재정 지원', '심방 활동', '지역사회와 연계된 프로그램'이었으며, 제3사분면에는 '학부모의 관심', '교회학교 교사를 위한 교육', '교회와 가정이 연계된 신앙교육', '평생교육(장노년 포함) 프로그램'이었고, 제4사분면에는 '담임목사의 리더십', '담임목사의 목회철학', '교역자의 현장사역 전문성', '학생의 개인적 요인(참여, 관심 등)', '기도 활동', '총회 및 노회의 지원과 관심', '교역자와 성도(부서) 간의 관계', '교회학교 교사의 헌신'이었다.

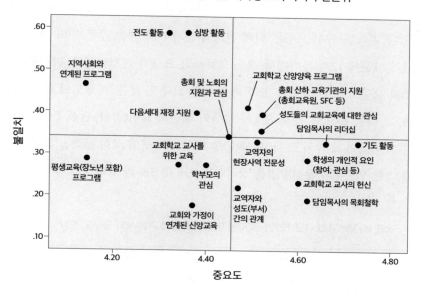

<그림 III-14> The Locus for Focus모델을 활용한
교회 규모 50명~150명 미만 대학생 교회 사역 우선순위

<표 III-37> The Locus for Focus 모델을 활용한
교회 규모 50명~150명 미만 대학생 교회 사역 우선순위

분면	신앙생활 우선순위
1사분면 (고고)	교회학교 신앙양육 프로그램, 성도들의 교회교육에 대한 관심, 총회 산하 교육기관의 지원(총회교육원, SFC 등)
2사분면 (저고)	전도 활동, 다음세대 재정 지원, 심방 활동, 지역사회와 연계된 프로그램
3사분면 (저저)	학부모의 관심, 교회학교 교사를 위한 교육, 교회와 가정이 연계된 신앙교육, 평생교육(장노년 포함) 프로그램
4사분면 (고저)	담임목사의 리더십, 담임목사의 목회철학, 교역자의 현장사역 전문성, 학생의 개인적 요인(참여, 관심 등), 기도 활동, 총회 및 노회의 지원과 관심, 교역자와 성도(부서) 간의 관계, 교회학교 교사의 헌신

5) 교회 규모 150명~300명 미만 대학생의 교회 사역을 위한 요구도

교회 규모 150명~300명 미만 대학생의 교회 사역을 위한 요구도를 분석하기 위해서 대응표본 t검정을 실시하였다. 현재 선호 수준과 미래 중요 수준에서 '기도 활동'과 '학생의 개인적 요인(참여, 관심 등)' 평균이 가장 높았으며, 대응표본 t검정 결과, 19개 분야 중 12개 분야에서 통계적으로 유의미한 차이를 보였다. 본 연구에서 요구는 현재 선호 수준과 미래 중요 수준 간의 차이로 정의되기 때문에 12개 분야에서 갭gap으로서의 요구가 존재하였다. 다음으로 Borich의 요구도 값을 산출한 결과 가장 높은 요구도 값은 '학부모의 관심'이었으며, 그 다음 순으로 '전도 활동', '학생의 개인적 요인(참여, 관심 등)' 등의 순이었다. 이상의 교회 규모 150명~300명 미만 대학생의 교회 사역을 위한 요구도에 대한 우선순위 분석방법을 정리하면 <표 III-38>과 같다.

<표 III-38> 교회 규모 150명~300명 미만 대학생의 교회 사역 요구도 분석

구분	현재선호도		미래중요도		차이		요구도	순위
	평균	순위	평균	순위	평균	t값		
담임목사의 리더십	4.17	5	4.26	6	.09	.943	0.39	17
담임목사의 목회철학	4.24	2	4.37	3	.13	1.687	0.57	14
교역자의 현장사역 전문성	3.99	8	4.28	5	.29	3.102**	1.24	10
교회학교 교사의 헌신	4.21	3	4.33	4	.12	1.349	0.51	16
학생의 개인적 요인 (참여, 관심 등)	4.18	4	4.58	1	.39	3.977***	1.81	3
교회학교 신앙양육 프로그램	3.84	13	4.21	8	.37	3.332**	1.55	5
학부모의 관심	3.67	15	4.17	12	.50	4.194***	2.09	1
전도 활동	3.43	19	3.96	16	.53	4.417***	2.08	2
다음세대 재정 지원	3.74	14	4.07	13	.33	3.296**	1.34	8

성도들의 교회교육에 대한 관심	4.11	7	4.25	7	.14	1.331	0.62	13
총회 및 노회의 지원과 관심	3.93	10	4.07	13	.13	1.199	0.53	15
총회 산하 교육기관의 지원(총회교육원, SFC 등)	3.95	9	4.01	15	.07	.660	0.26	19
심방 활동	3.61	16	3.96	16	.36	3.423**	1.41	6
교회학교 교사를 위한 교육	3.89	11	4.18	11	.29	2.930**	1.21	11
기도 활동	4.30	1	4.51	2	.21	2.494*	0.95	12
교역자와 성도(부서) 간의 관계	4.11	6	4.2	9	.09	.943	0.38	18
교회와 가정이 연계된 신앙교육	3.89	11	4.20	10	.30	2.620*	1.27	9
평생교육(장노년 포함) 프로그램	3.51	17	3.95	18	.43	3.334**	1.71	4
지역사회와 연계된 프로그램	3.45	18	3.80	19	.36	3.010**	1.35	7

*$p<.05$, **$p<.01$, ***$p<.001$

다음으로 교회 규모 150명~300명 미만 대학생의 교회 사역을 위한 요구를 The Locus for Focus 모델을 활용하여 우선순위를 분석한 결과는 <그림 III-15>와 <표 III-39>와 같다. 교회 규모 150명~300명 미만 대학생들이 인식하고 있는 미래 중요 수준 평균은 4.28이며, 불일치 수준(미래 중요 수준-현재 선호 수준)의 평균은 0.27로 나타났다. 제1사분면에는 '교역자의 현장사역 전문성', '학생의 개인적 요인(참여, 관심 등)', '교회학교 신앙약육 프로그램', '교회학교 교사를 위한 교육', '교회와 가정이 연계된 신앙교육'이었고, 제2사분면에는 '학부모의 관심', '전도 활동', '다음세대 재정 지원', '심방 활동', '평생교육(장노년 포함) 프로그램', '지역사회와 연계된 프로그램'이었으며, 제3사분면에는 '총회 및 노회의 지원과 관심', '총회 산하 교육기관의 지원(총회교육원, SFC 등)'이었고,

제4사분면에는 '담임목사의 리더십', '담임목사의 목회철학', '교회학교 교사의 헌신', '성도들의 교회교육에 대한 관심', '기도 활동', '교역자와 성도(부서) 간의 관계'였다.

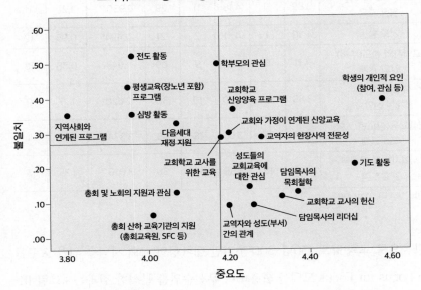

<그림 III-15> The Locus for Focus모델을 활용한
교회 규모 150명~300명 미만 대학생 교회 사역 우선순위

<표 III-39> The Locus for Focus 모델을 활용한
교회 규모 150명~300명 미만 대학생 교회 사역 우선순위

분면	신앙생활 우선순위
1사분면 (고고)	교역자의 현장사역 전문성, 학생의 개인적 요인(참여, 관심 등), 교회학교 신앙양육 프로그램, 교회학교 교사를 위한 교육, 교회와 가정이 연계된 신앙교육
2사분면 (저고)	학부모의 관심, 전도 활동, 다음세대 재정 지원, 심방 활동, 평생교육(장노년 포함) 프로그램, 지역사회와 연계된 프로그램
3사분면 (저저)	총회 및 노회의 지원과 관심, 총회 산하 교육기관의 지원(총회교육원, SFC 등),

6) 교회 규모 300명~600명 미만 대학생의 교회 사역을 위한 요구도

교회 규모 300명~600명 미만 대학생의 청소년의 교회 사역을 위한 요구도를 분석하기 위해서 대응표본 t검정을 실시하였다. 현재 선호 수준과 미래 중요 수준에서 '담임목사의 목회철학'과 '기도 활동' 평균이 가장 높았으며, 대응표본 t검정 결과, 19개 분야 중 1개 분야 '전도 활동'에서만 통계적으로 유의미한 차이를 보였다. 본 연구에서 요구는 현재 선호 수준과 미래 중요 수준 간의 차이로 정의되기 때문에 1개 분야에서 갭gap으로서의 요구가 존재하였다. 다음으로 Borich의 요구도 값을 산출한 결과 가장 높은 요구도 값은 '심방 활동'이었으며, 그 다음 순으로 '전도 활동', '지역사회와 연계된 프로그램' 등의 순이었다. 이상의 교회 규모 300명~600명 미만 대학생의 교회 사역을 위한 요구도에 대한 우선순위 분석방법을 정리하면 <표 III-40>와 같다.

<표 III-40> 교회 규모 300명~600명 미만 대학생의 교회 사역 요구도 분석

구분	현재선호도		미래중요도		차이		요구도	순위
	평균	순위	평균	순위	평균	t값		
담임목사의 리더십	4.33	4	4.66	2	.33	1.640	1.53	9
담임목사의 목회철학	4.42	1	4.62	3	.19	1.434	0.89	18
교역자의 현장사역 전문성	4.18	8	4.51	8	.33	1.276	1.48	11
교회학교 교사의 헌신	4.37	3	4.60	5	.23	0.000	1.07	16
학생의 개인적 요인 (참여, 관심 등)	4.33	4	4.62	3	.29	.650	1.33	12
교회학교 신앙양육 프로그램	4.08	13	4.49	9	.41	1.405	1.85	4

학부모의 관심	4.12	10	4.40	12	.27	-.404	1.20	13
전도 활동	3.73	18	4.32	17	.59	2.185*	2.54	2
다음세대 재정 지원	3.99	15	4.38	13	.40	-1.000	1.74	6
성도들의 교회교육에 대한 관심	4.16	9	4.52	6	.36	1.642	1.61	7
총회 및 노회의 지원과 관심	4.11	12	4.45	11	.34	.150	1.52	10
총회 산하 교육기관의 지원(총회교육원, SFC 등)	4.12	10	4.52	6	.40	1.782	1.80	5
심방 활동	3.77	17	4.36	15	.59	1.961	2.57	1
교회학교 교사를 위한 교육	4.07	14	4.34	16	.27	1.888	1.19	15
기도 활동	4.40	2	4.73	1	.33	1.640	1.55	8
교역자와 성도(부서) 간의 관계	4.25	6	4.47	10	.22	-.813	0.98	17
교회와 가정이 연계된 신앙교육	4.19	7	4.37	14	.18	1.744	0.78	19
평생교육(장노년 포함) 프로그램	3.85	16	4.14	18	.29	1.550	1.19	14
지역사회와 연계된 프로그램	3.67	19	4.14	18	.47	1.680	1.93	3

*$p<.05$

다음으로 교회 규모 300명~600명 미만 대학생의 교회 사역을 위한 요구를 The Locus for Focus 모델을 활용하여 우선순위를 분석한 결과는 <그림 III-16>과 <표 III-41>과 같다. 교회 규모 300명~600명 미만 대학생들이 인식하고 있는 미래 중요 수준 평균은 4.28이며, 불일치 수준미래 중요 수준-현재 선호 수준의 평균은 0.14로 나타났다. 제1사분면에는 '담임목사의 리더십', '성도들의 교회교육에 대한 관심', '기도 활동', '교회와 가정이 연계된 신앙교육'이었고, 제2사분면에는 '전도 활동', '총회 산하 교육기관의 지원(총회교육원, SFC 등)', '심방 활동', '교회학교 교사를 위한 교육', '평생교육(장노년 포함) 프로그램', '지역사회와 연계된 프로그램'이었으며, 제3사분면에는 '교회학교 신앙양육 프로그램', '학부모의 관심', '다음세대 재정 지원', '총회 및 노회의 지원과 관심'이었고, 제4사분면에는 '담임목사의 목회철학', '교역자의 현장사역 전문성', '교회학교 교사의 헌신', '학생의 개인적 요인(참여, 관심 등)', '교역자와 성도(부서) 간의 관계'였다.

<그림 III-16> The Locus for Focus모델을 활용한
교회 규모 300명~600명 미만 대학생 교회 사역 우선순위

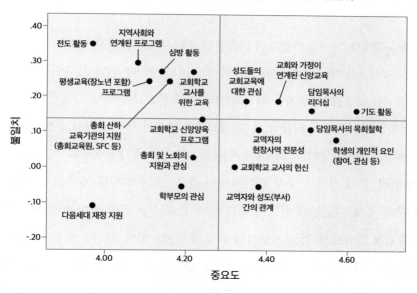

<표 III-41> The Locus for Focus 모델을 활용한
교회 규모 300명~600명 미만 대학생 교회 사역 우선순위

분면	신앙생활 우선순위
1사분면 (고고)	담임목사의 리더십, 성도들의 교회교육에 대한 관심, 기도 활동, 교회와 가정이 연계된 신앙교육
2사분면 (저고)	전도 활동, 총회 산하 교육기관의 지원(총회교육원, SFC 등), 심방 활동, 교회학교 교사를 위한 교육, 평생교육(장노년 포함) 프로그램, 지역사회와 연계된 프로그램
3사분면 (저저)	교회학교 신앙양육 프로그램, 학부모의 관심, 다음세대 재정 지원, 총회 및 노회의 지원과 관심
4사분면 (고저)	담임목사의 목회철학, 교역자의 현장사역 전문성, 교회학교 교사의 헌신, 학생의 개인적 요인(참여, 관심 등), 교역자와 성도(부서) 간의 관계

7) 교회 규모 600명~1000명 미만 대학생의 교회 사역을 위한 요구도

교회 규모 600명~1000명 미만 대학생의 교회 사역을 위한 요구도를 분석
하기 위해서 대응표본 t검정을 실시하였다. 현재 선호 수준에서는 '담임목사의
목회철학', '담임목사의 리더십', '기도 활동'의 평균이 가장 높았고, 미래 중요
수준에서는 '학생의 개인적 요인(참여, 관심 등)' 평균이 가장 높았다. 대응표본
t검정 결과, 19개 분야 중 6개 분야에서 통계적으로 유의미한 차이를 보였다.
본 연구에서 요구는 현재 선호 수준과 미래 중요 수준 간의 차이로 정의되기
때문에 6개 분야에서 갭gap으로서의 요구가 존재하였다. 다음으로 Borich의
요구도 값을 산출한 결과 가장 높은 요구도 값은 '전도 활동'이었으며, 그 다음
순으로 '학생의 개인적 요인(참여, 관심 등)', '교회학교 교사의 헌신' 등의 순이
었다. 이상의 교회 규모 600명~1000명 미만 대학생의 교회 사역을 위한 요구
도에 대한 우선순위 분석방법을 정리하면 <표 III-42>와 같다.

<표 III-42> 교회 규모 600명~1000명 미만 대학생의 교회 사역 요구도 분석

구분	현재선호도		미래중요도		차이		요구도	순위
	평균	순위	평균	순위	평균	t값		
담임목사의 리더십	4.33	1	4.48	3	.15	1.525	0.67	15
담임목사의 목회철학	4.33	1	4.45	4	.13	1.302	0.56	17
교역자의 현장사역 전문성	3.98	6	4.30	5	.33	2.816**	1.40	5
교회학교 교사의 헌신	3.88	9	4.28	7	.40	2.726*	1.71	3
학생의 개인적 요인 (참여, 관심 등)	4.23	5	4.65	1	.43	2.731**	1.98	2
교회학교 신앙양육 프로그램	3.95	7	4.15	9	.20	1.537	0.83	14
학부모의 관심	3.90	8	4.15	9	.25	1.706	1.04	10
전도 활동	3.13	19	3.83	17	.70	3.749**	2.68	1
다음세대 재정 지원	3.65	16	3.90	15	.25	2.508*	0.98	11
성도들의 교회교육에 대한 관심	3.88	9	4.28	7	.40	2.810**	1.71	3
총회 및 노회의 지원과 관심	3.80	13	3.95	14	.15	1.233	0.59	16
총회 산하 교육기관의 지원(총회교육원, SFC 등)	3.88	9	3.85	16	-.02	-.190	-0.10	19
심방 활동	3.78	14	4.08	12	.30	1.864	1.22	6
교회학교 교사를 위한 교육	3.78	14	4.05	13	.28	1.568	1.11	9
기도 활동	4.33	1	4.53	2	.20	1.482	0.91	12
교역자와 성도(부서) 간의 관계	4.23	4	4.3	5	.07	.572	0.30	18
교회와 가정이 연계된 신앙교육	3.88	9	4.15	9	.28	1.507	1.14	8
평생교육(장노년 포함) 프로그램	3.50	18	3.73	19	.23	1.711	0.84	13
지역사회와 연계된 프로그램	3.53	17	3.83	17	.30	2.020	1.15	7

*p<.05, **p<.01

다음으로 교회 규모 600명~1000명 미만 대학생의 교회 사역을 위한 요구를 The Locus for Focus 모델을 활용하여 우선순위를 분석한 결과는 <그림 III-17>과 <표 III-43>과 같다. 교회 규모 600명~1000명 미만 대학생들이 인식하고 있는 미래 중요 수준 평균은 4.15이며, 불일치 수준미래 중요 수준-현재 선호 수준의 평균은 0.26으로 나타났다. 제1사분면에는 '교역자의 현장사역 전문성', '교회학교 교사의 헌신', '학생의 개인적 요인(참여, 관심 등)', '성도들의 교회교육에 대한 관심'이었고, 제2사분면에는 '전도 활동', '심방 활동', '교회학교 교사를 위한 교육', '지역사회와 연계된 프로그램'이었으며, 제3사분면에는 '교회학교 신앙양육 프로그램', '학부모의 관심', '다음세대 재정 지원', '총회 및 노회의 지원과 관심', '총회 산하 교육기관의 지원(총회교육원, SFC 등)', '교회와 가정이 연계된 신앙교육', '평생교육(장노년 포함) 프로그램'이었고, 제4사

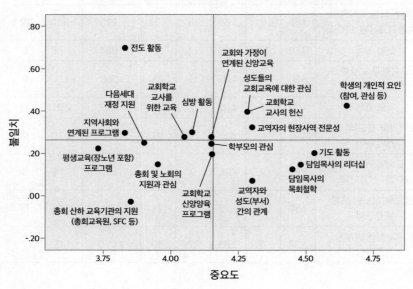

<그림 III-17> The Locus for Focus모델을 활용한
교회 규모 600명~1000명 미만 대학생 교회 사역 우선순위

분면에는 '담임목사의 리더십', '담임목사의 목회철학', '기도 활동', '교역자와 성도(부서) 간의 관계'였다.

<표 III-43> The Locus for Focus 모델을 활용한
교회 규모 600명~1000명 미만 대학생 교회 사역 우선순위

분면	신앙생활 우선순위
1사분면 (고고)	교역자의 현장사역 전문성, 교회학교 교사의 헌신, 학생의 개인적 요인(참여, 관심 등), 성도들의 교회교육에 대한 관심
2사분면 (저고)	전도 활동, 심방 활동, 교회학교 교사를 위한 교육, 지역사회와 연계된 프로그램
3사분면 (저저)	교회학교 신앙양육 프로그램, 학부모의 관심, 다음세대 재정 지원, 총회 및 노회의 지원과 관심, 총회 산하 교육기관의 지원(총회교육원, SFC 등), 교회와 가정이 연계된 신앙교육, 평생교육(장노년 포함) 프로그램
4사분면 (고저)	담임목사의 리더십, 담임목사의 목회철학, 기도 활동, 교역자와 성도(부서) 간의 관계

8) 교회 규모 1000명 이상 대학생의 교회 사역을 위한 요구도

교회 규모 1000명 이상 대학생의 청소년의 교회 사역을 위한 요구도를 분석하기 위해서 대응표본 t검정을 실시하였다. 현재 선호 수준과 미래 중요 수준에서 모두 '기도 활동' 평균이 가장 높았으며, 대응표본 t검정 결과, 19개 분야 중 12개 분야에서 통계적으로 유의미한 차이를 보였다. 본 연구에서 요구는 현재 선호 수준과 미래 중요 수준 간의 차이로 정의되기 때문에 12개 분야에서 갭gap으로서의 요구가 존재하였다. 다음으로 Borich의 요구도 값을 산출한 결과 가장 높은 요구도 값은 '학부모의 관심'이었으며, 그 다음 순으로 '전도 활동', '지역사회와 연계된 프로그램' 등의 순이었다. 이상의 교회 규모 1000명 이상 대학생의 교회 사역을 위한 요구도에 대한 우선순위 분석방법을 정리하면 <표 III-44>와 같다.

<표 Ⅲ-44> 교회 규모 1000명 이상 대학생의 교회 사역 요구도 분석

구분	현재선호도		미래중요도		차이		요구도	순위
	평균	순위	평균	순위	평균	t값		
담임목사의 리더십	4.32	3	4.48	3	.17	1.744	0.75	15
담임목사의 목회철학	4.23	5	4.37	6	.13	1.305	0.58	17
교역자의 현장사역 전문성	4.27	4	4.33	9	.07	.646	0.29	19
교회학교 교사의 헌신	4.20	7	4.37	6	.17	1.489	0.73	16
학생의 개인적 요인 (참여, 관심 등)	4.35	2	4.57	2	.22	2.205*	0.99	12
교회학교 신앙양육 프로그램	4.00	13	4.30	12	.30	3.034**	1.29	5
학부모의 관심	3.97	15	4.33	9	.37	3.639**	1.59	1
전도 활동	3.67	18	4.03	18	.37	2.866**	1.48	2
다음세대 재정 지원	4.00	13	4.20	15	.20	1.891	0.84	14
성도들의 교회교육에 대한 관심	4.23	5	4.47	4	.23	2.356*	1.04	8
총회 및 노회의 지원과 관심	4.13	10	4.25	14	.12	1.187	0.50	18
총회 산하 교육기관의 지원(총회교육원, SFC 등)	4.03	12	4.27	13	.23	2.291*	1.00	10
심방 활동	3.90	16	4.20	15	.30	2.950**	1.26	6
교회학교 교사를 위한 교육	4.05	11	4.32	11	.27	2.910**	1.15	7
기도 활동	4.37	1	4.58	1	.22	2.428*	0.99	11
교역자와 성도(부서) 간의 관계	4.15	9	4.35	8	.20	1.994	0.87	13
교회와 가정이 연계된 신앙교육	4.20	7	4.43	5	.23	2.427*	1.03	9
평생교육(장노년 포함) 프로그램	3.82	17	4.17	17	.35	3.152**	1.46	4
지역사회와 연계된 프로그램	3.67	18	4.03	18	.37		1.48	2

*p<.05, **p<.01, ***p<.001

다음으로 교회 규모 1000명 이상 대학생의 교회 사역을 위한 요구를 The Locus for Focus 모델을 활용하여 우선순위를 분석한 결과는 <그림 III-18>과 <표 III-45>와 같다. 교회 규모 1000명 이상 대학생들이 인식하고 있는 미래 중요 수준 평균은 4.32이며, 불일치 수준_{미래 중요 수준-현재 선호 수준}의 평균은 0.24로 나타났다. 제1사분면에는 '학부모의 관심', '교회학교 교사를 위한 교육'이었고, 제2사분면에는 '교회학교 신앙양육 프로그램', '전도 활동', '심방 활동', '평생교육(장노년 포함) 프로그램', '지역사회와 연계된 프로그램'이었으며, 제3사분면에는 '다음세대 재정 지원', '총회 및 노회의 지원과 관심'이었고, 제4사분면에는 '담임목사의 리더십', '담임목사의 목회철학', '교역자의 현장사역 전문성', '교회학교 교사의 헌신', '학생의 개인적 요인(참여, 관심 등)', '성도들의 교회교육에 대한 관심', '총회 산하 교육기관의 지원(총회교육원, SFC

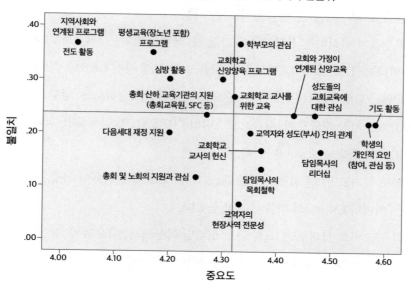

<그림 III-18> The Locus for Focus모델을 활용한
교회 규모 1000명 이상 대학생 교회 사역 우선순위

등)', '교역자와 성도(부서) 간의 관계', '교회와 가정이 연계된 신앙교육', '기도 활동'이었다.

<표 III-45> The Locus for Focus 모델을 활용한
교회 규모 1000명 이상 대학생 교회 사역 우선순위

분면	신앙생활 우선순위
1사분면 (고고)	학부모의 관심, 교회학교 교사를 위한 교육
2사분면 (저고)	교회학교 신앙양육 프로그램, 전도 활동, 심방 활동, 평생교육(장노년 포함) 프로그램, 지역사회와 연계된 프로그램
3사분면 (저저)	다음세대 재정 지원, 총회 및 노회의 지원과 관심
4사분면 (고저)	담임목사의 리더십, 담임목사의 목회철학, 교역자의 현장사역 전문성, 교회학교 교사의 헌신, 학생의 개인적 요인(참여, 관심 등), 성도들의 교회교육에 대한 관심, 총회 산하 교육기관의 지원(총회교육원, SFC 등), 교역자와 성도(부서) 간의 관계, 교회와 가정이 연계된 신앙교육, 기도 활동

(12) 신앙교육에 가장 큰 영향을 미치는 사람

대학생들이 인식하는 신앙교육에 가장 큰 영향을 미치는 사람으로 1순위로는 '어머니'가 19.4%로 가장 많았으며, 다음으로 '학생 자신'(18.8%), '담당교역자'(18.1%), '담임목사'(16.9%) 등의 순으로 나타났다. 2순위로는 '담당교역자'가 20.0%로 가장 많았으며, 다음으로 '어머니'(17.5%), '담임목사'(14.4%), '아버지'(11.9%) 등의 순으로 나타났다.

성별로 살펴보면, 1순위로 남자는 '담임목사'(23.3%)의 비율이 가장 높았고, 여자는 '어머니'(24.1%)의 비율이 가장 높았다.

교회 규모별로 살펴보면, 교회 규모 600명 이상에서는 1순위에 '학생 자신'의 비율이 높았고, 600명 미만에서는 1순위에 '담임목사'와 '담당 교역자'의 비율이 높았다. 대학생의 성별 및 교회 규모별 신앙교육에 가장 큰 영향을 미치는 사람은 <표 III-46>과 같다.

<표 III-46> 성별 및 교회 규모별 신앙교육에 가장 큰 영향을 미치는 사람

(단위: %, 1순위(2순위))

구분		담임 목사	담당 교역자	아버지	어머니	학생 자신	간사 (신앙 단체)	교회 성도	친구
전체		16.9(14.4)	18.1(20.0)	10(11.9)	19.4(17.5)	18.8(10.0)	6.6(8.1)	3.8(2.2)	4.4(10.9)
성별	남자	23.3(15.1)	13.7(27.4)	8.2(11.0)	13.7(18.5)	19.2(9.6)	8.9(6.8)	2.7(1.4)	7.5(6.8)
	여자	11.5(13.8)	21.8(13.8)	11.5(12.6)	24.1(16.7)	18.4(10.3)	4.6(9.2)	4.6(2.9)	1.7(14.4)
교회 규모별	50명 미만	35.3(17.6)	5.9(8.8)	8.8(20.6)	23.5(26.5)	17.6(8.8)	2.9(11.8)	2.9(0.0)	0(0.0)
	50-150명 미만	21.9(13.7)	19.2(19.2)	6.8(8.2)	17.8(21.9)	15.1(8.2)	11(11.0)	2.7(1.4)	1.4(0.0)
	150-300명 미만	6.6(18.4)	21.1(25.0)	14.5(9.2)	19.7(9.2)	19.7(11.8)	9.2(9.2)	5.3(1.3)	2.6(0.0)
	300-600명 미만	8.1(13.5)	29.7(10.8)	10.8(13.5)	21.6(16.2)	16.2(13.5)	2.7(5.4)	5.4(8.1)	5.4(0.0)
	600-1000명 미만	17.5(10.0)	12.5(17.5)	12.5(15.0)	12.5(27.5)	25(12.5)	7.5(5.0)	5(0.0)	5(2.5)
	1000명 이상	18.3(11.7)	16.7(28.3)	6.7(11.7)	21.7(11.7)	20(6.7)	1.7(5.0)	1.7(3.3)	11.7(0.0)

(13) 교회에 출석하는 동기

대학생들이 교회에 출석하는 동기에 대한 복수응답으로 '나의 신앙 때문'이 93.4%로 가장 많았으며, 다음으로 '부모님 때문'(23.9%), '친구 때문'(13.2%), '교회 담당 교역자(목사님) 때문'(13.2%), 등의 순으로 나타났다.

성별 및 교회 규모별로 큰 차이는 없는 것으로 나타났다. 대학생들의 성별 및 교회 규모별 교회에 출석하는 동기는 <표 III-47>과 같다.

<표 III-47> 성별 및 교회 규모별 교회에 출석하는 동기

(복수응답, 단위: %)

구분		나의 신앙 때문	부모님 때문	친구 때문	교회 담당 교역자(목사님) 때문	교회 담당 선생님 때문	특별한 이유 없음
전체		93.4	23.9	13.2	13.2	4.7	10.4
성별	남자	94.5	24.7	15.8	13.0	7.5	10.3
	여자	92.4	23.3	11.0	13.4	2.3	10.5
교회 규모별	50명 미만	93.9	42.4	9.1	21.2	6.1	6.1
	50-150명 미만	91.8	16.4	11.0	11.0	2.7	11.0
	150-300명 미만	92.1	23.7	15.8	9.2	7.9	17.1
	300-600명 미만	94.4	30.6	19.4	13.9	5.6	11.1
	600-1000명 미만	97.5	15.0	15.0	12.5	2.5	5.0
	1000명 이상	93.3	25.0	10.0	16.7	3.3	6.7

(14) 교회를 떠나고자 한 고민들

대학생들은 '나는 향후 다른 교회로 옮길 의향이 있다'에 2점대의 응답을 보여 교회를 옮길 의향이 부정적인 것으로 나타났다. 또한 교회를 떠나고자 한 여러 고민들에 대해서 모두 1점대 및 2점 초반대로 나타나 교회를 떠나고자 한 고민들이 적은 것으로 나타났다.

성별 및 교회 규모별로는 통계적으로 유의미한 차이가 없는 것으로 나타났다. 대학생들의 성별 및 교회 규모별 교회를 떠나고자 한 고민들은 <표 III-48>과 같다.

<표 III-48> 성별 및 교회 규모별 교회를 떠나고자 한 고민들에 대한 인식 차이

(단위: 점(5점 척도))

	구분		평균	표준편차	t/F
나는 향후 다른 교회로 옮길 의향이 있다.	성별	남자	2.59	1.343	.176
		여자	2.56	1.279	
	교회 규모	50명 미만	2.74	1.377	.606
		50-150명 미만	2.56	1.302	
		150-300명 미만	2.59	1.406	
		300-600명 미만	2.81	1.221	
		600-1000명 미만	2.48	1.358	
		1000명 이상	2.40	1.167	
		전체	2.58	1.306	
나는 향후 신앙생활을 포기할 의향이 있다.	성별	남자	1.38	.832	.783
		여자	1.31	.685	
	교회 규모	50명 미만	1.26	.618	.788
		50-150명 미만	1.44	.866	
		150-300명 미만	1.32	.716	
		300-600명 미만	1.35	.824	
		600-1000명 미만	1.18	.446	
		1000명 이상	1.40	.848	
		전체	1.34	.755	
나는 목회자로 인해 교회를 떠나고자 고민해 본 적이 있다.	성별	남자	2.23	1.494	.507
		여자	2.14	1.405	
	교회 규모	50명 미만	2.00	1.255	1.053
		50-150명 미만	2.48	1.492	
		150-300명 미만	2.13	1.473	
		300-600명 미만	2.27	1.539	
		600-1000명 미만	2.13	1.453	
		1000명 이상	1.97	1.377	
		전체	2.18	1.444	

나는 목회자의 비윤리적 행동 때문에 교회를 떠나고자 고민해본 적이 있다.	성별	남자	1.97	1.341	.915
		여자	1.83	1.245	
	교회 규모	50명 미만	1.74	1.109	.688
		50-150명 미만	2.08	1.351	
		150-300명 미만	1.78	1.207	
		300-600명 미만	2.05	1.471	
		600-1000명 미만	1.83	1.299	
		1000명 이상	1.85	1.300	
		전체	1.89	1.289	
나는 목회자의 설교 때문에 교회를 떠나고자 고민해본 적이 있다.	성별	남자	2.11	1.434	.658
		여자	2.01	1.383	
	교회 규모	50명 미만	1.91	1.311	1.252
		50-150명 미만	2.25	1.479	
		150-300명 미만	1.86	1.334	
		300-600명 미만	2.05	1.413	
		600-1000명 미만	2.40	1.582	
		1000명 이상	1.92	1.306	
		전체	2.05	1.405	
나는 신앙 자체에 대한 회의감이 들어 교회를 떠나고자 고민해본 적이 있다.	성별	남자	2.23	1.429	1.807
		여자	1.96	1.274	
	교회 규모	50명 미만	1.91	1.240	.360
		50-150명 미만	2.25	1.412	
		150-300명 미만	2.03	1.326	
		300-600명 미만	2.03	1.343	
		600-1000명 미만	2.10	1.392	
		1000명 이상	2.08	1.381	
		전체	2.08	1.352	

	성별	남자	2.15	1.396	.604
나는 영적인 필요가 채워지지 않아서 교회를 떠나고자 고민해본 적이 있다		여자	2.06	1.359	
	교회 규모	50명 미만	2.18	1.336	.483
		50-150명 미만	2.25	1.516	
		150-300명 미만	2.01	1.270	
		300-600명 미만	2.16	1.424	
		600-1000명 미만	2.15	1.442	
		1000명 이상	1.92	1.293	
		전체	2.10	1.375	
나는 신앙생활을 해도 성장하지 않는 자신의 모습 때문에 교회를 떠나고자 고민해본 적이 있다.	성별	남자	2.10	1.341	1.239
		여자	1.92	1.204	
	교회 규모	50명 미만	2.21	1.388	.409
		50-150명 미만	1.92	1.341	
		150-300명 미만	1.91	1.048	
		300-600명 미만	2.05	1.353	
		600-1000명 미만	2.13	1.362	
		1000명 이상	1.98	1.282	
		전체	2.00	1.269	
나는 교회의 문화 때문에 교회를 떠나고자 고민해 본 적이 있다.	성별	남자	1.99	1.336	-.573
		여자	2.08	1.375	
	교회 규모	50명 미만	1.76	1.130	1.475
		50-150명 미만	2.08	1.392	
		150-300명 미만	1.96	1.280	
		300-600명 미만	2.14	1.398	
		600-1000명 미만	2.50	1.585	
		1000명 이상	1.88	1.303	
		전체	2.04	1.356	

나는 비민주적인 의사소통 구조와 소통의 부재 때문에 교회를 떠나고자 고민해본 적이 있다.	성별	남자	1.84	1.167	-.401
		여자	1.90	1.231	
	교회 규모	50명 미만	1.68	1.007	.934
		50-150명 미만	1.85	1.221	
		150-300명 미만	1.80	1.155	
		300-600명 미만	1.84	1.191	
		600-1000명 미만	2.23	1.405	
		1000명 이상	1.88	1.195	
		전체	1.87	1.201	
나는 교회가 다음세대에 관심이 없는 것 같아서 교회를 떠나고자 고민해본 적이 있다.	성별	남자	1.88	1.203	.676
		여자	1.79	1.156	
	교회 규모	50명 미만	1.94	1.301	.235
		50-150명 미만	1.89	1.231	
		150-300명 미만	1.74	1.063	
		300-600명 미만	1.86	1.337	
		600-1000명 미만	1.85	1.210	
		1000명 이상	1.77	1.079	
		전체	1.83	1.177	
나는 교회가 나에게 지나치게 헌신을 요구하는 문화 때문에 교회를 떠나고자 고민해본 적이 있다.	성별	남자	2.22	1.362	1.733
		여자	1.97	1.253	
	교회 규모	50명 미만	2.06	1.301	.790
		50-150명 미만	2.10	1.366	
		150-300명 미만	2.09	1.288	
		300-600명 미만	2.35	1.399	
		600-1000명 미만	2.18	1.357	
		1000명 이상	1.83	1.181	
		전체	2.08	1.308	

나는 교회가 지나치게 헌금을 강요하는 문화 때문에 교회를 떠나고자 고민해본 적이 있다.	성별	남자	1.48	.911	1.055
		여자	1.38	.786	
	교회 규모	50명 미만	1.47	.929	.099
		50-150명 미만	1.44	.850	
		150-300명 미만	1.37	.727	
		300-600명 미만	1.43	.959	
		600-1000명 미만	1.45	.876	
		1000명 이상	1.43	.871	
		전체	1.43	.846	
나는 내가 교회에서 수행하는 봉사로 인해 힘들어서 교회를 떠나고자 고민해본 적이 있다.	성별	남자	2.05	1.322	.860
		여자	1.93	1.247	
	교회 규모	50명 미만	1.97	1.243	.712
		50-150명 미만	2.11	1.420	
		150-300명 미만	2.09	1.368	
		300-600명 미만	1.95	1.201	
		600-1000명 미만	2.00	1.198	
		1000명 이상	1.73	1.118	
		전체	1.99	1.282	
나는 교회가 사회적 이슈에 민감하게 반응하지 않기 때문에 교회를 떠나고자 고민해본 적이 있다.	성별	남자	1.56	.863	-.180
		여자	1.58	.987	
	교회 규모	50명 미만	1.50	.826	.269
		50-150명 미만	1.63	1.048	
		150-300명 미만	1.51	.825	
		300-600명 미만	1.51	.932	
		600-1000명 미만	1.58	.984	
		1000명 이상	1.65	.954	
		전체	1.57	.931	

나는 사람들이 생각하는 기독교인에 대한 부정적 인식 때문에 교회를 떠나고자 고민해본 적이 있다.	성별	남자	1.42	.741	.385
		여자	1.39	.772	
	교회 규모	50명 미만	1.44	.894	.234
		50-150명 미만	1.38	.793	
		150-300명 미만	1.42	.771	
		300-600명 미만	1.49	.837	
		600-1000명 미만	1.33	.616	
		1000명 이상	1.37	.663	
		전체	1.40	.757	
나는 교회가 공공의 영역에 관심이 없는 것 같아 교회를 떠나고자 고민해본 적이 있다.	성별	남자	1.44	.743	-1.464
		여자	1.59	1.070	
	교회 규모	50명 미만	1.59	.988	.156
		50-150명 미만	1.48	.884	
		150-300명 미만	1.47	.916	
		300-600명 미만	1.59	1.013	
		600-1000명 미만	1.55	.959	
		1000명 이상	1.53	.965	
		전체	1.52	.937	
나는 교회가 수행하는 특정한 프로그램으로 인해 교회를 떠나고자 고민해본 적이 있다.	성별	남자	1.50	.881	.288
		여자	1.47	.898	
	교회 규모	50명 미만	1.50	.961	.773
		50-150명 미만	1.48	.884	
		150-300명 미만	1.38	.748	
		300-600명 미만	1.73	1.170	
		600-1000명 미만	1.48	.877	
		1000명 이상	1.47	.833	
		전체	1.48	.889	

나는 교회의 시설환경 이 낙후되어 교회를 떠나고자 고민해본 적 이 있다.	성별	남자	1.28	.572	-.173
		여자	1.29	.680	
	교회 규모	50명 미만	1.38	.888	.350
		50-150명 미만	1.32	.664	
		150-300명 미만	1.28	.602	
		300-600명 미만	1.30	.571	
		600-1000명 미만	1.20	.516	
		1000명 이상	1.27	.578	
		전체	1.29	.632	

(15) 일상생활 및 신앙생활 전반적 만족도

대학생들의 일상생활 및 신앙생활에 대한 전반적 만족도를 살펴보면, '나는 일상의 삶에 전반적으로 만족하고 있다'가 5점 척도에 3.63점으로 가장 높았고, 다음으로 '나는 교회활동에 전반적으로 만족하고 있다'(3.50점), '나는 학교생활에 전반적으로 만족하고 있다'(3.50점), '나는 신앙생활에 전반적으로 만족하고 있다'(3.35점)로 나타나 신앙생활에 대한 만족도가 가장 낮은 것으로 나타났다.

성별 및 교회 규모별에 따라서는 통계적으로 유의미한 차이를 나타내지 않았다. 성별 및 교회 규모에 따른 일상생활 및 신앙생활 전반적 만족도 인식 차이는 <표 III-49>와 같다.

<표 III-49> 성별 및 교회 규모별 일상생활 및 신앙생활 전반적 만족도 인식 차이

(단위: 점(5점 척도))

구분			평균	표준편차	t/F
나는 일상의 삶에 전반적으로 만족하고 있다	성별	남자	3.58	1.082	-.849
		여자	3.67	.963	
	교회 규모	50명 미만	3.79	.808	.677
		50-150명 미만	3.49	1.120	
		150-300명 미만	3.61	.981	
		300-600명 미만	3.68	.973	
		600-1000명 미만	3.55	1.176	
		1000명 이상	3.75	.968	
		전체	3.63	1.018	
나는 교회활동에 전반적으로 만족하고 있다	성별	남자	3.47	1.127	-.473
		여자	3.52	1.035	
	교회 규모	50명 미만	3.59	.857	1.328
		50-150명 미만	3.51	1.144	
		150-300명 미만	3.32	1.110	
		300-600명 미만	3.65	1.033	
		600-1000명 미만	3.30	1.067	
		1000명 이상	3.70	1.078	
		전체	3.50	1.077	
나는 신앙생활에 전반적으로 만족하고 있다	성별	남자	3.36	1.120	.147
		여자	3.34	1.089	
	교회 규모	50명 미만	3.35	1.041	1.255
		50-150명 미만	3.40	1.152	
		150-300명 미만	3.30	1.108	
		300-600명 미만	3.49	1.044	
		600-1000명 미만	3.00	1.038	
		1000명 이상	3.52	1.127	
		전체	3.35	1.102	

나는 학교생활에 전반적으로 만족하고 있다	성별	남자	3.46	1.109	-.680
		여자	3.54	1.029	
	교회 규모	50명 미만	3.74	.828	1.072
		50-150명 미만	3.37	1.173	
		150-300명 미만	3.54	.972	
		300-600명 미만	3.62	1.089	
		600-1000명 미만	3.28	1.132	
		1000명 이상	3.57	1.095	
		전체	3.50	1.065	

(16) 다음세대에 대한 기대

대학생들은 다음세대에 대한 기대에 관한 질문에서 '다음세대들은 기성세대보다 하나님을 잘 섬기지 못할 것 같다'에서 3.15점, '다음세대들은 기성세대보다 교회(봉사와 섬김 등)를 섬기지 못할 것 같다'에서 3.02점으로 가장 높은 점수를 나타내 다음세대에 대한 기대가 낮은 것으로 나타났다. 그러나 '다음세대들은 신앙생활을 하지 않을 것 같다', '다음세대는 앞으로 교회 활동을 하지 않을 것 같다' 등에서는 2점대의 부정적 응답을 함으로 다음세대의 신앙에 대한 기대가 없지 않음을 알 수 있다.

성별로 살펴보면, '다음세대들은 기성세대와 비슷한 수준에서 하나님을 섬길 것 같다', '다음세대들은 기성세대보다 교회(봉사와 섬김 등)를 더 잘 섬길 것 같다'에서 여자가 남자보다 긍정적으로 응답하였고, 교회 규모별로 살펴보면, '다음세대들은 기성세대보다 하나님을 잘 섬기지 못할 것 같다', '다음세대들은 기성세대보다 교회(봉사와 섬김 등)를 섬기지 못할 것 같다'에서 600～1000명 미만 규모에서 가장 긍정적으로 응답하였다.

성별 및 교회규모별 다음세대에 대한 기대의 인식은 <표 III-50>과 같다.

<표 III-50> 성별 및 교회 규모별 다음세대에 대한 기대의 인식 차이

(단위: 점(5점 척도))

	구분		평균	표준편차	t/F
다음세대들은 기성세대보다 하나님을 더 잘 섬길 것 같다.	성별	남자	2.28	.995	-1.808
		여자	2.48	.996	
	교회 규모	50명 미만	2.47	.929	.915
		50-150명 미만	2.34	.961	
		150-300명 미만	2.55	1.159	
		300-600명 미만	2.30	.845	
		600-1000명 미만	2.18	.958	
		1000명 이상	2.40	.978	
		전체	2.39	.999	
다음세대들은 기성세대와 비슷한 수준에서 하나님을 섬길 것 같다.	성별	남자	2.46	1.031	-3.015**
		여자	2.81	1.045	
	교회 규모	50명 미만	2.62	1.015	1.265
		50-150명 미만	2.63	1.099	
		150-300명 미만	2.63	1.069	
		300-600명 미만	2.92	1.038	
		600-1000명 미만	2.35	.864	
		1000명 이상	2.75	1.099	
		전체	2.65	1.052	
다음세대들은 기성세대보다 하나님을 잘 섬기지 못할 것 같다.	성별	남자	3.25	1.148	1.414
		여자	3.07	1.094	
	교회 규모	50명 미만	3.35	1.012	2.284*
		50-150명 미만	2.99	1.086	
		150-300명 미만	2.95	1.232	
		300-600명 미만	3.32	.973	
		600-1000명 미만	3.55	1.011	
		1000명 이상	3.12	1.166	
		전체	3.15	1.121	

다음세대들은 신앙생활을 하지 않을 것 같다.	성별	남자	2.95	1.137	1.256
		여자	2.79	1.105	
	교회 규모	50명 미만	3.06	1.254	1.584
		50-150명 미만	2.84	1.080	
		150-300명 미만	2.71	1.175	
		300-600명 미만	2.95	.998	
		600-1000명 미만	3.20	1.043	
		1000명 이상	2.68	1.112	
		전체	2.86	1.121	
다음세대들은 기성세대보다 교회(봉사와 섬김 등)를 더 잘 섬길 것 같다.	성별	남자	2.36	.975	-2.385*
		여자	2.62	.953	
	교회 규모	50명 미만	2.26	.790	1.256
		50-150명 미만	2.47	1.042	
		150-300명 미만	2.62	1.107	
		300-600명 미만	2.73	.871	
		600-1000명 미만	2.35	.770	
		1000명 이상	2.50	.948	
		전체	2.50	.970	
다음세대들은 기성세대와 비슷한 수준에서 교회 (봉사와 섬김 등)를 섬길 것 같다.	성별	남자	2.64	.989	-1.643
		여자	2.82	.956	
	교회 규모	50명 미만	2.74	.963	.495
		50-150명 미만	2.64	1.046	
		150-300명 미만	2.80	.966	
		300-600명 미만	2.86	.948	
		600-1000명 미만	2.60	.871	
		1000명 이상	2.77	.998	
		전체	2.73	.974	

	성별	남자	3.15	1.085	1.959
		여자	2.91	1.119	
다음세대들은 기성세대보다 교회(봉사와 섬김 등)를 섬기지 못할 것 같다.	교회 규모	50명 미만	3.32	1.007	4.165**
		50-150명 미만	3.21	1.118	
		150-300명 미만	2.72	1.127	
		300-600명 미만	3.08	1.010	
		600-1000명 미만	3.40	.871	
		1000명 이상	2.70	1.183	
		전체	3.02	1.108	
	성별	남자	2.72	1.167	1.229
		여자	2.56	1.099	
다음세대는 앞으로 교회 활동을 하지 않을 것 같다.	교회 규모	50명 미만	2.85	1.282	1.783
		50-150명 미만	2.84	1.067	
		150-300명 미만	2.45	1.159	
		300-600명 미만	2.51	1.170	
		600-1000명 미만	2.83	1.107	
		1000명 이상	2.45	1.032	
		전체	2.63	1.131	

*$p<.05$, **$p<.01$

(17) 코로나 이후(향후 3-5년) 한국교회의 변화 인식

대학생들은 코로나 이후(향후 3~5년) 한국교회의 변화에 대해 '가정 안에서의 신앙교육이 나아질 것이다'가 3.07점으로 가장 높았고, '한국교회가 계속 성장해 나갈 것이다'와 '한국교회의 교회학교가 계속 성장해 나갈 것이다'는 각각 2.98점으로 나타나 다소 부정적으로 인식하는 것으로 나타났다.

성별로 살펴보면, '한국교회가 계속 성장해 나갈 것이다', '한국교회의 교회학교가 계속 성장해 나갈 것이다', '가정 안에서의 신앙교육이 나아질 것이다'에서 여자가 남자보다 긍정적인 것으로 나타났다. 교회 규모별로 살펴보면, '한국교회가 계속 성장해 나갈 것이다'에서는 50명 미만 규모가 가장 긍정적이고, '한국교회의 교회학교가 계속 성장해 나갈 것이다'에서는 1000명 이상 규모가 가장 긍정적인 것으로 나타났다

<표 III-51> 성별 및 교회 규모별 코로나 이후(향후 3~5년) 한국교회의 변화 인식 차이

(단위: 점(5점 척도))

		구분	평균	표준편차	t/F
한국교회가 계속 성장해 나갈 것이다.	성별	남자	2.73	1.116	-3.692***
		여자	3.18	1.065	
	교회 규모	50명 미만	3.21	1.149	3.091*
		50-150명 미만	3.01	1.047	
		150-300명 미만	3.11	1.114	
		300-600명 미만	2.92	.954	
		600-1000명 미만	2.38	1.055	
		1000명 이상	3.08	1.183	
		전체	2.98	1.110	
한국교회의 교회학교가 계속 성장해 나갈 것이다.	성별	남자	2.73	1.117	-3.886***
		여자	3.20	1.041	
	교회 규모	50명 미만	3.06	1.205	2.476*
		50-150명 미만	3.05	1.079	
		150-300명 미만	3.01	1.064	
		300-600명 미만	3.05	.970	
		600-1000명 미만	2.43	1.083	
		1000명 이상	3.13	1.127	
		전체	2.98	1.100	

	성별	남자	2.83	1.026	-3.786***
		여자	3.27	1.049	
가정 안에서의 신앙교육이 나아질 것이다.	교회 규모	50명 미만	3.29	.938	.501
		50-150명 미만	3.04	1.033	
		150-300명 미만	3.04	1.051	
		300-600명 미만	3.00	1.179	
		600-1000명 미만	2.95	.932	
		1000명 이상	3.13	1.186	
		전체	3.07	1.060	

*p<.05, ***p<.001

(18) 신앙고백 수준

대학생들의 신앙고백 수준을 살펴보면, '나는 하나님의 천지창조를 믿습니다'와 '나는 예수 그리스도를 믿음으로 말미암아 구원받음을 믿습니다'가 5점 척도에 4.73점으로 가장 높았고, 다음으로 '나는 성경이 정확무오한 하나님 말씀임을 믿습니다'(4.60점)의 순으로 나타났다. 전반적으로 대학생들의 신앙고백 수준은 높은 것으로 나타났다.

성별과 교회 규모별로는 통계적으로 유의미한 차이가 없는 것으로 나타났다. 성별 및 교회 규모별에 따른 신앙고백 수준의 차이는 <표 III-52>와 같다.

<표 III-52> 성별 및 교회 규모별 따른 신앙고백 수준의 차이

(단위: 점(5점 척도))

	구분		평균	표준편차	t/F
나는 성경이 정확무오한 하나님 말씀임을 믿습니다	성별	남자	4.60	.766	-.164
		여자	4.61	.686	
	교회 규모	50명 미만	4.65	.646	.930
		50-150명 미만	4.68	.743	
		150-300명 미만	4.54	.720	
		300-600명 미만	4.65	.588	
		600-1000명 미만	4.70	.608	
		1000명 이상	4.47	.873	
		전체	4.60	.723	
나는 하나님의 천지창조를 믿습니다	성별	남자	4.68	.712	-1.054
		여자	4.76	.537	
	교회 규모	50명 미만	4.76	.554	.412
		50-150명 미만	4.78	.559	
		150-300명 미만	4.67	.719	
		300-600명 미만	4.73	.450	
		600-1000명 미만	4.78	.530	
		1000명 이상	4.67	.752	
		전체	4.73	.623	
나는 예수 그리스도를 믿음으로 말미암아 구원받음을 믿습니다	성별	남자	4.67	.744	-1.478
		여자	4.78	.517	
	교회 규모	50명 미만	4.79	.538	.357
		50-150명 미만	4.77	.590	
		150-300명 미만	4.68	.716	
		300-600명 미만	4.73	.450	
		600-1000명 미만	4.78	.530	
		1000명 이상	4.67	.774	
		전체	4.73	.632	

2. 청소년 분석

(1) 코로나19로 인한 개인적 변화

청소년들의 코로나19로 인한 개인적 변화 인식에서 '혼자있는 시간이 많아졌다', '가족들과 대화가 많아졌다', '친구들과 모임이 줄었다'는 보통수준에서 확인되고 있으나 '코로나19로 인해 우울감이 들었다', '코로나19로 인해 불안감이 들었다', '코로나19로 인해 고립감이 들었다', '코로나19로 인해 학교에 가는 게 약간은 겁난다'는 5점 척도로 2점대에 해당되어 부정적 변화는 감소함을 확인할 수 있다.

학교급에 따른 코로나19로 인한 개인적 변화에서 '혼자있는 시간이 많아졌다'는 고등학생의 점수가 가장 높았고, 기타(홈스쿨링, 대안학교)의 점수가 가장 낮았다. '친구들과 모임이 줄었다'는 고등학생의 점수가 가장 높았고, 중학생의 점수가 가장 낮았다. '코로나19로 인해 우울감이 들었다', '코로나19로 인해 불안감이 들었다', '코로나19로 인해 고립감이 들었다'는 고등학생의 점수가 가장 높았고, 기타(홈스쿨링, 대안학교)의 점수가 가장 낮았다. 그러나 '가족들과 대화가 많아졌다'와 '코로나19로 인해 학교에 가는 게 약간은 겁난다'는 학교급에 따른 차이가 없었다. 학교급에 따른 코로나19로 인한 개인적 변화 인식 차이는 <표 III-53>과 같다.

<표 III-53> 코로나19로 인한 개인적 변화 인식 차이

(단위: 점(5점 척도))

구분		평균	표준편차	F
혼자있는 시간이 많아졌다.	중학교	3.29	1.034	6.194**
	고등학교	3.46	1.170	
	기타(홈스쿨링, 대안학교)	2.93	1.185	
	전체	3.27	1.125	
가족들과 대화가 많아졌다.	중학교	3.36	.937	.873
	고등학교	3.35	.902	
	기타(홈스쿨링, 대안학교)	3.21	.898	
	전체	3.33	.918	
친구들과 모임이 줄어들었다.	중학교	3.23	1.129	4.994**
	고등학교	3.60	.975	
	기타(홈스쿨링, 대안학교)	3.35	1.149	
	전체	3.38	1.095	
코로나19로 인해 우울감이 들었다.	중학교	2.23	1.112	11.455***
	고등학교	2.66	1.232	
	기타(홈스쿨링, 대안학교)	1.96	1.117	
	전체	2.32	1.181	
코로나19로 인해 불안감이 들었다.	중학교	2.40	1.203	4.158*
	고등학교	2.68	1.284	
	기타(홈스쿨링, 대안학교)	2.23	1.201	
	전체	2.46	1.239	
코로나19로 인해 고립감이 들었다.	중학교	2.19	1.118	10.069***
	고등학교	2.54	1.173	
	기타(홈스쿨링, 대안학교)	1.88	1.032	
	전체	2.24	1.143	
코로나19로 인해 학교에 가는 게 약간은 겁난다.	중학교	2.04	1.088	1.193
	고등학교	2.19	1.107	
	기타(홈스쿨링, 대안학교)	1.99	1.163	
	전체	2.08	1.111	

*$p<.05$, **$p<.01$, ***$p<.001$

(2) 코로나19로 인해 어려운 점

청소년들이 인식하는 코로나19로 인한 어려운 점은 1순위로 '미디어 사용이 증가하였다'(23.5%)가 가장 많았으며, 다음으로 '친구와 자구 만나지 못한다'(20.1%), '생활이 불규칙해졌다'(18.1%) 등의 순으로 나타났다. 2순위는 '미디어 사용이 증가하였다'(23.0%)가 가장 많았으며, 다음으로 '외출하기 어려워졌다'(20.6%) 등의 순으로 나타났다.

학교급별로 1순위를 살펴보면, 중학생은 '학업에 소홀해졌다(공부가 잘 되지 않는다)'(26.9%), 고등학생은 '친구와 자주 만나지 못한다'와 '외출하기 어려워졌다'(각각 25.3%), 기타(홈스쿨링, 대안학교)는 '외출하기 어려워졌다'(20.2%)가 가장 많았다. 청소년들의 코로나19로 인한 어려운 점은 <표 III-54>와 같다.

<표 III-54> 학교급별 코로나19로 인해 어려운 점

(단위: %, 1순위(2순위))

구분		A	B	C	D	E	F	G
전체		20.1(16.7)	17.6(20.6)	12.7(12.7)	18.1(16.7)	23.5(23.0)	1.5(2.5)	6.4(7.8)
학교급	중학교	13.1(9.7)	20.7(9.7)	26.9(17.2)	15.9(22.8)	17.2(29.0)	1.4(2.8)	4.8(9.0)
	고등학교	25.3(12.6)	25.3(27.6)	14.9(9.2)	14.9(20.7)	16.1(19.5)	0(3.4)	3.4(6.9)
	기타 (홈스쿨링, 대안학교)	18.8(13.5)	20.2(18.3)	17.9(13.5)	16.7(19.5)	20(24.3)	1.1(2.8)	5.3(8.0)

주, A: 친구와 자주 만나지 못한다, B: 외출하기 어려워졌다, C: 학업에 소홀해졌다(공부가 잘 되지 않는다), D: 생활이 불규칙해졌다, E: 미디어(스마트폰, TV, PC/노트북 등) 사용이 증가하였다, F: 식사를 혼자 해결해야 하는 경우가 많아졌다, G: 진로준비

(3) 코로나19 이전과 이후의 신체적 건강 상태

청소년들이 인식하는 코로나19 이전과 이후의 신체적 건강 상태는 5점 척도에 코로나19 이후가 3.60점으로 코로나19 이전의 3.83점에 비해 낮아진 것으로 나타났다. 즉, 청소년들은 코로나19 이후로 신체적 건강 상태가 나빠졌다고 인식하는 것으로 나타났다

학교급별로는 중학생, 고등학생, 기타(홈스쿨링, 대안학교) 모두 신체적 건강 상태가 코로나19 이후로 나빠졌다고 인식하였으며, 중학생의 전후 차이가 가장 큰 것으로 나타났다. 청소년들의 학교별 코로나19 이전과 이후의 신체적 건강 상태 인식 차이는 <표 III-55>와 같다.

<표 III-55> 학교급별 코로나19 이전과 이후의 신체적 건강 상태 인식 차이

(단위: 점(5점 척도))

구분		코로나19 이전	코로나19 이후	평균차이	t
전체		3.83	3.60	-.225	-6.692***
학교급	중학교	3.88	3.61	-.270	-5.482***
	고등학교	3.77	3.53	-.236	-3.837***
	기타 (홈스쿨링, 대안학교)	3.80	3.69	-.102	-1.533

**p<.01, ***p<.001

(4) 코로나19 이전과 이후의 정신적 건강 상태

청소년들이 인식하는 코로나19 이전과 이후의 정신적 건강 상태는 5점 척도에 코로나19 이후가 3.60점으로 코로나19 이전의 3.84점에 비해 낮아진 것으로 나타났다. 즉, 청소년들은 코로나19 이후로 정신적 건강 상태가 나빠졌다고 인식하는 것으로 나타났다.

학교급별로는 중학생, 고등학생, 기타(홈스쿨링, 대안학교) 모두 정신적 건강 상태가 코로나19 이후로 나빠졌다고 인식하였으며, 기타(홈스쿨링, 대안학교)의 전후 차이가 가장 큰 것으로 나타났다. 청소년들의 학교급별 코로나19 이전과 이후의 정신적 건강 상태 인식 차이는 <표 III-56>과 같다.

<표 III-56> 개인적 배경별 코로나19 이전과 이후의 정신적 건강 상태 인식 차이

(단위: 점(5점 척도))

구분		코로나19 이전	코로나19 이후	평균차이	t
전체		3.84	3.60	-.239	-6.581***
학교급	중학교	3.91	3.65	-.260	-4.513***
	고등학교	3.80	3.49	-.313	-5.943***
	기타 (홈스쿨링, 대안학교)	3.77	3.70	-.069	-.831

***$p<.001$

(5) 교회에서의 온라인을 통한 활동에 대한 인식

청소년들의 교회에서의 온라인을 통한 활동에 대한 인식은 '사역자들은 온라인 사역 준비를 잘하는 것 같다', '사역자들은 대면활동보다 설명을 더 잘하는 것 같다', '교회학교 선생님은 온라인 사역 준비를 잘하는 것 같다', '교회학교 선생님은 대면활동보다 설명을 더 잘하는 것 같다'에서 3점대의 다소 긍정적인 인식을 보이고 있었다. 그러나 '대면 활동보다 온라인 활동에 집중이 잘 된다', '대면 활동보다 온라인 교육의 효과가 더 있다', '전체적으로 온라인을 통한 신앙활동에 만족한다'에서는 2점대의 부정적인 인식을 보이는 것으로 나타났다.

학교급별로 살펴보면, '사역자들은 대면활동보다 설명을 더 잘하는 것 같다', '대면 활동보다 온라인 활동에 집중이 잘된다', '대면 활동보다 온라인 교육의 효과가 더 있다', '전체적으로 온라인을 통한 신앙활동에 만족한다'에서 중학생이 가장 긍정적인 인식을 하는 것으로 나타났다.

<표 III-57> 교회에서의 온라인을 통한 활동에 대한 인식 (단위: 점(5점 척도))

구분		평균	표준편차	F
사역자들은 온라인 사역 준비를 잘하는 것 같다.	중학교	3.92	.839	1.226
	고등학교	3.85	.828	
	기타(홈스쿨링, 대안학교)	3.75	.887	
	전체	3.86	.846	
사역자들은 대면활동보다 설명을 더 잘하는 것 같다.	중학교	3.09	.658	5.164**
	고등학교	3.01	.640	
	기타(홈스쿨링, 대안학교)	2.82	.687	
	전체	3.01	.665	
교회학교 선생님은 온라인 사역 준비를 잘하는 것 같다.	중학교	3.67	.889	2.005
	고등학교	3.54	.866	
	기타(홈스쿨링, 대안학교)	3.47	.922	
	전체	3.59	.890	
교회학교 선생님은 대면활동보다 설명을 더 잘하는 것 같다.	중학교	3.09	.702	2.849
	고등학교	2.99	.589	
	기타(홈스쿨링, 대안학교)	2.89	.780	
	전체	3.01	.686	
대면 활동보다 온라인 활동에 집중이 잘된다.	중학교	2.69	.858	7.365**
	고등학교	2.50	.728	
	기타(홈스쿨링, 대안학교)	2.31	.732	
	전체	2.55	.803	

	중학교	2.71	.852	
대면 활동보다 온라인 교육의 효과가 더 있다.	고등학교	2.53	.746	7.093**
	기타(홈스쿨링, 대안학교)	2.34	.783	
	전체	2.58	.815	
	중학교	3.04	.857	
전체적으로 온라인을 통한 신앙활동에 만족한다.	고등학교	2.78	.786	10.034***
	기타(홈스쿨링, 대안학교)	2.58	.902	
	전체	2.86	.861	

(6) 코로나19로 인한 신앙적 변화 인식

청소년들의 코로나19로 인한 신앙적 변화 인식에서 '교회의 비대면(전화, SNS 등) 심방(연락)의 빈도가 늘어났다', '교회의 온라인 사역 활동 빈도가 늘어났다', '온라인 매체(pc, 태블릿, 동영상 스트리밍 등) 활용 빈도가 늘어났다'는 3점대로 나타났으며, '기도시간', '성경읽기', '기독서적 읽기', '친구들이나 가족과 신앙과 관련된 대화시간', '교회 지체들과의 교제 시간', '분반공부 참여 시간', '교회의 대면 심방(연락)'의 빈도는 2점대로 나타나 기능적으로 사역이 진행되고 있지 못함을 실제적으로 확인할 수 있다.

학교급에 따른 신앙적 변화 인식 차이를 살펴보면, '교회 지체들과의 교제 시간이 늘었다.', '분반공부 참여 시간이 늘어났다', '교회의 대면 심방(연락)의 빈도가 늘어났다'에서 중학생의 점수가 가장 높았다. 학교급에 따른 신앙적 변화 인식 차이는 <표 III-58>과 같다.

<표 III-58> 신앙적 변화 인식 차이

(단위: 점(5점 척도))

구분		평균	표준편차	F
기도하는 시간이 늘어났다	중학교	2.81	.972	.896
	고등학교	2.68	.897	
	기타(홈스쿨링, 대안학교)	2.77	.968	
	전체	2.76	.947	
성경 읽는 시간이 늘어났다	중학교	2.75	.936	2.390
	고등학교	2.60	.916	
	기타(홈스쿨링, 대안학교)	2.51	.931	
	전체	2.65	.931	
기독교 서적 읽기가 늘어났다	중학교	2.54	.915	1.440
	고등학교	2.48	.859	
	기타(홈스쿨링, 대안학교)	2.35	.918	
	전체	2.48	.898	
친구들이나 가족과 신앙과 관련된 대화시간이 늘어났다.	중학교	2.88	.988	.593
	고등학교	2.81	.866	
	기타(홈스쿨링, 대안학교)	2.75	1.121	
	전체	2.83	.978	
교회 지체들과의 교제 시간이 늘었다.	중학교	2.70	1.002	4.112*
	고등학교	2.39	.987	
	기타(홈스쿨링, 대안학교)	2.58	1.096	
	전체	2.57	1.024	
분반공부 참여 시간이 늘어났다.	중학교	2.76	.944	5.610**
	고등학교	2.43	.840	
	기타(홈스쿨링, 대안학교)	2.53	1.045	
	전체	2.60	.943	

교회의 대면 심방 (연락)의 빈도가 늘어났다.	중학교	2.80	.969	4.652*
	고등학교	2.57	.911	
	기타(홈스쿨링, 대안학교)	2.45	1.066	
	전체	2.65	.979	
교회의 비대면 (전화, SNS 등) 심방(연락)의 빈도가 늘어났다.	중학교	3.05	1.020	1.435
	고등학교	3.06	.937	
	기타(홈스쿨링, 대안학교)	2.85	1.103	
	전체	3.02	1.012	
교회의 온라인 사역 활동 빈도가 늘어났다.	중학교	3.14	.962	1.017
	고등학교	3.22	.946	
	기타(홈스쿨링, 대안학교)	3.03	1.049	
	전체	3.15	.975	
온라인 매체 (pc, 태블릿, 동영상 스트리밍 등) 활용 빈도가 늘어났다.	중학교	3.59	.964	1.633
	고등학교	3.73	.981	
	기타(홈스쿨링, 대안학교)	3.51	1.057	
	전체	3.62	.990	

*$p<.05$, **$p<.01$

(7) 온라인 예배에 대한 인식

청소년들의 온라인 예배에 대한 인식은 '어쩔 수 없는 경우에는 할 수도 있다고 생각한다'가 66.5%로 가장 많았고, 다음으로 '평상시에도 할 수 있다고 생각한다'(16.7%), '잘 모르겠다'(10.8%), '절대 해서는 안 된다고 생각한다'(6.0%)의 순으로 나타났다.

학교급별로 살펴보면, 기타(홈스쿨링, 대안학교)에서 '절대 해서는 안 된다고 생각한다'의 비율이 상대적으로 높은 것으로 나타났다. 청소년들의 학교급별 온라인 예배에 대한 인식은 <표 III-59>와 같다.

(단위: %)

구분		절대 해서는 안됨	어쩔 수 없는 경우에는 할 수도 있음	평상시에도 할 수 있음	모르겠음
전체		6.0	66.5	16.7	10.8
학교급	중학교	2.4	65.4	19.5	12.7
	고등학교	8.3	68.8	13.9	9.0
	기타 (홈스쿨링, 대안학교)	10.3	65.5	14.9	9.2

(8) 온라인 교회모임의 가능성 인식

청소년들의 온라인 교회모임의 가능성3점 척도에 대한 응답으로 '교회학교 온라인 예배'가 2.25점으로 가장 긍정적이었으며, 다음으로 '교회학교 온라인 성경공부'(2.24점), '교회학교 온라인 소모임성경공부 외 다양한 모임'(2.23점), '청소년부 온라인 제자훈련'(2.08점), '교회학교 온라인 수련회'(1.86점)의 순으로 나타나 전반적으로 온라인 교회모임의 가능성을 긍정적으로 인식하는 것으로 나타났다.

학교급에 따른 온라인 교회모임의 가능성 인식 차이를 살펴보면, '교회학교 온라인 예배', '교회학교 온라인 성경공부', '청소년부 온라인 제자훈련', '교회학교 온라인 수련회'에서 중학생의 점수가 가장 높은 것으로 나타나 중학생이 온라인 교회모임의 가능성을 가장 긍정적으로 인식하는 것으로 나타났다. 학교급에 따른 온라인 교회모임의 가능성 인식 차이는 <표 III-60>과 같다.

<표 III-60> 학교급별 온라인 교회모임의 가능성 인식

(단위: 점(3점 척도))

구분		평균	표준편차	F
교회학교 온라인 예배	중학교	2.35	.696	4.636*
	고등학교	2.22	.721	
	기타(홈스쿨링, 대안학교)	2.08	.761	
	전체	2.25	.724	
교회학교 온라인 성경공부	중학교	2.33	.615	4.109*
	고등학교	2.22	.731	
	기타(홈스쿨링, 대안학교)	2.08	.761	
	전체	2.24	.690	
교회학교 온라인 소모임 (성경공부 외 다양한 모임)	중학교	2.26	.619	1.109
	고등학교	2.24	.710	
	기타(홈스쿨링, 대안학교)	2.14	.776	
	전체	2.23	.683	
교회학교 온라인 제자훈련	중학교	2.15	.663	3.184*
	고등학교	2.08	.708	
	기타(홈스쿨링, 대안학교)	1.92	.781	
	전체	2.08	.706	
교회학교 온라인 수련회	중학교	1.92	.788	4.961**
	고등학교	1.92	.750	
	기타(홈스쿨링, 대안학교)	1.64	.681	
	전체	1.86	.762	

*$p<.05$, **$p<.001$

(9) 온라인 교회모임 참여 의향

청소년들의 온라인 교회모임 참여 의향을 살펴보면, '청소년부 온라인 예배'에 참여하겠다는 비율이 80.4%로 가장 많았고, 다음으로 '청소년부 온라인 수련회'(68.4%), '청소년부 온라인 소모임'(68.1%), '청소년부 온라인 성경공부'(66.7%) 등의 순으로 나타났으며, 전반적으로 청소년들의 온라인 교회모임 참여 의향은 긍정적인 것으로 나타났다.

학교급별로 살펴보면, '청소년부 온라인 예배', '청소년부 온라인 성경공부', '청소년부 온라인 수련회', '청소년부 온라인 소모임'은 중학생의 참여 의향이 가장 많았고, '청소년부 온라인 제자훈련' 참여 의향은 고등학생이 가장 많았다. 청소년들의 학교급별 온라인 교회모임 참여 의향은 <표 III-61>과 같다.

<표 III-61> 개인적 배경별 온라인 교회모임 참여 의향

(단위: %)

구분		청소년부 온라인 예배		청소년부 온라인 성경공부		청소년부 온라인 소모임		청소년부 온라인 제자훈련		청소년부 온라인 수련회	
		참여 함	참여 하지 않음	참여 함	참여 하지 않음	참여 함	참여 하지 않음	참여 함	참여 하지 않음	참여 함	참여 하지 않음
전체		80.4	19.6	66.7	33.3	68.1	31.9	61.1	38.9	68.4	31.6
학 교 급	중학교	83.3	16.7	71.1	28.9	69.6	30.4	60.8	39.2	70.1	29.9
	고등학교	77.6	22.4	65.0	35.0	68.5	31.5	63.6	36.4	69.9	30.1
	기타 (홈스쿨링, 대안학교)	77.9	22.1	59.3	40.7	64.0	36.0	57.5	42.5	61.6	38.4

(10) 청소년의 신앙생활에 대한 요구도

청소년의 신앙생활에 대한 요구도를 분석하기 위해서 대응표본 t검정을 실시하였다. 현재 선호 수준과 미래 중요 수준에서 모두 '(오프라인 대면) 예배 참여하기'의 평균이 가장 높았으며, 대응표본 t검정 결과, 11개 분야에서 모두 통계적으로 유의미한 차이를 보였다. 본 연구에서 요구는 현재 선호 수준과 미래 중요 수준 간의 차이로 정의되기 때문에 모든 분야에서 갭gap으로서의 요구가 존재하였다. 다음으로 Borich의 요구도 값을 산출한 결과 가장 높은 요구도 값은 '전도활동하기'였으며, 그 다음 순으로 '성경읽기', '기독서적 읽기', '성경공부 참여하기' 등의 순이었다. 청소년의 신앙생활에 대한 요구도에 대한 우선순위 분석방법을 정리하면 <표 III-62>와 같다.

<표 III-62> 청소년의 신앙생활에 대한 요구도 분석

구분	현재선호도		미래중요도		차이		요구도	순위
	평균	순위	평균	순위	평균	t값		
(오프라인 대면) 예배 참여하기	3.84	1	4.03	1	.19	4.271***	0.77	11
(온라인 비대면) 예배 참여하기	3.05	3	3.38	5	.33	5.774***	1.11	10
(온라인 비대면) 신앙양육 프로그램	2.90	6	3.35	9	.45	8.519***	1.50	7
(온라인 비대면) 신앙공동체 활동	2.92	8	3.32	10	.39	7.259***	1.31	9
(온라인 비대면) 신앙 상담활동	2.71	9	3.26	11	.55	9.992***	1.80	6
기도하기	3.36	2	3.86	2	.50	9.510***	1.91	5
성경읽기	3.10	4	3.76	3	.66	11.559***	2.49	2
성경공부 참여하기	3.08	5	3.64	4	.57	10.591***	2.07	4
기독서적 읽기	2.78	10	3.45	7	.67	11.807***	2.32	3
교회 외 종교모임 참여하기	2.82	7	3.25	8	.43	7.522***	1.40	8
전도활동하기	2.58	11	3.50	6	.92	14.550***	3.20	1

***p<.001

다음으로 청소년 신앙생활을 The Locus for Focus 모델을 활용하여 우선순위를 분석한 결과는 <그림 III-19>와 <표 III-63>과 같다. 청소년들이 인식하고 있는 신앙생활의 미래 중요 수준 평균은 3.53이며, 불일치 수준미래 중요 수준-현재 선호 수준의 평균은 0.51로 나타났다. 미래 중요 수준의 평균을 X축으로, 불일치 수준의 평균을 Y축으로 하여 사사분면으로 나타냈을 때, 제1사분면의 영역에 속하는 신앙생활들은 청소년들이 중요하게 생각하고 미래 중요 수준과 현재 선호 수준 간의 불일치 수준이 높은 것들로 최우선적으로 요구되는 신앙생활들이다.

분석 결과, 제1사분면에 포함되는 신앙생활은 '성경읽기'와 '성경공부 참여하기'였고, 제2사분면에는 '(온라인 비대면)신앙상담활동', '기독서적 읽기', '전도활동하기'였으며, 제3사분면에는 '(온라인 비대면)예배 참여하기', '(온라인 비대면)신앙양육프로그램', '(온라인 비대면)신앙공동체활동', '교회 외 종교모임 참여하기'였고, 제4사분면에 포함되는 신앙활동은 '기도하기', '(오프라인 대면)예배 참여하기'였다.

<그림 III-19> The Locus for Focus모델을 활용한 청소년 신앙생활 우선순위

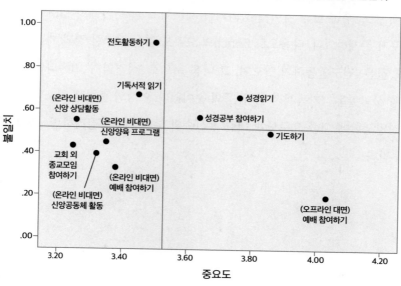

<표 III-63> The Locus for Focus 모델을 활용한 청소년 신앙생활 우선순위

분면	신앙생활 우선순위
1사분면 (고고)	성경읽기, 성경공부 참여하기
2사분면 (저고)	(온라인 비대면)신앙상담활동, 기독서적 읽기, 전도활동하기
3사분면 (저저)	(온라인 비대면)예배 참여하기, (온라인 비대면)신앙양육프로그램, (온라인 비대면)신앙공동체활동, 교회 외 종교모임 참여하기
4사분면 (고저)	기도하기, (오프라인 대면)예배 참여하기

1) 중학생 청소년의 신앙생활 요구도

중학생 청소년의 신앙생활에 대한 요구도를 분석하기 위해서 대응표본 t검정을 실시하였다. 현재 선호 수준과 미래 중요 수준에서 모두 '(오프라인 대면)예배 참여하기'의 평균이 가장 높았으며, 대응표본 t검정 결과, 11개 분야에서 모두 통계적으로 유의미한 차이를 보였다. 본 연구에서 요구는 현재 선호 수준과 미래 중요 수준 간의 차이로 정의되기 때문에 모든 분야에서 갭gap으로서의 요구가 존재하였다. 다음으로 Borich의 요구도 값을 산출한 결과 가장 높은 요구도 값은 '전도활동하기'였으며, 그 다음 순으로 '성경읽기', '(온라인 비대면)신앙 상담활동', '기독서적 읽기' 등의 순이었다. 이상의 중학생 청소년 청소년의 신앙생활에 대한 요구도에 대한 우선순위 분석방법을 정리하면 <표 III-64>와 같다.

<表 III-64> 중학생 청소년의 신앙생활에 대한 요구도 분석

구분	현재선호도		미래중요도		차이		요구도	순위
	평균	순위	평균	순위	평균	t값		
(오프라인 대면) 예배 참여하기	3.77	1	4.01	1	.25	3.853***	1.00	11
(온라인 비대면) 예배 참여하기	3.16	5	3.50	5	.34	4.2409***	1.19	9
(온라인 비대면) 신앙양육 프로그램	3.01	7	3.49	6	.47	6.331***	1.64	7
(온라인 비대면) 신앙공동체 활동	3.01	8	3.44	8	.43	5.712***	1.48	8
(온라인 비대면) 신앙 상담활동	2.81	10	3.37	10	.56	7.761***	1.89	3
기도하기	3.38	2	3.84	2	.46	6.236***	1.78	5
성경읽기	3.17	4	3.72	3	.55	7.063***	2.05	2
성경공부 참여하기	3.20	3	3.65	4	.45	6.301***	1.66	6
기독서적 읽기	2.86	9	3.40	9	.54	7.194***	1.84	4
교회 외 종교모임 참여하기	3.02	6	3.36	11	.33	4.015***	1.11	10
전도활동하기	2.77	11	3.47	7	.71	8.637***	2.46	1

***$p<.001$

다음으로 중학생 청소년 신앙생활을 The Locus for Focus 모델을 활용하여 우선순위를 분석한 결과는 <그림 III-20>과 <표 III-65>와 같다. 청소년들이 인식하고 있는 신앙생활의 미래 중요 수준 평균은 3.57이며, 불일치 수준미래 중요 수준-현재 선호 수준의 평균은 0.46으로 나타났다. 제1사분면에 포함되는 신앙생활은 '기도하기'와 '성경읽기'였고, 제2사분면에는 '(온라인 비대면)신앙양육 프로그램', '(온라인 비대면)신앙 상담활동', '기독서적 읽기', '전도활동하기'였으며, 제3사분면에는 '(온라인 비대면)예배 참여하기', '(온라인 비대면)신

앙공동체 활동', '교회 외 종교모임 참여하기'였고, 제4사분면에 포함되는 신앙
활동은 '(오프라인 대면)예배 참여하기', '성경공부 참여하기'였다.

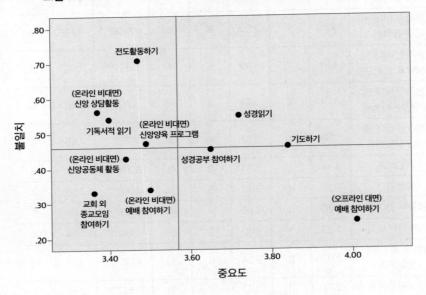

<그림 III-20> The Locus for Focus모델을 활용한 중학생 청소년 신앙생활 우선순위

<표 III-65> The Locus for Focus 모델을 활용한 중학생 청소년 신앙생활 우선순위

분면	신앙생활 우선순위
1사분면 (고고)	기도하기, 성경읽기
2사분면 (저고)	(온라인 비대면)신앙양육 프로그램, (온라인 비대면)신앙 상담활동, 기독서적 읽기, 전도활동하기
3사분면 (저저)	(온라인 비대면)예배 참여하기, (온라인 비대면)신앙공동체 활동, 교회 외 종교모임 참여하기
4사분면 (고저)	(오프라인 대면)예배 참여하기, 성경공부 참여하기

2) 고등학생 청소년의 신앙생활 요구도

고등학생 청소년의 신앙생활에 대한 요구도를 분석하기 위해서 대응표본 t검정을 실시하였다. 현재 선호 수준과 미래 중요 수준에서 모두 '(오프라인 대면) 예배 참여하기'의 평균이 가장 높았으며, 대응표본 t검정 결과, '(오프라인 대면) 예배 참여하기'를 제외하고 10개 분야에서 통계적으로 유의미한 차이를 보였다. 그러나 '(오프라인 대면) 예배 참여하기'가 통계적으로 유의미한 차이를 나타내지 않았다고 해서 요구가 없다고 해석하는 것은 곤란하다. 왜냐하면 현재 선호 수준과 미래 중요 수준에서 가장 높은 평균을 나타내었기 때문이다. 본 연구에서 요구는 현재 선호 수준과 미래 중요 수준 간의 차이로 정의되기 때문에 10개 분야에서 갭gap으로서의 요구가 존재하였다. 다음으로 Borich의 요구도 값을 산출한 결과 가장 높은 요구도 값은 '전도활동하기'였으며, 그 다음 순으로 '기독서적 읽기', '성경읽기', '성경공부 참여하기' 등의 순이었다. 이상의 고등학생 청소년의 신앙생활에 대한 요구도에 대한 우선순위 분석방법을 정리하면 <표 III-66>과 같다.

<표 III-66> 고등학생 청소년의 신앙생활에 대한 요구도 분석

구분	현재선호도		미래중요도		차이		요구도	순위
	평균	순위	평균	순위	평균	t값		
(오프라인 대면) 예배 참여하기	3.97	1	4.04	1	.08	1.095	0.31	11
(온라인 비대면) 예배 참여하기	3.12	3	3.35	7	.23	2.455*	0.76	10
(온라인 비대면) 신앙양육 프로그램	2.92	7	3.23	10	.32	3.586***	1.03	8
(온라인 비대면) 신앙공동체 활동	2.96	6	3.20	11	.24	2.451*	0.77	9

(온라인 비대면) 신앙 상담활동	2.79	9	3.25	9	.46	4.772***	1.48	7
기도하기	3.26	2	3.74	2	.48	5.444***	1.80	5
성경읽기	3.03	4	3.68	3	.64	6.375***	2.36	3
성경공부 참여하기	3.01	5	3.65	4	.63	6.555***	2.31	4
기독서적 읽기	2.66	10	3.46	6	.80	7.603***	2.77	2
교회 외 종교모임 참여하기	2.81	8	3.31	8	.50	5.193***	1.67	6
전도활동하기	2.55	11	3.50	5	.94	8.410***	3.30	1

***$p < .001$

다음으로 고등학생 청소년 신앙생활을 The Locus for Focus 모델을 활용하여 우선순위를 분석한 결과는 <그림 III-21>과 <표 III-67>과 같다. 청소년들이 인식하고 있는 신앙생활의 미래 중요 수준 평균은 3.49이며, 불일치 수준미래 중요 수준-현재 선호 수준의 평균은 0.48로 나타났다. 제1사분면에 포함되는 신앙생활은 '성경읽기', '성경공부 참여하기', '전도활동하기'였고, 제2사분면에는 '기독서적 읽기', '교회 외 종교모임 참여하기'였으며, 제3사분면에는 '(온라인 비대면)예배 참여하기', '(온라인 비대면)신앙양육 프로그램', '(온라인 비대면) 신앙공동체 활동', '(온라인 비대면)신앙 상담활동'이었고, 제4사분면에 포함되는 신앙활동은 '(오프라인 대면)예배 참여하기', '기도하기'였다.

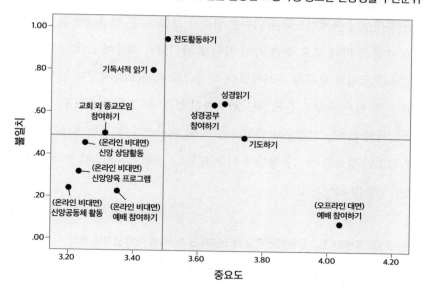

<그림 III-21> The Locus for Focus모델을 활용한 고등학생 청소년 신앙생활 우선순위

<표 III-67> The Locus for Focus 모델을 활용한 고등학생 청소년 신앙생활 우선순위

분면	신앙생활 우선순위
1사분면 (고고)	성경읽기, 성경공부 참여하기, 전도활동하기
2사분면 (저고)	기독서적 읽기, 교회 외 종교모임 참여하기
3사분면 (저저)	(온라인 비대면)예배 참여하기, (온라인 비대면)신앙양육 프로그램, (온라인 비대면)신앙공동체 활동, (온라인 비대면)신앙 상담활동
4사분면 (고저)	(오프라인 대면)예배 참여하기, 기도하기

3) 홈스쿨링·대안학교 청소년의 신앙생활 요구도

홈스쿨링·대안학교 청소년의 신앙생활에 대한 요구도를 분석하기 위해서 대응표본 t검정을 실시하였다. 현재 선호 수준과 미래 중요 수준에서 모두 '(오

프라인 대면) 예배 참여하기'의 평균이 가장 높았으며, 대응표본 t검정 결과, 11개 모든 분야에서 통계적으로 유의미한 차이를 보였다. 본 연구에서 요구는 현재 선호 수준과 미래 중요 수준 간의 차이로 정의되기 때문에 11개 모든 분야에서 갭gap으로서의 요구가 존재하였다. 다음으로 Borich의 요구도 값을 산출한 결과 가장 높은 요구도 값은 '전도활동하기'였으며, 그 다음 순으로 '성경읽기', '기독서적 읽기', '성경공부 참여하기' 등의 순이었다. 이상의 홈스쿨링·대안학교 청소년 청소년의 신앙생활에 대한 요구도에 대한 우선순위 분석방법을 정리하면 <표 III-68>과 같다.

<표 III-68> 홈스쿨링·대안학교 청소년의 신앙생활에 대한 요구도 분석

구분	현재선호도		미래중요도		차이		요구도	순위
	평균	순위	평균	순위	평균	t값		
(오프라인 대면) 예배 참여하기	3.81	1	4.06	2	.25	2.100*	1.01	11
(온라인 비대면) 예배 참여하기	2.70	6	3.17	9	.47	3.146**	1.48	10
(온라인 비대면) 신앙양육 프로그램	2.60	8	3.22	7	.61	4.694***	1.97	7
(온라인 비대면) 신앙공동체 활동	2.65	7	3.22	7	.57	4.509***	1.83	8
(온라인 비대면) 신앙 상담활동	2.36	10	3.05	10	.68	4.588***	2.08	6
기도하기	3.51	2	4.10	1	.59	4.657***	2.42	5
성경읽기	3.05	3	4.00	3	.95	6.779***	3.82	2
성경공부 참여하기	2.90	4	3.63	4	.73	5.508***	2.64	4
기독서적 읽기	2.80	5	3.56	6	.76	5.552***	2.71	3
교회 외 종교모임 참여하기	2.39	9	2.92	11	.53	3.980***	1.56	9
전도활동하기	2.22	11	3.57	5	1.35	8.628***	4.83	1

*p<.05, **p<.01, ***p<.001

다음으로 홈스쿨링·대안학교 청소년 신앙생활을 The Locus for Focus 모델을 활용하여 우선순위를 분석한 결과는 <그림 III-22>와 <표 III-69>와 같다. 청소년들이 인식하고 있는 신앙생활의 미래 중요 수준 평균은 3.50이며, 불일치 수준미래 중요 수준-현재 선호 수준의 평균은 0.68로 나타났다. 제1사분면에 포함되는 신앙생활은 '성경읽기', '성경공부 참여하기', '기독서적 읽기', '전도활동하기'였고, 제2사분면에는 '(온라인 비대면)신앙 상담활동'이었으며, 제3사분면에는 '(온라인 비대면)예배 참여하기', '(온라인 비대면)신앙양육 프로그램', '(온라인 비대면)신앙공동체 활동', '교회 외 종교모임 참여하기'였고, 제4사분면에 포함되는 신앙활동은 '(오프라인 대면)예배 참여하기', '기도하기'였다.

<그림 III-22> The Locus for Focus모델을 활용한
홈스쿨링·대안학교 청소년 신앙생활 우선순위

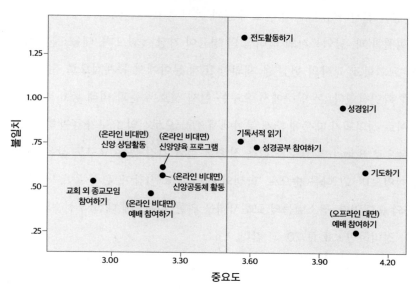

<표 III-69> The Locus for Focus 모델을 활용한
홈스쿨링·대안학교 청소년 신앙생활 우선순위

분면	신앙생활 우선순위
1사분면 (고고)	성경읽기, 성경공부 참여하기, 기독서적 읽기, 전도활동하기
2사분면 (저고)	(온라인 비대면)신앙 상담활동
3사분면 (저저)	(온라인 비대면)예배 참여하기, (온라인 비대면)신앙양육 프로그램, (온라인 비대면)신앙공동체 활동, 교회 외 종교모임 참여하기
4사분면 (고저)	(오프라인 대면)예배 참여하기, 기도하기

(11) 청소년의 교회 사역을 위한 요구도

청소년들의 다음세대 교회 사역을 위한 요구도를 분석하기 위해서 대응표본 t검정을 실시하였다. 현재 선호 수준과 미래 중요 수준에서 모두 '담임목사의 목회철학'과 '담임목사의 리더십'의 평균이 가장 높았으며, 대응표본 t검정 결과, '교회학교 교사의 헌신'을 제외한 18개 분야에서 통계적으로 유의미한 요소를 확인하였다. 본 연구에서 요구는 현재 선호 수준과 미래 중요 수준 간의 차이로 정의되기 때문에 18개 분야에서 갭gap으로서의 요구가 존재하였다.

다음으로 Borich의 요구도 값을 산출한 결과 가장 높은 요구도 값은 '전도활동'이었으며, 그 다음 순으로 '학생의 개인적 요인(참여, 관심 등)', '심방 활동' 등의 순이었다. 청소년들의 교회사역을 위한 요구도에 대한 우선순위 분석방법을 정리하면 <표 III-70>과 같다.

<표 III-70> 청소년의 교회 사역을 위한 요구도 분석

구분	현재선호도		미래중요도		차이		요구도	순위
	평균	순위	평균	순위	평균	t값		
담임목사의 리더십	4.17	1	4.27	1	.10	3.365**	0.44	17
담임목사의 목회철학	4.10	3	4.20	2	.10	3.256**	0.44	16
교역자의 현장사역 전문성	3.93	5	4.07	6	.13	3.722***	0.54	15
교회학교 교사의 헌신	4.10	2	4.16	5	.05	1.431	0.22	18
학생의 개인적 요인 (참여, 관심 등)	3.85	8	4.17	3	.33	7.546***	1.36	2
교회학교 신앙양육 프로그램	3.74	11	3.99	10	.25	6.439***	0.99	4
학부모의 관심	3.79	9	4.00	9	.20	4.765***	0.80	10
전도 활동	3.51	17	3.93	15	.42	9.398***	1.64	1
다음세대 재정 지원	3.71	14	3.93	14	.23	5.762***	0.89	6
성도들의 교회교육에 대한 관심	3.86	7	4.05	7	.19	5.110***	0.77	11
총회 및 노회의 지원과 관심	3.74	13	3.93	13	.19	5.088***	0.77	12
총회 산하 교육기관의 지원 (총회교육원, SFC 등)	3.75	10	3.95	12	.21	5.306***	0.81	8
심방 활동	3.50	18	3.82	17	.32	7.365***	1.21	3
교회학교 교사를 위한 교육	3.74	12	3.97	11	.23	5.941***	0.93	5
기도 활동	3.97	4	4.16	4	.19	5.364***	0.81	9
교역자와 성도(부서) 간의 관계	3.88	6	4.03	8	.15	3.776***	0.59	14
교회와 가정이 연계된 신앙교육	3.70	15	3.89	16	.18	4.603***	0.71	13
평생교육(장노년 포함) 프로그램	3.58	16	3.79	18	.22	5.386***	0.82	7
지역사회와 연계된 프로그램	3.50	19	3.77	19	.27	6.679***	1.02	4

**p<.01, ***p<.001

다음으로 청소년의 교회 사역을 위한 요구를 The Locus for Focus 모델을 활용하여 우선순위를 분석한 결과는 <그림 III-23>과 <표 III-71>과 같다. 청소년들이 인식하고 있는 미래 중요 수준 평균은 4.00이며, 불일치 수준미래 중요 수준-현재 선호 수준의 평균은 0.41로 나타났다. 미래 중요 수준의 평균을 X축으로, 불일치 수준의 평균을 Y축으로 하여 사사분면으로 나타냈을 때, 제1사분면의 영역에 속하는 요구들은 청소년들이 중요하게 생각하고 미래 중요 수준과 현재 선호 수준 간의 불일치 수준이 높은 것들로 최우선적으로 요구되는 요구들이다.

분석 결과, 제1사분면에 포함되는 요구는 '학생의 개인적 요인(참여, 관심 등)'이었고, 제2사분면에는 '교회학교 신앙양육 프로그램', '전도 활동', '다음세대 재정 지원', '심방 활동', '교회학교 교사를 위한 교육', '평생교육(장노년 포함) 프로그램', '지역사회와 연계된 프로그램'이었으며, 제3사분면에는 '학부모의 관심', '총회 및 노회의 지원과 관심', '총회 산하 교육기관의 지원(총회교육원, SFC 등)', '교회와 가정이 연계된 신앙교육'이었고, 제4사분면은 '담임목사의 리더십', '담임목사의 목회철학', '교역자의 현장사역 전문성', '교회학교 교사의 헌신', '성도들의 교회교육에 대한 관심', '기도 활동', '교역자와 성도(부서) 간의 관계'였다.

<그림 III-23> The Locus for Focus모델을 활용한 청소년 교회 사역을 위한 우선순위

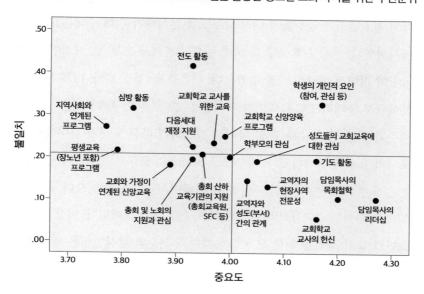

<표 III-71> The Locus for Focus 모델을 활용한 청소년 교회 사역을 위한 우선순위

분면	신앙생활 우선순위
1사분면 (고고)	학생의 개인적 요인(참여, 관심 등)
2사분면 (저고)	교회학교 신앙양육 프로그램, 전도 활동, 다음세대 재정 지원, 심방 활동, 교회학교 교사를 위한 교육, 평생교육(장노년 포함) 프로그램, 지역사회와 연계된 프로그램
3사분면 (저저)	학부모의 관심, 총회 및 노회의 지원과 관심, 총회 산하 교육기관의 지원(총회교육원, SFC 등), 교회와 가정이 연계된 신앙교육
4사분면 (고저)	담임목사의 리더십, 담임목사의 목회철학, 교역자의 현장사역 전문성, 교회학교 교사의 헌신, 성도들의 교회교육에 대한 관심, 기도 활동, 교역자와 성도(부서) 간의 관계

1) 중학생 청소년의 교회 사역을 위한 요구도

중학생 청소년의 신앙생활에 대한 요구도를 분석하기 위해서 대응표본 t검정을 실시하였다. 현재 선호 수준과 미래 중요 수준에서 모두 '(오프라인 대면) 담임목사'의 리더십 평균이 가장 높았으며, 대응표본 t검정 결과, 19개 분야 중 15개 분야에서 통계적으로 유의미한 차이를 보였다. 본 연구에서 요구는 현재 선호 수준과 미래 중요 수준 간의 차이로 정의되기 때문에 15개 분야에서 갭 gap으로서의 요구가 존재하였다. 다음으로 Borich의 요구도 값을 산출한 결과 가장 높은 요구도 값은 '학생의 개인적 요인(참여, 관심 등)'이었으며, 그 다음 순으로 '전도 활동', '지역사회와 연계된 프로그램' 등의 순이었다. 이상의 중학생 청소년의 교회 사역을 위한 요구도에 대한 우선순위 분석방법을 정리하면 <표 Ⅲ-72>와 같다.

<표 Ⅲ-72> 중학생 청소년의 교회 사역을 위한 요구도 분석

구분	현재선호도		미래중요도		차이		요구도	순위
	평균	순위	평균	순위	평균	t값		
담임목사의 리더십	4.17	1	4.26	1	.09	1.865	0.39	16
담임목사의 목회철학	4.05	3	4.05	6	.00	0.000	0.00	19
교역자의 현장사역 전문성	3.97	4	4.05	6	.08	1.538	0.34	17
교회학교 교사의 헌신	4.16	2	4.16	3	.00	.091	0.02	18
학생의 개인적 요인 (참여, 관심 등)	3.85	8	4.19	2	.34	5.822***	1.41	1
교회학교 신앙양육 프로그램	3.79	10	4.02	9	.23	4.253***	0.94	5
학부모의 관심	3.75	12	3.91	14	.16	2.727**	0.63	13
전도 활동	3.60	16	3.91	15	.31	4.517***	1.21	2
다음세대 재정 지원	3.72	14	3.93	13	.21	3.476**	0.81	8

성도들의 교회교육에 대한 관심	3.87	7	4.07	5	.20	3.445**	0.80	9
총회 및 노회의 지원과 관심	3.79	9	3.97	11	.18	3.061**	0.70	12
총회 산하 교육기관의 지원 (총회교육원, SFC 등)	3.77	11	3.99	10	.22	3.904***	0.87	7
심방 활동	3.58	18	3.84	16	.27	4.290***	1.02	4
교회학교 교사를 위한 교육	3.75	13	3.94	12	.19	3.418**	0.75	10
기도 활동	3.95	5	4.12	4	.17	3.314**	0.71	11
교역자와 성도(부서) 간의 관계	3.89	6	4.03	8	.15	2.714**	0.59	15
교회와 가정이 연계된 신앙교육	3.65	15	3.81	19	.16	2.709**	0.61	14
평생교육(장노년 포함) 프로그램	3.59	17	3.82	18	.24	4.221***	0.90	6
지역사회와 연계된 프로그램	3.56	19	3.83	17	.27	4.886***	1.05	3

***$p<.001$

다음으로 중학생 청소년 신앙생활을 The Locus for Focus 모델을 활용하여 우선순위를 분석한 결과는 <그림 III-24>와 <표 III-73>과 같다. 중학생의 미래 중요 수준 평균은 3.99이며, 불일치 수준미래 중요 수준-현재 선호 수준의 평균은 0.18로 나타났다. 제1사분면에는 '학생의 개인적 요인(참여, 관심 등)', '교회학교 신앙양육 프로그램', '교회학교 신앙양육 프로그램'이었고, 제2사분면에는 '전도 활동', '다음세대 재정 지원', '총회 산하 교육기관의 지원(총회교육원, SFC 등)', '심방 활동', '교회학교 교사를 위한 교육', '평생교육(장노년 포함) 프로그램', '평생교육(장노년 포함) 프로그램'이었으며, 제3사분면에는 '학부모의 관심', '교회와 가정이 연계된 신앙교육'이었고, 제4사분면에는 '담임목사의 리

더십', '담임목사의 목회철학', '교역자의 현장사역 전문성', '교회학교 교사의
헌신', '기도 활동', '교역자와 성도(부서) 간의 관계'였다.

<그림 III-24> The Locus for Focus모델을 활용한 중학생 청소년의 교회 사역 우선순위

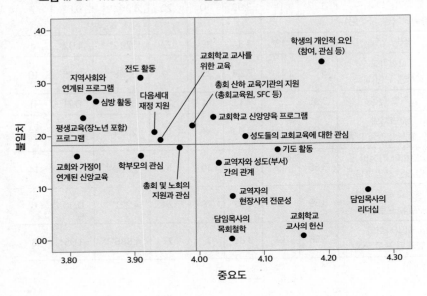

<표 III-73> The Locus for Focus 모델을 활용한 중학생 청소년의 교회 사역 우선순위

분면	신앙생활 우선순위
1사분면 (고고)	학생의 개인적 요인(참여, 관심 등), 교회학교 신앙양육 프로그램, 교회학교 신앙양육 프로그램
2사분면 (저고)	전도 활동, 다음세대 재정 지원, 총회 산하 교육기관의 지원 (총회교육원, SFC 등), 심방 활동, 교회학교 교사를 위한 교육, 평생교육(장노년 포함) 프로그램, 평생교육(장노년 포함) 프로그램
3사분면 (저저)	학부모의 관심, 교회와 가정이 연계된 신앙교육
4사분면 (고저)	담임목사의 리더십, 담임목사의 목회철학, 교역자의 현장사역 전문성, 교회학교 교사의 헌신, 기도 활동, 교역자와 성도(부서) 간의 관계

2) 고등학생 청소년의 교회 사역을 위한 요구도

고등학생 청소년의 교회 사역을 위한 요구도를 분석하기 위해서 대응표본 t검정을 실시하였다. 현재 선호 수준과 미래 중요 수준에서 모두 '담임목사의 리더십' 평균이 가장 높았으며, 대응표본 t검정 결과, 19개 분야 중 17개 분야에서 통계적으로 유의미한 차이를 보였다. 본 연구에서 요구는 현재 선호 수준과 미래 중요 수준 간의 차이로 정의되기 때문에 17개 분야에서 갭gap으로서의 요구가 존재하였다. 다음으로 Borich의 요구도 값을 산출한 결과 가장 높은 요구도 값은 '전도 활동'이었으며, 그 다음 순으로 '지역사회와 연계된 프로그램', '심방 활동' 등의 순이었다. 이상의 고등학생 청소년의 교회 사역을 위한 요구도에 대한 우선순위 분석방법을 정리하면 <표 III-74>와 같다.

<표 III-74> 고등학생 청소년의 신앙생활에 대한 요구도 분석

구분	현재선호도		미래중요도		차이		요구도	순위
	평균	순위	평균	순위	평균	t값		
담임목사의 리더십	4.15	1	4.26	1	.11	2.165*	0.47	17
담임목사의 목회철학	4.12	2	4.08	7	-.04	-.611	-0.17	19
교역자의 현장사역 전문성	3.94	6	4.08	7	.14	2.134*	0.56	16
교회학교 교사의 헌신	4.09	3	4.13	4	.04	.618	0.17	18
학생의 개인적 요인 (참여, 관심 등)	3.94	4	4.20	2	.26	3.056**	1.07	4
교회학교 신앙양육 프로그램	3.77	14	3.97	14	.20	3.026**	0.79	11
학부모의 관심	3.86	9	4.07	9	.21	2.585*	0.84	8
전도 활동	3.53	19	4.00	12	.47	6.773***	1.88	1
다음세대 재정 지원	3.72	15	3.93	16	.21	3.115**	0.84	9
성도들의 교회교육에 대한 관심	3.92	7	4.09	5	.17	2.780**	0.68	14

총회 및 노회의 지원과 관심	3.81	10	4.02	11	.21	3.363**	0.86	7
총회 산하 교육기관의 지원 (총회교육원, SFC 등)	3.81	10	3.97	15	.16	2.398*	0.63	15
심방 활동	3.59	17	3.87	18	.28	3.803***	1.09	3
교회학교 교사를 위한 교육	3.81	10	4.06	10	.26	3.896***	1.04	5
기도 활동	3.94	4	4.17	3	.22	3.239**	0.92	6
교역자와 성도(부서) 간의 관계	3.90	8	4.09	5	.19	2.718**	0.76	12
교회와 가정이 연계된 신앙교육	3.79	13	4.00	12	.21	3.120**	0.83	10
평생교육(장노년 포함) 프로그램	3.70	16	3.88	17	.18	2.600*	0.70	13
지역사회와 연계된 프로그램	3.55		3.86	19			1.20	2

***$p<.001$

다음으로 고등학생 청소년 신앙생활을 The Locus for Focus 모델을 활용하여 우선순위를 분석한 결과는 <그림 III-25>와 <표 III-75>와 같다. 고등학생 청소년들이 인식하고 있는 미래 중요 수준 평균은 4.04이며, 불일치 수준미래 중요 수준-현재 선호 수준의 평균은 0.20으로 나타났다. 제1사분면에는 '학생의 개인적 요인(참여, 관심 등)', '학부모의 관심', '교회학교 교사를 위한 교육'이었고, 제2사분면에는 '교회학교 신앙양육 프로그램', '기도 활동', '전도 활동', '다음세대 재정 지원', '총회 및 노회의 지원과 관심', '심방 활동', '교회와 가정이 연계된 신앙교육', '지역사회와 연계된 프로그램'이었으며, 제3사분면에는 '총회 산하 교육기관의 지원(총회교육원, SFC 등)', '평생교육(장노년 포함) 프로그램'이었고, 제4사분면에는 '담임목사의 리더십', '담임목사의 목회철학', '교역자의 현장사역 전문성', '교회학교 교사의 헌신', '성도들의 교회교육에 대한 관심', '교역자와 성도(부서) 간의 관계'였다.

<그림 III-25> The Locus for Focus모델을 활용한 고등학생 청소년의 교회 사역 우선순위

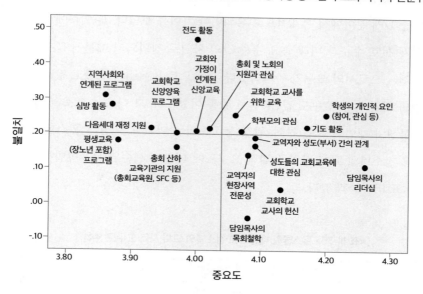

<표 III-75> The Locus for Focus 모델을 활용한 고등학생 청소년의 교회 사역 우선순위

분면	신앙생활 우선순위
1사분면 (고고)	학생의 개인적 요인(참여, 관심 등), 학부모의 관심, 교회학교 교사를 위한 교육, 기도 활동
2사분면 (저고)	교회학교 신앙양육 프로그램, 전도 활동, 다음세대 재정 지원, 총회 및 노회의 지원과 관심, 심방 활동, 교회와 가정이 연계된 신앙교육, 지역사회와 연계된 프로그램
3사분면 (저저)	총회 산하 교육기관의 지원(총회교육원, SFC 등), 평생교육(장노년 포함) 프로그램
4사분면 (고저)	담임목사의 리더십, 담임목사의 목회철학, 교역자의 현장사역 전문성, 교회학교 교사의 헌신, 성도들의 교회교육에 대한 관심, 교역자와 성도(부서) 간의 관계

3) 홈스쿨링·대안학교 청소년의 교회 사역을 위한 요구도

홈스쿨링·대안학교 청소년의 청소년의 교회 사역을 위한 요구도를 분석하기 위해서 대응표본 t검정을 실시하였다. 현재 선호 수준과 미래 중요 수준에서 모두 '담임목사의 리더십' 평균이 가장 높았으며, 대응표본 t검정 결과, 19개 분야 중 17개 분야에서 통계적으로 유의미한 차이를 보였다. 본 연구에서 요구는 현재 선호 수준과 미래 중요 수준 간의 차이로 정의되기 때문에 17개 분야에서 갭gap으로서의 요구가 존재하였다. 다음으로 Borich의 요구도 값을 산출한 결과 가장 높은 요구도 값은 '전도 활동'이었으며, 그 다음 순으로 '심방 활동', '학생의 개인적 요인(참여, 관심 등)' 등의 순이었다. 이상의 홈스쿨링·대안학교 청소년의 교회 사역을 위한 요구도에 대한 우선순위 분석방법을 정리하면 <표 III-76>과 같다.

<표 III-76> 홈스쿨링·대안학교 청소년의 교회 사역 요구도 분석

구분	현재선호도		미래중요도		차이		요구도	순위
	평균	순위	평균	순위	평균	t값		
담임목사의 리더십	4.20	1	4.31	1	.11	2.176*	0.48	17
담임목사의 목회철학	4.18	2	4.09	5	-.09	-1.090	-0.37	19
교역자의 현장사역 전문성	3.85	5	4.09	5	.24	3.689***	0.97	9
교회학교 교사의 헌신	4.00	4	4.18	3	.18	2.482*	0.76	13
학생의 개인적 요인 (참여, 관심 등)	3.68	9	4.10	4	.42	4.353***	1.72	3
교회학교 신앙양육 프로그램	3.59	14	3.95	9	.36	3.906***	1.44	4
학부모의 관심	3.78	7	4.07	7	.29	3.214**	1.17	5
전도 활동	3.28	18	3.86	14	.58	5.838***	2.24	1
다음세대 재정 지원	3.65	11	3.94	10	.30	3.644***	1.17	7

성도들의 교회교육에 대한 관심	3.75	8	3.97	8	.21	2.549*	0.85	12
총회 및 노회의 지원과 관심	3.52	15	3.72	16	.20	2.384*	0.75	14
총회 산하 교육기관의 지원 (총회교육원, SFC 등)	3.59	13	3.85	15	.26	2.769**	0.98	8
심방 활동	3.20	19	3.69	17	.49	4.971***	1.80	2
교회학교 교사를 위한 교육	3.61	12	3.91	11	.30	3.000**	1.17	6
기도 활동	4.04	3	4.25	2	.20	2.750**	0.86	10
교역자와 성도(부서) 간의 관계	3.82	6	3.90	12	.08	.854	0.31	18
교회와 가정이 연계된 신앙교육	3.68	9	3.88	13	.19	2.152*	0.75	15
평생교육(장노년 포함) 프로그램	3.34	16	3.58	18	.24	2.306*	0.85	11
지역사회와 연계된 프로그램	3.29		3.49		.20	1.949*		16

*$p<.05$, **$p<.01$, ***$p<.001$

다음으로 홈스쿨링·대안학교 청소년 신앙생활을 The Locus for Focus 모델을 활용하여 우선순위를 분석한 결과는 <그림 III-26>과 <표 III-77>과 같다. 홈스쿨링·대안학교 청소년들이 인식하고 있는 미래 중요 수준 평균은 4.04이며, 불일치 수준미래 중요 수준-현재 선호 수준의 평균은 0.20으로 나타났다. 제1사분면에는 '학생의 개인적 요인(참여, 관심 등)', '교회학교 신앙양육 프로그램', '학부모의 관심', '다음세대 재정 지원'이었고, 제2사분면에는 '전도 활동', '총회 산하 교육기관의 지원(총회교육원, SFC 등)', '심방 활동', '교회학교 교사를 위한 교육'이었으며, 제3사분면에는 '총회 및 노회의 지원과 관심', '교역자와 성도(부서) 간의 관계', '교회와 가정이 연계된 신앙교육', '평생교육(장노년 포함) 프로그램', '지역사회와 연계된 프로그램'이었고, 제4사분면에는 '담임목사의 리더십', '담임목사의 목회철학', '교역자의 현장사역 전문성', '교회학교 교사의 헌신', '성도들의 교회교육에 대한 관심', '기도 활동'이었다.

<그림 III-26> The Locus for Focus모델을 활용한
홈스쿨링·대안학교 청소년 교회 사역 우선순위

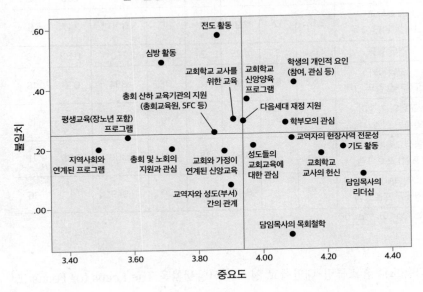

<표 III-77> The Locus for Focus 모델을 활용한
홈스쿨링·대안학교 청소년 교회 사역 우선순위

분면	신앙생활 우선순위
1사분면 (고고)	학생의 개인적 요인(참여, 관심 등), 교회학교 신앙양육 프로그램, 학부모의 관심, 다음세대 재정 지원
2사분면 (저고)	전도 활동, 총회 산하 교육기관의 지원(총회교육원, SFC 등), 심방 활동, 교회학교 교사를 위한 교육

3사분면 (저저)	총회 및 노회의 지원과 관심, 교역자와 성도(부서) 간의 관계, 교회와 가정이 연계된 신앙교육, 평생교육(장노년 포함) 프로그램, 지역사회와 연계된 프로그램
4사분면 (고저)	담임목사의 리더십, 담임목사의 목회철학, 교역자의 현장사역 전문성, 교회학교 교사의 헌신, 성도들의 교회교육에 대한 관심, 기도 활동

(12) 신앙교육에 가장 큰 영향을 미치는 사람

청소년들이 인식하는 신앙교육에 가장 큰 영향을 미치는 사람으로 1순위로는 '어머니'가 31.7%로 가장 많았으며, 다음으로 '담임목사'(21.9%), '학생 자신'(18.7%), '아버지'(10.5%) 등의 순으로 나타났다. 2순위로는 '어머니'가 21.5%로 가장 많았으며, 다음으로 '아버지'(17.6%), '담당 교역자'(15.8%), '담임목사'(12.8%) 등의 순으로 나타났다.

학교급별로는 중학교와 고등학교에서는 1순위로 '어머니'의 비율이 가장 높았고, 기타(홈스쿨링, 대안학교)에서는 '담임목사'의 비율이 가장 높았다. 청소년의 학교급별 신앙교육에 가장 큰 영향을 미치는 사람은 <표 III-78>과 같다.

<표 III-78> 학교급별 신앙교육에 가장 큰 영향을 미치는 사람

(단위: %, 1순위(2순위))

		담임목사	담당 교역자	교사	아버지	어머니	학생 자신	간사 (신앙단체)	친구
	전체	21.9(12.4)	7.5(15.8)	3.6(8.5)	10.5(17.6)	31.7(21.5)	18.7(9.4)	1.4(2.5)	2.7(7.8)
학교급	중학교	23.4(14.1)	7.3(18.5)	3.4(11.2)	8.8(15.1)	31.7(21.0)	19.5(6.3)	1(3.4)	2.9(7.8)
	고등학교	12.4(9.7)	11(15.9)	2.8(7.6)	11(17.2)	34.5(18.6)	18.6(14.5)	2.8(2.8)	4.1(5.5)
	기타 (홈스쿨링, 대안학교)	33.7(12.6)	2.2(9.2)	5.6(3.4)	13.5(24.1)	27(27.6)	16.9(8.0)	0(0.0)	0(11.5)

(13) 교회에 출석하는 동기

청소년들이 교회에 출석하는 동기에 대한 복수응답으로 '나의 신앙 때문'이 70.1%로 가장 많았으며, 다음으로 '부모님 때문'(52.6%), '특별한 이유 없음'(21.1%), '친구 때문'(20.5%), '교회 담당 교역자(목사님) 때문'(15.2%), '교회 담당 선생님 때문'(13.8%)의 순으로 나타났다.

학교급별로 큰 차이는 없는 것으로 나타났다. 청소년들의 학교급별 교회에 출석하는 동기는 <표 III-79>와 같다.

<표 III-79> 학교급별 교회에 출석하는 동기

(복수응답, 단위: %)

		나의 신앙 때문	부모님 때문	친구 때문	교회 담당 교역자(목사님) 때문	교회 담당 선생님 때문	특별한 이유 없음
	전체	70.1	52.6	20.5	15.2	13.8	21.1
학교급	중학교	65.2	53.9	23.5	12.3	14.7	23.0
	고등학교	75.7	49.3	17.4	19.4	15.3	18.8
	기타 (홈스쿨링, 대안학교)	72.4	55.2	18.4	14.9	9.2	20.7

(14) 교회를 떠나고자 한 고민들

청소년들은 '나는 향후 다른 교회로 옮길 의향이 있다'에 2점대의 응답을 보여 교회를 옮길 의향이 부정적인 것으로 나타났다. 또한 교회를 떠나고자 한 여러 고민들에 대해서 모두 1점대로 나타나 교회를 떠나고자 한 고민들이 적은 것으로 나타났다.

학교급별로 살펴보면, '나는 목회자의 비윤리적 행동 때문에 교회를 떠나고자 고민해본 적이 있다'에 중학생이 가장 높은 점수로 나타났고, '나는 향후 다른 교회로 옮길 의향이 있다', '나는 목회자로 인해 교회를 떠나고자 고민해 본 적이 있다', '나는 신앙 자체에 대한 회의감이 들어 교회를 떠나고자 고민해본 적이 있다', '나는 영적인 필요가 채워지지 않아서 교회를 떠나고자 고민해본 적이 있다', '나는 비민주적인 의사소통 구조와 소통의 부재 때문에 교회를 떠나고자 고민해본 적이 있다', '나는 내가 교회에서 수행하는 봉사로 인해 힘들어서 교회를 떠나고자 고민해본 적이 있다'에는 고등학생이 가장 높은 점수로 나타났다.

<표 III-80> 학교급별 교회를 떠나고자 한 고민들에 대한 인식 차이

(단위: 점(5점 척도))

구분		평균	표준편차	F
나는 향후 다른 교회로 옮길 의향이 있다.	중학교	2.20	1.050	3.444*
	고등학교	2.26	1.159	
	기타(홈스쿨링, 대안학교)	1.89	1.077	
	전체	2.16	1.099	
나는 향후 신앙생활을 포기할 의향이 있다.	중학교	1.84	1.078	2.010
	고등학교	1.71	.889	
	기타(홈스쿨링, 대안학교)	1.60	.941	
	전체	1.75	.994	
나는 목회자로 인해 교회를 떠나고자 고민해 본 적이 있다.	중학교	1.72	.954	3.676*
	고등학교	1.79	1.033	
	기타(홈스쿨링, 대안학교)	1.44	.945	
	전체	1.69	.985	
나는 목회자의 비윤리적 행동 때문에 교회를 떠나고자 고민해본 적이 있다.	중학교	1.67	.968	5.593**
	고등학교	1.61	.900	
	기타(홈스쿨링, 대안학교)	1.30	.697	
	전체	1.58	.906	

나는 목회자의 설교 때문에 교회를 떠나고자 고민해본 적이 있다.	중학교	1.61	.925	2.230
	고등학교	1.62	.965	
	기타(홈스쿨링, 대안학교)	1.39	.808	
	전체	1.57	.919	
나는 신앙 자체에 대한 회의감이 들어 교회를 떠나고자 고민해본 적이 있다.	중학교	1.92	1.132	4.235*
	고등학교	2.11	1.214	
	기타(홈스쿨링, 대안학교)	1.66	1.082	
	전체	1.93	1.159	
나는 영적인 필요가 채워지지 않아서 교회를 떠나고자 고민해본 적이 있다	중학교	1.76	1.023	3.254*
	고등학교	1.88	1.092	
	기타(홈스쿨링, 대안학교)	1.52	.922	
	전체	1.75	1.033	
나는 신앙생활을 해도 성장하지 않는 자신의 모습 때문에 교회를 떠나고자 고민해본 적이 있다.	중학교	1.93	1.140	1.831
	고등학교	1.95	1.163	
	기타(홈스쿨링, 대안학교)	1.68	1.078	
	전체	1.89	1.138	
나는 교회의 문화 때문에 교회를 떠나고자 고민해 본 적이 있다.	중학교	1.83	1.273	2.749
	고등학교	1.86	1.109	
	기타(홈스쿨링, 대안학교)	1.52	.947	
	전체	1.78	1.165	
나는 비민주적인 의사소통 구조와 소통의 부재 때문에 교회를 떠나고자 고민해본 적이 있다.	중학교	1.68	.972	4.426*
	고등학교	1.82	1.116	
	기타(홈스쿨링, 대안학교)	1.42	.827	
	전체	1.67	1.004	
나는 교회가 다음세대에 관심이 없는 것 같아서 교회를 떠나고자 고민해본 적이 있다.	중학교	1.62	.887	2.077
	고등학교	1.54	.825	
	기타(홈스쿨링, 대안학교)	1.40	.838	
	전체	1.55	.859	

나는 교회가 나에게 지나치게 헌신을 요구하는 문화 때문에 교회를 떠나고자 고민해본 적이 있다.	중학교	1.70	1.040	.748
	고등학교	1.73	1.022	
	기타(홈스쿨링, 대안학교)	1.57	.992	
	전체	1.68	1.024	
나는 교회가 지나치게 헌금을 강요하는 문화 때문에 교회를 떠나고자 고민해본 적이 있다.	중학교	1.56	.909	2.158
	고등학교	1.50	.765	
	기타(홈스쿨링, 대안학교)	1.34	.741	
	전체	1.50	.833	
나는 내가 교회에서 수행하는 봉사로 인해 힘들어서 교회를 떠나고자 고민해본 적이 있다.	중학교	1.57	.869	3.467*
	고등학교	1.70	1.061	
	기타(홈스쿨링, 대안학교)	1.38	.792	
	전체	1.58	.929	
나는 교회가 사회적 이슈에 민감하게 반응하지 않기 때문에 교회를 떠나고자 고민해본 적이 있다.	중학교	1.60	.937	2.592
	고등학교	1.49	.765	
	기타(홈스쿨링, 대안학교)	1.36	.776	
	전체	1.52	.855	
나는 사람들이 생각하는 기독교인에 대한 부정적 인식 때문에 교회를 떠나고자 고민해본 적이 있다.	중학교	1.64	.963	1.918
	고등학교	1.57	.815	
	기타(홈스쿨링, 대안학교)	1.42	.867	
	전체	1.57	.899	
나는 교회가 공공의 영역에 관심이 없는 것 같아 교회를 떠나고자 고민해본 적이 있다.	중학교	1.60	.978	2.279
	고등학교	1.48	.737	
	기타(홈스쿨링, 대안학교)	1.38	.766	
	전체	1.52	.866	
나는 교회가 수행하는 특정한 프로그램으로 인해 교회를 떠나고자 고민해본 적이 있다.	중학교	1.58	.956	1.460
	고등학교	1.48	.755	
	기타(홈스쿨링, 대안학교)	1.41	.783	
	전체	1.51	.861	

나는 교회의 시설환경이 낙후되어 교회를 떠나고자 고민해본 적이 있다.	중학교	1.46	.831	1.791
	고등학교	1.46	.808	
	기타(홈스쿨링, 대안학교)	1.28	.660	
	전체	1.43	.794	

(15) 일상생활 및 신앙생활 전반적 만족도

청소년들의 일상생활 및 신앙생활에 대한 전반족적 만족도를 살펴보면, '나는 교회활동에 전반적으로 만족하고 있다'가 5점 척도에 3.63점으로 가장 높았고, 다음으로 '나는 학교생활에 전반적으로 만족하고 있다'(3.61점), '나는 일상의 삶에 전반적으로 만족하고 있다'(3.53점), '나는 신앙생활에 전반적으로 만족하고 있다'(3.47점)로 나타나 신앙생활에 대한 만족도가 가장 낮은 것으로 나타났다.

학교급에 따라서는 통계적으로 유의미한 차이를 나타내지 않았다. 학교급에 따른 일상생활 및 신앙생활 전반적 만족도 인식 차이는 <표 III-81>과 같다.

<표 III-81> 학교급별 일상생활 및 신앙생활 전반적 만족도 인식 차이

(단위: 점(5점 척도))

구분		평균	표준편차	F
나는 일상의 삶에 전반적으로 만족하고 있다	중학교	3.59	1.024	.023
	고등학교	3.58	1.084	
	기타(홈스쿨링, 대안학교)	3.56	1.015	
	전체	3.58	1.040	
나는 교회활동에 전반적으로 만족하고 있다	중학교	3.70	.968	.813
	고등학교	3.56	1.066	
	기타(홈스쿨링, 대안학교)	3.61	1.055	
	전체	3.63	1.019	

나는 신앙생활에 전반적으로 만족하고 있다	중학교	3.52	1.041	.468
	고등학교	3.41	1.115	
	기타(홈스쿨링, 대안학교)	3.45	1.005	
	전체	3.47	1.058	
나는 학교생활에 전반적으로 만족하고 있다	중학교	3.69	1.116	1.016
	고등학교	3.55	1.166	
	기타(홈스쿨링, 대안학교)	3.51	1.093	
	전체	3.61	1.128	

*$p < .05$

(16) 다음세대에 대한 기대

청소년들은 다음세대에 대한 기대에 관한 질문에서 '다음세대들은 기성세대보다 하나님을 잘 섬기지 못할 것 같다'와 '다음세대들은 기성세대와 비슷한 수준에서 교회(봉사와 섬김 등)를 섬길 것 같다'에서 3.01점으로 가장 높은 점수를 나타내 다음세대에 대한 기대가 낮은 것으로 나타났다. 그러나 '다음세대들은 신앙생활을 하지 않을 것 같다', '다음세대는 앞으로 교회 활동을 하지 않을 것 같다' 등에서는 2점대의 부정적 응답을 함으로 다음세대 신앙에 대한 기대가 없지 않음을 알 수 있다.

학교급별로 살펴보면, '다음세대들은 기성세대보다 하나님을 더 잘 섬길 것 같다', '다음세대들은 기성세대와 비슷한 수준에서 하나님을 섬길 것 같다', '다음세대들은 기성세대보다 교회(봉사와 섬김 등)를 더 잘 섬길 것 같다'에서 중학생이 가장 긍정적으로 응답하였고, '다음세대들은 기성세대보다 하나님을 잘 섬기지 못할 것 같다', 다음세대들은 기성세대보다 교회(봉사와 섬김 등)를 섬기지 못할 것 같다', '다음세대는 앞으로 교회 활동을 하지 않을 것 같다'에서는 고등학생이 가장 긍정적으로 응답하였다.

<표 III-82> 학교급별 다음세대에 대한 기대의 인식 차이

(단위: 점(5점 척도))

구분		평균	표준편차	F
다음세대들은 기성세대보다 하나님을 더 잘 섬길 것 같다.	중학교	2.96	.941	3.972*
	고등학교	2.70	1.036	
	기타(홈스쿨링, 대안학교)	2.68	.989	
	전체	2.82	.990	
다음세대들은 기성세대와 비슷한 수준에서 하나님을 섬길 것 같다.	중학교	3.12	.939	6.495**
	고등학교	2.90	.984	
	기타(홈스쿨링, 대안학교)	2.70	.912	
	전체	2.96	.961	
다음세대들은 기성세대보다 하나님을 잘 섬기지 못할 것 같다.	중학교	2.86	.981	3.937*
	고등학교	3.14	1.027	
	기타(홈스쿨링, 대안학교)	3.11	1.033	
	전체	3.01	1.014	
다음세대들은 신앙생활을 하지 않을 것 같다.	중학교	2.54	1.068	2.697
	고등학교	2.78	.989	
	기타(홈스쿨링, 대안학교)	2.77	1.142	
	전체	2.67	1.063	
다음세대들은 기성세대보다 교회(봉사와 섬김 등)를 더 잘 섬길 것 같다.	중학교	3.08	.860	6.892**
	고등학교	2.81	.950	
	기타(홈스쿨링, 대안학교)	2.69	.927	
	전체	2.91	.916	
다음세대들은 기성세대와 비슷한 수준에서 교회(봉사와 섬김 등)를 섬길 것 같다.	중학교	3.08	.862	1.535
	고등학교	3.01	.790	
	기타(홈스쿨링, 대안학교)	2.90	.831	
	전체	3.02	.834	

다음세대들은 기성세대보다 교회(봉사와 섬김 등)를 섬기지 못할 것 같다.	중학교	2.66	.940	4.511*
	고등학교	2.92	.947	
	기타(홈스쿨링, 대안학교)	2.95	.993	
	전체	2.80	.960	
다음세대는 앞으로 교회 활동을 하지 않을 것 같다.	중학교	2.28	1.105	3.908*
	고등학교	2.58	1.012	
	기타(홈스쿨링, 대안학교)	2.53	1.072	
	전체	2.43	1.075	

(17) 코로나 이후(향후 3-5년) 한국교회의 변화 인식

청소년들은 코로나 이후(향후 3~5년) 한국교회의 변화에 대해 '가정 안에서의 신앙교육이 나아질 것이다'가 3.43점으로 가장 높았고, '한국교회가 계속 성장해 나갈 것이다'는 3.42점, '한국교회의 교회학교가 계속 성장해 나갈 것이다'는 3.41점으로 나타나 다소 긍정적으로 인식하는 것으로 나타났다.

학교급별로 살펴보면, '한국교회가 계속 성장해 나갈 것이다'와 '한국교회의 교회학교가 계속 성장해 나갈 것이다'에서 중학생이 가장 긍정적인 것으로 나타났다.

<표 III-83> 학교급별 코로나 이후(향후 3~5년) 한국교회의 변화 인식 차이

(단위: 점(5점 척도))

구분		평균	표준편차	F
한국교회가 계속 성장해 나갈 것이다.	중학교	3.57	1.006	4.605*
	고등학교	3.37	.985	
	기타(홈스쿨링, 대안학교)	3.19	1.038	
	전체	3.42	1.014	
한국교회의 교회학교가 계속 성장해 나갈 것이다.	중학교	3.54	1.027	3.979*
	고등학교	3.39	.973	
	기타(홈스쿨링, 대안학교)	3.17	1.116	
	전체	3.41	1.035	
가정 안에서의 신앙교육이 나아질 것이다.	중학교	3.50	.983	1.537
	고등학교	3.41	.887	
	기타(홈스쿨링, 대안학교)	3.28	1.028	
	전체	3.43	.963	

(18) 청소년들의 신앙고백 수준

청소년들의 신앙고백 수준을 살펴보면, '나는 예수 그리스도를 믿음으로 말미암아 구원받음을 믿습니다'는 5점 척도에 4.37점으로 가장 높았고, 다음으로 '나는 하나님의 천지창조를 믿습니다'(4.33점), '나는 성경이 정확무오한 하나님 말씀임을 믿습니다'(4.26점)의 순으로 나타났다. 전반적으로 청소년들의 신앙고백 수준은 높은 것으로 나타났다.

학교급에 따른 신앙고백 수준의 차이를 살펴보면, '나는 하나님의 천지창조를 믿습니다'와 '나는 성경이 정확무오한 하나님 말씀임을 믿습니다'에서 기타(홈스쿨링, 대안학교)가 가장 높은 것으로 나타났다. 학교급에 따른 신앙고백 수준의 차이는 <표 III-84>와 같다.

<표 III-84> 학교급에 따른 신앙고백 수준의 차이

(단위: 점(5점 척도))

구분		평균	표준편차	F
나는 성경이 정확무오한 하나님 말씀임을 믿습니다	중학교	4.14	.952	4.441*
	고등학교	4.29	.857	
	기타(홈스쿨링, 대안학교)	4.48	.830	
	전체	4.26	.905	
나는 하나님의 천지창조를 믿습니다	중학교	4.25	1.007	3.106*
	고등학교	4.31	.902	
	기타(홈스쿨링, 대안학교)	4.55	.757	
	전체	4.33	.931	
나는 예수 그리스도를 믿음으로 말미암아 구원받음을 믿습니다	중학교	4.30	.931	2.029
	고등학교	4.39	.851	
	기타(홈스쿨링, 대안학교)	4.52	.816	
	전체	4.37	.885	

3. 청소년과 대학생 간의 인식 차이 비교

(1) 교회를 떠나고자 한 고민들

청소년과 대학생들의 교회를 떠나고자 한 고민들에 대한 차이 분석을 수행한 결과 두 집단 간에는 유의미한 통계적인 차이가 존재하고 있었다. 다행히 전반적으로 1점대와 2점대의 경향을 보이지만, 교회 내의 문화적인 요소로 인해 대학생들에서 그 수치가 상대적으로 높음을 알 수 있었다. 청소년들의 경우 '나는 사람들이 생각하는 기독교인에 대한 부정적 인식 때문에 교회를 떠나고자 고민해본 적이 있다', '나는 교회의 시설환경이 낙후되어 교회를 떠나고자 고민해본 적이 있다'에서 통계적으로 유의미하게 대학생들보다는 수치가 높게 나타났다.

<표 III-85> 청소년과 대학생의 교회를 떠나고자 한 고민들에 대한 인식 차이

				T값
나는 향후 다른 교회로 옮길 의향이 있다.	청소년(중고생)	2.16	1.099	-4.668**
	대학생	2.58	1.306	
나는 향후 신앙생활을 포기할 의향이 있다.	청소년(중고생)	1.75	.994	6.460**
	대학생	1.34	.755	
나는 목회자로 인해 교회를 떠나고자 고민해 본 적이 있다.	청소년(중고생)	1.69	.985	-5.286**
	대학생	2.18	1.444	
나는 목회자의 비윤리적 행동 때문에 교회를 떠나고자 고민해본 적이 있다.	청소년(중고생)	1.58	.906	-3.786**
	대학생	1.89	1.289	
나는 목회자의 설교 때문에 교회를 떠나고자 고민해본 적이 있다.	청소년(중고생)	1.57	.919	-5.359**
	대학생	2.05	1.405	
나는 신앙 자체에 대한 회의감이 들어 교회를 떠나고자 고민해본 적이 있다.	청소년(중고생)	1.93	1.159	-1.656
	대학생	2.08	1.352	

나는 영적인 필요가 채워지지 않아서 교회를 떠나고자 고민해본 적이 있다	청소년(중고생)	1.75	1.033	-1.273
	대학생	2.10	1.375	
나는 신앙생활을 해도 성장하지 않는 자신의 모습 때문에 교회를 떠나고자 고민해본 적이 있다.	청소년(중고생)	1.89	1.138	-2.763*
	대학생	2.00	1.269	
나는 교회의 문화 때문에 교회를 떠나고자 고민해 본 적이 있다.	청소년(중고생)	1.78	1.165	-2.405*
	대학생	2.04	1.356	
나는 비민주적인 의사소통 구조와 소통의 부재 때문에 교회를 떠나고자 고민해본 적이 있다.	청소년(중고생)	1.67	1.004	-2.405
	대학생	1.87	1.201	
나는 교회가 다음세대에 관심이 없는 것 같아서 교회를 떠나고자 고민해본 적이 있다.	청소년(중고생)	1.55	.859	-3.614**
	대학생	1.83	1.177	
나는 교회가 나에게 지나치게 헌신을 요구하는 문화 때문에 교회를 떠나고자 고민해본 적이 있다.	청소년(중고생)	1.68	1.024	-4.504**
	대학생	2.08	1.308	
나는 교회가 지나치게 헌금을 강요하는 문화 때문에 교회를 떠나고자 고민해본 적이 있다.	청소년(중고생)	1.50	.833	1.142
	대학생	1.43	.846	
나는 내가 교회에서 수행하는 봉사로 인해 힘들어서 교회를 떠나고자 고민해본 적이 있다.	청소년(중고생)	1.58	.929	-4.891**
	대학생	1.99	1.282	
나는 교회가 사회적 이슈에 민감하게 반응하지 않기 때문에 교회를 떠나고자 고민해본 적이 있다.	청소년(중고생)	1.52	.855	-.821
	대학생	1.57	.931	
나는 사람들이 생각하는 기독교인에 대한 부정적 인식 때문에 교회를 떠나고자 고민해본 적이 있다.	청소년(중고생)	1.57	.899	2.870*
	대학생	1.40	.757	
나는 교회가 공공의 영역에 관심이 없는 것 같아 교회를 떠나고자 고민해본 적이 있다.	청소년(중고생)	1.52	.866	-.037
	대학생	1.52	.937	
나는 교회가 수행하는 특정한 프로그램으로 인해 교회를 떠나고자 고민해본 적이 있다.	청소년(중고생)	1.51	.861	.439
	대학생	1.48	.889	
나는 교회의 시설환경이 낙후되어 교회를 떠나고자 고민해본 적이 있다.	청소년(중고생)	1.43	.794	2.690*
	대학생	1.29	.632	

*p<.05, **p<.001

(2) 일상생활 및 신앙생활 전반적 만족도

청소년과 대학생들의 코로나시대 일상생활 및 신앙생활에 대한 전반적 만족도를 살펴보면 모든 영역에 있어 통계적으로 차이가 없었다. 이는 청소년과 대학생 간의 만족도에 대한 인식의 수준이 유사하다는 것을 의미하는데, 일상 및 신앙생활에 있어 두 집단 모두 보통 수준의 인식을 보이고 있다는 것이다.

<표 III-86> 청소년과 대학생의 일상생활 및 신앙생활 전반적 만족도 차이

				T값
나는 일상의 삶에 전반적으로 만족하고 있다	청소년(중고생)	3.58	1.040	-.666
	대학생	3.63	1.018	
나는 교회활동에 전반적으로 만족하고 있다	청소년(중고생)	3.63	1.019	1.796
	대학생	3.50	1.077	
나는 신앙생활에 전반적으로 만족하고 있다	청소년(중고생)	3.47	1.058	1.451
	대학생	3.35	1.102	
나는 학교생활에 전반적으로 만족하고 있다	청소년(중고생)	3.61	1.128	1.285
	대학생	3.50	1.065	

(3) 다음세대에 대한 기대

청소년과 대학생들은 다음세대에 대한 기대에 관한 인식의 차이를 분석하여 본다면 대부분의 영역에서 통계적으로 유의미한 차이가 나타나고 있음을 확인할 수 있다. 문항별 내용과 의미가 차이가 있어 각 항목을 중심으로 청소년과 대학생의 인식의 차이를 살펴볼 필요가 있다. 예를 들어 '다음세대들은 신앙생활을 하지 않을 것 같다'에 대하여 청소년과 대학생들은 통계적으로 유의미한 차이가 나고 있으며, 대학생들이 2.85점으로 청소년보다 부정적으로 인식하고 있음을 확인할 수 있다.

<표 III-87> 청소년과 대학생의 다음세대 기대에 대한 차이

				T값
다음세대들은 기성세대보다 하나님을 더 잘 섬길 것 같다.	청소년(중고생)	2.8151	.98967	5.809**
	대학생	2.3906	.99870	
다음세대들은 기성세대와 비슷한 수준에서 하나님을 섬길 것 같다.	청소년(중고생)	2.9635	.96081	4.203**
	대학생	2.6500	1.05164	
다음세대들은 기성세대보다 하나님을 잘 섬기지 못할 것 같다.	청소년(중고생)	3.0068	1.01361	-1.808
	대학생	3.1500	1.12090	
다음세대들은 신앙생활을 하지 않을 것 같다.	청소년(중고생)	2.6667	1.06250	-2.410*
	대학생	2.8594	1.12073	
다음세대들은 기성세대보다 교회(봉사와 섬김 등)를 더 잘 섬길 것 같다.	청소년(중고생)	2.9132	.91604	5.886**
	대학생	2.5031	.96976	
다음세대들은 기성세대와 비슷한 수준에서 교회(봉사와 섬김 등)를 섬길 것 같다.	청소년(중고생)	3.0228	.83374	4.277**
	대학생	2.7344	.97367	
다음세대들은 기성세대보다 교회(봉사와 섬김 등)를 섬기지 못할 것 같다.	청소년(중고생)	2.8037	.96045	-2.852*
	대학생	3.0188	1.10837	
다음세대는 앞으로 교회 활동을 하지 않을 것 같다.	청소년(중고생)	2.4292	1.07532	-2.538*
	대학생	2.6344	1.13123	

*p<.05, **p<.001

(4) 코로나 이후(향후 3-5년) 한국교회의 변화 인식

청소년과 대학생들은 코로나 이후(향후 3~5년) 한국교회의 변화에 대해 보통과 부정적 수준의 인식을 가지고 있었으며, 각 항목에 있어 통계적으로 유의미한 차이를 보이고 있었다. 전체적으로 청소년들에 비하여 대학생들이 한국교회, 한국교회 내 교회학교, 가정 내 신앙교육에 대한 부정적인 인식을 보여주고 있다.

<표 III-88> 청소년과 대학생의 코로나 이후 한국교회의 변화에 대한 인식 차이

				T값
한국교회가 계속 성장해 나갈 것이다.	청소년(중고생)	3.4197	1.01278	5.556**
	대학생	2.9875	1.11410	
한국교회의 교회학교가 계속 성장해 나갈 것이다.	청소년(중고생)	3.4083	1.03427	5.330**
	대학생	2.9906	1.10424	
가정 안에서의 신앙교육이 나아질 것이다.	청소년(중고생)	3.4220	.96174	4.598**
	대학생	3.0813	1.06510	

*p<.05, **p<.001

(5) 신앙고백 수준

청소년과 대학생들의 신앙고백 수준의 차이를 살펴보면, 전반적으로 4점대의 높은 인식을 보이고 있었으며, 대학생들이 통계적으로 유의미한 수준에서 상대적으로 높은 수준을 확인해주고 있다.

<표 III-89> 청소년과 대학생의 신앙고백 수준의 차이

				T값
나는 성경이 정확무오한 하나님 말씀임을 믿습니다	청소년(중고생)	4.2546	.90559	-6.006**
	대학생	4.6094	.71739	
나는 하나님의 천지창조를 믿습니다	청소년(중고생)	4.3280	.93230	-7.072**
	대학생	4.7281	.62183	
나는 예수 그리스도를 믿음으로 말미암아 구원받음을 믿습니다	청소년(중고생)	4.3693	.88610	-6.561**
	대학생	4.7313	.63069	

*p<.05, **p<.001

4. 추가 분석- 학부모[1]

(1) 부모로서 자녀 신앙지도의 어려움

부모로서 자녀 신앙지도에 있어 어려움이 있다면 무엇인가와 관련하여 '부모로서의 신앙교육에 대한 열정 부족', '부모로서의 전문성 부족(성경교수방법, 자녀발달이해 등)', '개인적인 시간부족(개인적으로 바쁨)', '자녀와의 공감대 및 관계형성의 어려움' 등의 내용을 중심으로 우선순위를 확인해보았다.

<표 III-90> 부모로서 자녀 신앙지도의 어려움

	1순위		2순위	
	빈도	%	빈도	%
부모로서의 신앙교육에 대한 열정 부족	103	34.2	74	24.6
부모로서의 전문성 부족 (성경교수방법, 자녀발달이해 등)	73	24.3	91	30.2
개인적인 시간부족(개인적으로 바쁨)	51	16.9	60	19.9
자녀와의 공감대 및 관계형성의 어려움	41	13.6	48	15.9
부모로서 자신의 신앙이 확고하지 않음	14	4.7	13	4.3
자녀의 학업이 신앙교육보다 우선	8	2.7	8	2.7
자녀가 신앙에 부정적임	10	3.3	7	2.3

(2) 자녀에 대한 신앙적 기대

학부모들은 자녀에 대한 신앙적 기대에 관한 질문에서 '나의 자녀는 부모세대보다 교회(봉사와 섬김 등)를 더 잘 섬길 것 같다', '나의 자녀는 부모세대보

---

1. 부모에 대한 좀 더 상세한 분석은 이현철·이기룡·박신웅·김홍일·김은덕의 2022년 생명의 양식 출판 자료를 참고하기 바람.

다 하나님을 더 잘 섬길 것 같다'에서 3점대의 점수를 나타내고 '나의 자녀는 앞으로 신앙생활을 하지 않을 것 같다', '나의 자녀는 앞으로 교회 활동을 하지 않을 것 같다'에서 1점대의 점수를 나타내어 학부모들은 자녀들의 신앙적 기대가 다소 긍정적임을 알 수 있다. 더불어 해당 항목에 있어 아버지와 어머니의 인식에 있어 통계적으로 유의미한 차이가 나타나고 있음을 볼 수 있다.

<표 III-91> 자녀에 대한 신앙적 기대

(단위: 점(5점 척도))

구분		평균	표준편차	T값
나의 자녀는 부모세대보다 하나님을 더 잘 섬길 것 같다.	부	3.02	1.080	-2.192*
	모	3.38	.972	
	전체	3.33	.994	
나의 자녀는 부모세대와 비슷한 수준에서 하나님을 섬길 것 같다.	부	2.72	1.008	-2.603*
	모	3.14	.982	
	전체	3.08	.995	
나의 자녀는 부모세대보다 하나님을 잘 섬기지 못할 것 같다.	부	2.81	1.200	2.357*
	모	2.36	.953	
	전체	2.43	1.003	
나의 자녀는 앞으로 신앙생활을 하지 않을 것 같다.	부	1.86	.861	1.016
	모	1.72	.828	
	전체	1.74	.833	
나의 자녀는 부모세대보다 교회(봉사와 섬김 등)를 더 잘 섬길 것 같다.	부	3.02	1.225	-2.080*
	모	3.43	.835	
	전체	3.37	.909	
나의 자녀는 부모세대와 비슷한 수준에서 교회(봉사와 섬김 등)를 섬길 것 같다.	부	2.86	.990	-2.280*
	모	3.21	.918	
	전체	3.16	.935	

나의 자녀는 부모세대보다 교회(봉사와 섬김 등)를 섬기지 못할 것 같다.	부	2.79	1.146	2.914*
	모	2.30	.995	
	전체	2.37	1.030	
나의 자녀는 앞으로 교회 활동을 하지 않을 것 같다.	부	2.00	.976	1.717
	모	1.75	.860	
	전체	1.79	.880	

*$p<.05$ **$p<.001$

(3) 가정의 신앙교육에 가장 큰 영향을 미친 사람

학부모들은 가정의 신앙교육에 가장 큰 영향을 미친 사람에서 1순위를 기준으로 자녀 자신, 어머니, 간사(신앙단체), 담임목사 등의 순으로 응답하였다.

<표 III-92> 가정의 신앙교육에 가장 큰 영향을 미친 사람

	1순위		2순위	
	빈도	%	빈도	%
담임목사	20	6.7	13	4.3
담당 교역교사자	12	4.0	23	7.6
아버지	1	.3	9	3.0
어머니	85	28.3	111	36.9
자녀 자신	153	51.0	111	36.9
간사(신앙단체)	26	8.7	24	8.0
교회 성도	2	.7	3	1.0
조부(할아버지)	0	.0	3	1.0
조모(할머니)	1	.3	1	.3

(4) 자녀 신앙교육에 대한 인식

학부모들은 '나는 자녀의 신앙교육이 자녀의 학원보다 중요하다고 생각한다'가 4.04점으로 가장 높았고, 다음으로 '나는 자녀의 신앙교육이 자녀의 '학업'보다 중요하다고 생각한다'(3.98점), '나는 자녀의 신앙교육에 열정이 있다'(3.87점) 등의 순으로 나타났다. 특별히 '나는 자녀의 신앙교육을 위하여 시간을 충분히 할애하고 있다'에 대하여 2점대의 인식을 보이고 있으며, 아버지와 어머니 모두 유사한 인식을 보이고 있다. 또한 어머니 집단이 자녀의 신앙교육에 대한 전문성을 아버지 집단에 비해 가지지 못하고 있음을 보여주고 있다.

<표 III-93> 자녀 신앙교육에 대한 인식

(단위: 점(5점 척도))

구분		평균	표준편차	T값
나는 자녀의 신앙교육에 열정이 있다.	부	3.95	.754	.755
	모	3.85	.819	
	전체	3.87	.810	
나는 자녀의 신앙교육을 위한 전문성을 가지고 있다(성경, 기독교교육 등)	부	3.26	.954	2.417*
	모	2.90	.875	
	전체	2.95	.893	
나는 자녀의 신앙교육을 위하여 시간을 충분히 할애하고 있다.	부	2.81	.824	.589
	모	2.73	.853	
	전체	2.74	.848	
나는 자녀와 신앙교육을 위해서 공감대를 충분히 형성하고 있다.	부	3.16	.843	-.220
	모	3.19	.880	
	전체	3.19	.874	
나는 자녀의 신앙교육이 자녀의 '학업'보다 중요하다고 생각한다.	부	4.21	.861	1.617
	모	3.94	1.042	
	전체	3.98	1.021	

나는 자녀의 신앙교육이 자녀의 '학원'보다 중요하다고 생각한다.	부	4.26	.727	1.465
	모	4.01	1.070	
	전체	4.04	1.030	

(5) 자녀 지도에 대한 인식

학부모들은 '나는 가정에서 자녀에게 인성(예의범절 등)을 지도하고 있다'
에서 4.02점으로 가장 높았고, 다음으로 '나는 가정에서 자녀에게 진로(직업
및 적성 등)를 지도하고 있다'(3.21점), '나는 가정에서 자녀에게 기도를 지도하
고 있다'(3.19점) 등의 순으로 나타났다. 자녀에 대한 신앙지도의 경우 전반적
으로 보통 혹은 그 이하의 수준에서 이루어지고 있음을 확인할 수 있으며, 각
항목에 있어 아버지 집단과 어머니 집단의 인식은 통계적으로 무의미하였다.
이는 두 집단의 인식이 유사한 수준에서 낮게 이루어지고 있음을 의미한다.

<표 III-94> 자녀 지도에 대한 인식

(단위: 점(5점 척도))

구분		평균	표준편차	T값
나는 가정에서 자녀에게 성경을 지도하고 있다.	부	3.05	.999	.553
	모	2.96	.977	
	전체	2.97	.979	
나는 가정에서 자녀에게 기독교 교리를 지도하고 있다.	부	2.98	1.012	.854
	모	2.83	1.021	
	전체	2.85	1.019	
나는 가정에서 자녀에게 기도를 지도하고 있다.	부	3.28	.908	.659
	모	3.18	.916	
	전체	3.19	.914	

나는 가정에서 자녀에게 인성(예의범절 등)을 지도하고 있다.	부	3.98	.636	-.417
	모	4.02	.683	
	전체	4.02	.676	
나는 가정에서 자녀에게 학업(학교 공부 등)을 지도하고 있다.	부	2.88	.981	-1.143
	모	3.07	1.013	
	전체	3.05	1.009	
나는 가정에서 자녀에게 진로(직업 및 적성 등)를 지도하고 있다.	부	3.36	.932	1.213
	모	3.18	.856	
	전체	3.21	.868	

(6) 학부모의 교회사역을 위한 요구도

학부모들의 다음세대 교회사역을 위한 요구도를 분석하기 위해서 대응표본 t검정을 실시하였다. 현재 선호 수준과 미래 중요 수준에서 모두 '담임목사의 목회철학'의 평균이 가장 높았으며, 대응표본 t검정 결과, 19개 분야에서 통계적으로 유의미한 요소를 확인하였다. 본 연구에서 요구는 현재 선호 수준과 미래 중요 수준 간의 차이로 정의되기 때문에 19개 모든 분야에서 갭gap으로서의 요구가 존재하였다.

다음으로 Borich의 요구도 값을 산출한 결과 가장 높은 요구도 값은 '전도활동'이었으며, 그 다음 순으로 '지역사회와 연계된 프로그램', '심방 활동' 등의 순이었다. 학부모들의 교회사역을 위한 요구도에 대한 우선순위 분석방법을 정리하면 <표 Ⅲ-95>와 같다.

<표 III-95> 학부모의 교회 사역을 위한 요구도 분석

구분	현재선호도		미래중요도		차이		요구도	순위
	평균	순위	평균	순위	평균	t값		
담임목사의 리더십	4.37	2	4.49	2	.12	3.054***	0.52	18
담임목사의 목회철학	4.48	1	4.52	1	.05	1.413	0.23	19
교역자의 현장사역 전문성	4.20	3	4.38	3	.18	4.268***	0.77	17
교회학교 교사의 헌신	4.15	4	4.35	4	.20	4.322***	0.87	16
학생의 개인적 요인 (참여, 관심 등)	3.97	6	4.30	5	.34	6.288***	1.44	6
교회학교 신앙양육 프로그램	3.93	8	4.21	10	.28	5.362***	1.17	12
학부모의 관심	4.04	5	4.29	6	.25	4.712***	1.05	14
전도 활동	3.40	19	3.92	17	.52	9.004***	2.03	1
다음세대 재정 지원	3.90	11	4.18	11	.28	5.298***	1.17	13
성도들의 교회교육에 대한 관심	3.93	8	4.22	9	.29	5.250***	1.20	11
총회 및 노회의 지원과 관심	3.62	15	3.97	14	.35	6.651***	1.39	7
총회 산하 교육기관의 지원 (총회교육원, SFC 등)	3.63	14	3.96	15	.32	5.853***	1.28	10
심방 활동	3.41	18	3.85	19	.44	7.011***	1.67	3
교회학교 교사를 위한 교육	3.73	13	4.11	13	.38	6.485***	1.54	4
기도 활동	3.92	10	4.23	8	.31	5.508***	1.31	9
교역자와 성도(부서) 간의 관계	3.86	12	4.12	12	.25	5.328***	1.04	15
교회와 가정이 연계된 신앙교육	3.93	7	4.25	7	.32	5.484***	1.36	8
평생교육(장노년 포함) 프로그램	3.57	16	3.95	16	.38	6.513***	1.50	5
지역사회와 연계된 프로그램	3.46	17	3.91	18	.45	7.389***	1.76	2

***p<.001

다음으로 학부모의 교회 사역을 위한 요구를 The Locus for Focus 모델을 활용하여 우선순위를 분석한 결과는 <그림 III-27>과 <표 III-96>과 같다. 학부모들이 인식하고 있는 미래 중요 수준 평균은 4.17이며, 불일치 수준미래 중요 수준-현재 선호 수준의 평균은 0.30으로 나타났다. 미래 중요 수준의 평균을 X축으로, 불일치 수준의 평균을 Y축으로 하여 사사분면으로 나타냈을 때, 제1사분면의 영역에 속하는 요구들은 학부모들이 중요하게 생각하고 미래 중요 수준과 현재 선호 수준 간의 불일치 수준이 높은 것들로 최우선적으로 요구되는 요구들이다.

분석 결과, 제1사분면에 포함되는 요구는 '학생의 개인적 요인(참여, 관심 등)', '기도 활동', '교회와 가정이 연계된 신앙교육'이었고, 제2사분면에는 '전도 활동', '총회 및 노회의 지원과 관심', '총회 산하 교육기관의 지원(총회교육원, SFC 등)', '심방 활동', '교회학교 교사를 위한 교육', '평생교육(장노년 포함) 프로그램', '지역사회와 연계된 프로그램'이었으며, 제3사분면에는 '교역자와 성도(부서) 간의 관계'였고, 제4사분면은 '담임목사의 리더십', '담임목사의 목회철학', '교역자의 현장사역 전문성', '교회학교 교사의 헌신', '교회학교 신앙양육 프로그램', '학부모의 관심', '다음세대 재정 지원', '성도들의 교회교육에 대한 관심'이었다.

<그림 III-27> The Locus for Focus모델을 활용한 학부모의 교회 사역을 위한 우선순위

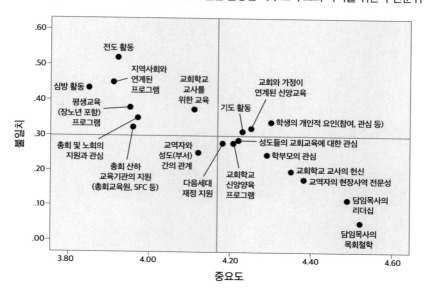

<표 III-96> The Locus for Focus 모델을 활용한 학부모의 교회 사역을 위한 우선순위

분면	신앙생활 우선순위
1사분면 (고고)	학생의 개인적 요인(참여, 관심 등), 기도 활동, 교회와 가정이 연계된 신앙교육
2사분면 (저고)	전도 활동, 총회 및 노회의 지원과 관심, 총회 산하 교육기관의 지원 (총회교육원, SFC 등), 심방 활동, 교회학교 교사를 위한 교육, 평생교육(장노년 포함) 프로그램, 지역사회와 연계된 프로그램
3사분면 (저저)	교역자와 성도(부서) 간의 관계
4사분면 (고저)	담임목사의 리더십, 담임목사의 목회철학, 교역자의 현장사역 전문성, 교회학교 교사의 헌신, 교회학교 신앙양육 프로그램, 학부모의 관심, 다음세대 재정 지원, 성도들의 교회교육에 대한 관심

IV

위드코로나 시대의
다음세대 사역 방향성

위드코로나시대
다음세대
신앙리포트

1. 한국교회를 위한 정책 제안:
「Creative Ministries 2025 for the YOU.T.H. *plus(+)*」로의 고도화

　본 절에서는 분석결과를 바탕으로 코로나19에 따른 한국교회의 대학생 및 청소년사역을 위한 방향과 전략을 제안하고자 한다. 특별히 이는 2021년 SFC가 한국교회에 제안한 「Creative Ministries 2025 for the YOU.T.H.」[1]와의 연속성 속에서 이루어지며, 대학생들의 분석결과를 추가한 「Creative Ministries 2025 for the YOU.T.H. *plus(+)*」로 고도화하였다. 먼저 2021년 version 「Creative Ministries 2025 for the YOU.T.H」의 경우 청소년들을 중심으로 아래의 총 3가지의 영역과 하위 주제들로 구성되었다. 그 내용은 다음과 같다.

<그림 IV-1> Creative Ministries 2025 for the YOU.T.H.

　먼저 "YOU: your church(청소년사역 및 교회사역 방향)"는 청소년사역 및 교회 현장 사역자들이 전략을 구성함에 있어 고려해야 할 항목들을 중심으로

---

1. 이현철·문화랑·이원석·안성복, 『코로나시대 청소년신앙 리포트』 (서울: SFC, 2021), 210-212.

제시하였으며, "T: teach the faith(청소년 신앙생활 지도 방향)"는 청소년들을 위한 신앙생활 지도와 교육할 때 고려해야 할 사항들을 제시하였다. 마지막으로 "H: healthy the life(청소년 일상생활 지도 방향)"는 청소년들의 일상생활 지도와 관련된 사항이 중심이 된다.

해당 사항들의 경우 이현철의 정책 구현 구분 체제에 따라 교단 차원, 노회 차원, 개체 교회 차원, 사역자개인 차원으로 구분하여 제시되었다.[2] 2021년 version 「Creative Ministries 2025 for the YOU.T.H」의 하위 주제는 다음과 같다.

<표 IV-1> Creative Ministries 2025 for the YOU.T.H.의 영역과 하위 주제들(2021년 version)

영역	하위 주제	구현 단위			
		교단	노회	교회	개인 (사역자)
청소년 사역 및 교회 방향	청소년들의 신앙생활만족도 개선을 위한 활동이 요청된다.			○	○
	홈스쿨링과 대안학교가 제시하는 신앙교육적 가치들을 살펴야 한다.			○	○
	청소년의 교제에 대한 갈증을 다른 교제의 장을 통해 충족시켜줄 수 있어야 한다.			○	○
	교회 규모별 특성을 고려한 신앙 활동의 전략을 구성해야 한다.	○	○	○	○
	교회와 청소년 전문 사역 기관과의 연계가 필요하다.	○	○	○	○
	청소년들은 자신의 신앙에 있어 학부모의 영향력을 높게 인식하고 있음을 기억하자			○	○

2. 교단-노회-개체 교회-사역자(개인)에 따른 전략 구현은 이현철의 교회 정책 구현 분류 수준에 기초하여 이루어졌다. 이현철, "중소형교회 생존 및 사역을 위한 정책 제안," 제9회 서울포럼: 4차 산업혁명시대의 미래 목회 어떻게 준비할 것인가?(2020년 10월 8일).

	청소년들은 전도를 부담스러워하고 있어 이에 대한 개선전략이 요청된다.	○	○	○	○
	오프라인과 온라인의 조화를 추구할 수 있는 '청소년 맞춤형 사역 플랫폼' 개발이 요청된다.	○	○	○	○
	청소년들의 실제적인 삶과의 연계된 교회교육이 추구될 필요가 있다.	○	○	○	○
	청소년들의 신앙적 활동에 있어 근소한 차이지만 TEEN SFC 활동에 희망을 보다.	○	○	○	○
	수도권(서울경기인천) 지역 청소년들을 위한 우선적인 지원과 교육이 요청된다.		○	○	○
	코로나19 속에서 청소년들은 내실있게 신앙생활이 이루어지지 못하였고, 이에 대한 개선이 시급하게 요청된다.			○	○
	청소년들의 인식 개선을 위한 한국교회 사회적 신뢰도 회복이 필요하다.	○	○	○	
청소년 신앙생활 지도 방향	코로나19의 상황 속에서 가족과의 신앙적 유대감을 더욱 강조해야 할 것이다.			○	○
	기독정체성에 대한 청소년들의 고민과 확립이 필요하다.			○	○
	교회교육은 청소년들의 신앙생활과 교회생활에 의미 있는 활동이 되고 있으며, 이를 계속하여 강조할 필요가 있다.			○	○
	'신앙생활'을 넘어 '생활신앙'의 개념을 가르쳐야 한다.			○	○
	생활 속에서 성경을 읽을 수 있도록 도움을 주어야 한다.			○	○
	고등학생들의 신앙생활 우선순위에 기도가 포함되고 있음을 주목할 필요가 있다.			○	○
	청소년들을 위한 본질적인 신앙양육에 초점을 맞추어 사역할 필요가 있다.				
	고등학생들을 위한 학교와 가정에서의 신앙 지도와 프로그램이 시급하다.	○	○	○	○

	청소년들의 신체·정신 건강을 돌볼 수 있는 적절한 대안이 필요하다.			○	○
	청소년들을 위한 생활 플랜(plan)이 필요하다.			○	○
	청소년들의 건강한 수면 습관을 위한 지도와 관리가 필요하다.			○	○
청소년 일상생활 지도 방향	청소년들을 위한 스마트기기 및 스마트폰 사용 지도가 요청된다.			○	○
	청소년들의 자기성찰 과정이 올바른 진로·직업 탐색으로 이어지도록 도와줄 필요가 있다.			○	○
	청소년들의 비대면 학교 수업에 대한 만족도를 개선시켜 줄 필요가 있다.			○	○
	중학생들을 위한 동아리 및 기타 활동에 준하는 프로그램이 제공될 필요가 있다.			○	○

2022년 version 「Creative Ministries 2025 for the YOU.T.H. *plus(+)*」는 2021년 versioin의 내용을 대학생들이 포함된 좀 더 종합적인 다음세대 영역으로 확장하였으며, 분석의 연속성 속에서 사역 체제의 방향성을 고도화하였다. 그 내용은 다음과 같다.

<그림 IV-2> Creative Ministries 2025 for the YOU.T.H. *plus(+)*

「Creative Ministries 2025 for the YOU.T.H. *plus(+)*」에서는 "YOU: your church(다음세대 사역 및 교회사역 방향)"는 대학생·청소년사역 및 교회 현장 사역자들이 전략을 구성함에 있어 고려해야 할 항목, "T: teach the faith(다음 세대 신앙생활 지도 방향)"는 대학생·청소년들을 위한 신앙생활 지도와 교육 시 고려해야 할 항목, "H: healthy the life(다음세대 일상생활 지도 방향)"는 대학생·청소년들의 일상생활 지도와 관련된 항목으로 이루어진다.

새롭게 추가된 「Creative Ministries 2025 for the YOU.T.H. *plus(+)*」의 하 위 주제들은 다음과 같으며, (*)를 표기하여 구분하였다. 사역자들의 경우 기존 의 하위주제와 함께 *plus(+)* version 주제 모두를 종합하여 다음세대 사역을 위 한 방향성을 구성해 나간다면 코로나 관련 사역에 도움이 될 것으로 확신한다.[3]

<표 IV-2> Creative Ministries 2025 for the YOU.T.H. *plus(+)*의 영역과 하위 주제들
(2022년 version)

영역	하위 주제	구현 단위			
		교단	노회	교회	개인 (사역자)
다음세대 사역 및 교회 방향	청소년들의 신앙생활만족도 개선을 위한 활동이 요청된다.			○	○
	홈스쿨링과 대안학교가 제시하는 신앙교육적 가 치들을 살펴야 한다.			○	○
	청소년의 교제에 대한 갈증을 다른 교제의 장을 통 해 충족시켜줄 수 있어야 한다.			○	○
	교회 규모별 특성을 고려한 신앙 활동의 전략을 구 성해야 한다.	○	○	○	○

---

3. 사역자들에게 도움을 드리기 위해 기존의 분석결과에 기초한 하위 주제들을 [부록]으로 제시하였는데, 해당 사 항은 기존의 통계 분석 결과의 수치임을 유념하여 살펴보길 바란다. 해당 사항과 관련된 세부적인 통계 결과는 이현철·문화랑·이원석·안성복, 『코로나시대 청소년신앙 리포트』 (서울: SFC, 2021)을 참고하라.

교회와 청소년 전문 사역 기관과의 연계가 필요하다.	○	○	○	○
청소년들은 자신의 신앙에 있어 학부모의 영향력을 높게 인식하고 있음을 기억하자			○	○
청소년들은 전도를 부담스러워하고 있어 이에 대한 개선전략이 요청된다.	○	○	○	○
오프라인과 온라인의 조화를 추구할 수 있는 '청소년 맞춤형 사역 플랫폼' 개발이 요청된다.	○	○	○	○
청소년들의 실제적인 삶과의 연계된 교회교육이 추구될 필요가 있다.	○	○	○	○
청소년들의 신앙적 활동에 있어 근소한 차이지만 TEEN SFC 활동에 희망을 보다.	○	○	○	○
수도권(서울경기인천) 지역 청소년들을 위한 우선적인 지원과 교육이 요청된다.			○	○
코로나19 속에서 청소년들은 내실있게 신앙생활이 이루어지지 못하였고, 이에 대한 개선이 시급하게 요청된다.			○	○
청소년들의 인식 개선을 위한 한국교회 사회적 신뢰도 회복이 필요하다.	○	○	○	
대학생들이 미디어보다 신앙에 흥미를 갖고 집중할 수 있도록 도와야 한다(*)			○	○
대학생들은 신앙의 본질적인 것을 요구하고 있다(*)	○	○	○	○
코로나19는 대학생들을 위한 심방 사역의 기회이다(*)			○	○
대학생들은 온라인 모임의 어려움을 느끼고 있지만 모임에 대한 사모함이 있다(*)			○	○
소규모 교회의 대학생들을 위한 관심이 필요하다(*)	○	○	○	○
대학생들에게 있어 가정(어머니)과 담당 교역자가 역할이 중요하다(*)			○	○
대학생들은 사역자들의 온라인 사역에 대한 전문성을 기대하고 있다(*)	○	○	○	○

	대학생들이 교회에 출석하는 이유는 자신의 신앙 때문이다(*)	○	○	○	○
	청소년들을 위한 온라인 사역 만족도 개선이 시급하게 요청된다(*)	○	○	○	○
	청소년들을 위한 신앙교육은 반드시 가정과 연계되어 수행되어야 한다(*)			○	○
	청소년들에 대한 교사의 영향력을 증대시킬 필요가 있다(*)	○	○	○	○
	청소년들은 교회를 떠나고 싶어하지 않는다(*)			○	○
	청소년 학교급에 따른 수준별 맞춤 훈련 프로그램이 필요하다(*)			○	○
	청소년들을 향한 본질적인 사역을 확신있게 수행해야 한다(*)	○	○	○	○
	청소년들의 복음전도를 향한 요구를 주목할 필요가 있다(*)			○	○
	청소년 사역자들의 현장 조사 및 방법론적 역량 개발이 요청된다(*)	○	○	○	○
	홈스쿨링&대안학교 청소년들을 위한 '전도 책모임'을 해보자(*)			○	○
다음세대 신앙생활 지도 방향	코로나19의 상황 속에서 가족과의 신앙적 유대감을 더욱 강조해야 할 것이다.			○	○
	기독정체성에 대한 청소년들의 고민과 확립이 필요하다.			○	○
	교회교육은 청소년들의 신앙생활과 교회생활에 의미 있는 활동이 되고 있으며, 이를 계속하여 강조할 필요가 있다.			○	○
	'신앙생활'을 넘어 '생활신앙'의 개념을 가르쳐야 한다.			○	○
	생활 속에서 성경을 읽을 수 있도록 도움을 주어야 한다.			○	○
	고등학생들의 신앙생활 우선순위에 기도가 포함되고 있음을 주목할 필요가 있다.			○	○
	청소년들을 위한 본질적인 신앙양육에 초점을 맞추어 사역할 필요가 있다.			○	○

	1	2	3	4
고등학생들을 위한 학교와 가정에서의 신앙 지도와 프로그램이 시급하다.	○	○	○	○
대학생들의 신앙 습관에 대한 훈련이 필요하다.			○	○
다음세대들은 본질적인 신앙양육에 관심이 있다(*)			○	○
답답한 다음세대, 돌파구가 필요하다(*)	○	○	○	○
대학생들이 교회에 대해 긍정적인 관점을 갖도록 지도해야 한다(*)			○	○
미래세대에 대한 기대와 비전을 건강하게 품을 수 있도록 지도해야 한다(*)			○	○
다음세대들은 성경의 중요성을 알고 있다(*)			○	○
다음세대 일상생활 지도 방향 청소년들의 신체·정신 건강을 돌볼 수 있는 적절한 대안이 필요하다.			○	○
청소년들을 위한 생활 플랜(plan)이 필요하다.			○	○
청소년들의 건강한 수면 습관을 위한 지도와 관리가 필요하다.			○	○
청소년들을 위한 스마트기기 및 스마트폰 사용 지도가 요청된다.			○	○
청소년들의 자기성찰 과정이 올바른 진로·직업 탐색으로 이어지도록 도와줄 필요가 있다.			○	○
청소년들의 비대면 학교 수업에 대한 만족도를 개선시켜 줄 필요가 있다.			○	○
청소년들의 신체적, 정신적 건강을 케어(care)해 주어야 한다(*)	○	○	○	○
다음세대의 자발성을 기르는 것이 시급하다(*)			○	○
다음세대의 공동체 의식이 우려된다(*)			○	○

(*)의 경우 Creative Ministries 2025 for the YOU.T.H. *plus(+)*로 추가 항목임.

2. Creative Ministries 2025 for the YOU.T.H. *plus(+)* No.1 "YOU: your church(다음세대 사역 및 교회사역 방향)"

대학생들이 미디어보다 신앙에 흥미를 갖고 집중할 수 있도록 도와야 한다.

#미디어보다_하나님 #진짜_갓생

코로나19로 인해 어려운 점에 대한 설문조사에서 '외출하기 어려워졌다'의 문항이 20.6%로 가장 높았으며, '미디어 사용이 증가하였다'라는 문항이 19.7%로 2순위로 조사되었다. 조사가 보여주는 것은 코로나19로 맞이한 어려운 삶의 모습이다. 하지만 이 속에서 우리가 발견할 수 있는 것은 신앙에 집중하지 못하는 대학생의 현실이다. 외출을 하기 어려운 상황에서 여유시간은 늘어났다. 대학생들은 자연스럽게 미디어에 집중하게 되었다. 여유는 있지만, 외출이 어려운 한정된 상황 속의 대학생들이 이 시간을 기회로 삼아 신앙에 집중할 수 있었다면, 오히려 코로나19로 인한 유익을 얻을 수도 있었을 것이다. 교회는 코로나 상황이 종식되기 전까지 개인이 신앙생활에 집중할 수 있도록 도울 수 있어야 한다. '갓생'[4]을 살기 위해 노력하는 대학생들이 실제로 하나님과 함께하는 '갓생'을 살 수 있도록 돕는 신앙생활 프로그램이 필요하다. 이런 노력들은 코로나가 끝나더라도 오프라인으로 전환하여 진행될 수 있으며, 오히려 코로나를 기회로 삼기 위해 필요한 행동이다.

---

4. 신조어 중 하나. 갓(GOD)과 생(生)을 합쳐 부지런하고 성실하게 생활하여 모범이 되는 훌륭한 삶을 사는 인생을 말함.

대학생들은 신앙의 본질적인 것을 요구하고 있다.

#신앙본질 #성경 #하향평준화_방지 #대학생_요구도

대학생들이 신앙생활에 있어 가장 시급하게 요구하고 있는 항목은 '기도하기', '성경읽기', '성경공부 참여하기'임을 확인할 수 있었다. 이는 신앙교육과 사역에 있어 본질적인 측면을 사역의 대상자들에게 요청하고 있음을 의미한다. 또한 코로나의 상황 속에서 대학생들을 위해 하향평준화된 신앙지도가 아닌 신앙교육과 양육의 본질적인 요소들을 지속적으로 강조하여 진행할 수 있음도 시사하는 것이다. 더불어 해당 사항은 교회와 사역자들이 신앙 본질적인 활동을 수행함에 있어 효과적인 방안과 전략을 세워 수행해야 함도 고민하게 하는 대목이다. 이와 관련하여 대학생 사역에서 온라인을 활용한 다양한 접근들이 가능할 것인데, 대학생들은 온라인 교회모임 참여에 대하여 긍정적인 인식을 보이고 있었기 때문이다. 실제로 대학생들은 온라인을 활용한 성경공부, 소모임, 제자훈련에 대하여 긍정적인 참여의향을 표시해주었다. 다만 해당 사항이 대면 사역을 도외시한 채 별도로 진행되어서는 안 되며, '대면과 비대면'의 양방향 사역으로 전개되어야 할 것이다. 이에 대한 총회 및 전문기관의 안정감 있는 지도도 필요할 것이다.

코로나19는 대학생들을 위한 심방 사역의 기회이다.

#심방 #마음의_방문 #예수님이_오셨듯이

코로나19로 인한 신앙적 변화 인식에서 '교회의 대면 심방의 빈도가 늘어났다'는 문항과 '교회의 비대면 심방의 빈도가 늘어났다'는 문항 둘 다 보통 이하의 결과가 조사되었다. 대학생은 심방의 빈도가 조금 줄었거나 이전과 변함이 없다고 느낀다는 결과다. 그러므로 교회는 오히려 더욱 심방에 힘을 쏟아야 한다. 거리두기 정책의 영향으로 대규모로 만나기 어려워진 상황은 오히려 소규모로 만날 수 있는 절호의 기회다. 소규모로 만날 때의 이점은 더욱 깊은 만남을 기대할 수 있다는 것이다. 대규모보다 1:1이나 소규모로 모일 때 더 깊은 대화나 고민을 나눌 가능성이 크다. 비대면으로 지루해진 대학생의 일상에 사역자의 따뜻한 심방은 마음을 여는 귀한 열쇠가 될 수 있다. 자신을 찾아준 지체나 교역자의 심방은 따뜻한 환대의 모습으로 비춰질 것이며, 그리스도 안의 한 몸으로 나아가는 사역의 시작이 될 것이다.

대학생들은 온라인 모임의 어려움을 느끼고 있지만 모임에 대한 사모함이 있다.

#온라인_힘들지만 #사모하는_모임

대학생들의 온라인 교회모임의 가능성 인식에 대한 응답은 모두 부정적인 결과를 보였다. '대학청년부 온라인 성경공부'가 2.51점으로 가장 긍정적인 결과를 보였지만, 이마저도 3점 이하의 부정적 결과다. '온라인 소모임', '온라인 예배', '온라인 제자훈련', '온라인 수련회'에 대한 항목들에서도 모두 부정적인 결과로 답변하였다. 이는 대학생들이 온라인 모임에 대한 어려움을 인식하고 있음을 보여준다. 그러나 대학생들은 여전히 모임에 대한 사모함을 가지고 있었다. 코로나19로 인한 상황 속에서도 온라인 교회모임 참여 의향에 대한 질문에 대해 예배에는 85.6%, 성경공부나 소모임에는 약 75%가 참여할 것이라고 답변하였다. 대학생들은 온라인 교회모임에 대해 어려움과 힘듦을 겪고 있지만, 그런 상황에도 불구하고 온라인 모임에 참여하고 있다. 사역자들은 대학생들의 모임에 대한 마음을 인식하고, 모이기를 힘써야 한다. 특별히 온라인 모임에 어려움을 호소하는 대학생들을 위해, 온라인으로 진행할 시 모임의 유익을 충분히 느낄 수 있도록 잘 준비해야 하며, 상황을 판단하여 가능하다면 대면 모임으로 진행해야 한다.

소규모 교회의 대학생들을 위한 관심이 필요하다.

#소규모_교회 #함께_세워가는_교회

신앙생활에 대한 요구도 조사에서 대학생의 신앙생활 우선순위에 가장 필요하다고 느낀 항목은 '기도하기', '성경읽기', '성경공부 참여하기'이다. 그러나 '전도활동하기' 항목은 50명 이하의 대학생 신앙생활 우선순위에서만 발견할 수 있다. 50명 이하 규모로 모이는 교회의 대학생들은 전도가 필요한 교회의 현실을 잘 알고 있고, 전도의 필요성과 중요성을 인식하고 있다는 것이다. 소규모 교회에 전도의 필요성만 있는 것은 아니다. 50명 이하 규모의 교회 대학생의 교회 사역을 위한 요구도 분석 표에서는 '교회학교 프로그램', '교사 양육', '교역자와 부서 간의 관계'에 대해 필요성을 인식하고 있었다. 따라서 50명 이하 규모의 교회는 전도와 교회 프로그램, 교사 양육, 교역자와 부서 간의 관계 등 사역 전반적인 부분에서 개선할 필요가 있다. 소규모 교회는 대학부를 위한 프로그램을 준비하고, 교사를 훈련하며, 관계 측면에서 개선을 시도해야 한다. 뿐만 아니라 전도에 대해 고민하고 실천할 수 있도록 목회적 방향을 제시하고, 물질을 지원해줄 수 있어야 한다. 이를 위해 각 교회에서도 지역의 소규모 교회를 위한 지원을 고민해야 하며, 총회적인 측면에서도 지원 방향을 고려해야 한다.

대학생들에게 있어 가정(어머니)과 담당 교역자의 역할이 중요하다.

#가정_어머니 #담당교역자 #영향력

대학생들은 자신의 신앙교육에 있어 어머니와 담당교역자의 영향력이 강하다는 것을 표현해주고 있다. 대학생들이 인식하는 신앙교육에 가장 큰 영향을 미치는 사람으로 1순위로는 '어머니'가 19.4%로 가장 많았으며, 다음으로 '학생 자신'(18.8%), '담당 교역자'(18.1%), '담임목사'(16.9%) 등의 순으로 나타났으며, 2순위에서는 담당 교역자의 영향력이 다시 한번 더 확인되었다. 대학생들을 위한 사역을 설계할 때 가정과 연계된 사역의 필요성을 확인시켜 주는 부분이며, 이는 그동안의 대학생 사역에 있어 도외시되었던 부분이다. 주로 가정의 연계는 청소년 사역에 집중된 사항이 컸으나 대학생들의 신앙교육에 있어서도 가정과의 연계가 필요함을 확인시켜 주고 있다. 이를 위하여 교회와 가정의 연계를 위한 다양한 프로그램과 접근이 요청되며, 특별히 어머니의 신앙 영향력을 고려한 사역 협업의 아이디어들이 필요해 보인다. 한편 남자 대학생들은 가정의 영향력이 여자 대학생들에 비해 높지 않았는데, 그들의 경우에 1순위는 '담임목사'로, 2순위는 '담당 교역자'로 조사되었다. 이는 남학생들에 있어 목회자의 영향력이 큼을 시사해주는 대목이다. 이를 종합해 볼 때, 대학생들에게 있어 가정과 목회자의 영향은 결정적이며, 이들과의 관계성 증진을 위한 다양한 시도들이 요청된다.

대학생들은 사역자들의 온라인 사역에 대한 전문성을 기대하고 있다.

#사역_전문성 #비대면_활동 #디지털_역량 #만족도

대학생들은 사역자들의 온라인 사역 활동의 질적 수준에 대하여 부정적인 인식을 보여주고 있는데, 이를테면 '사역자들은 대면 활동보다 설명을 더 잘하는 것 같다', '전체적으로 온라인을 통한 신앙활동에 만족한다' 등에 대해 낮은 인식 수준을 보이고 있으며, 이는 각 집단별 사항 속에서도 유사한 맥락으로 나타나고 있었다. 이는 여러 가지 요인이 있겠지만 사역자들의 온라인 사역과 관련된 전문성과 준비성과도 맞닿아있는 부분이다. 실제로 대학생들이 경험하고 있는 온라인 교육환경과 활동은 매우 정련된 수준에서 이루어지고 있는 경우가 많다. 예를 들어 대학생들이 경험하고 있는 대학 전공 수업, 학원, 인터넷 강의 등은 질적으로 우수한 콘텐츠와 환경 속에서 수행되고 있기 때문이다. 이러한 맥락에서 대학생 사역자들을 위한 역량 개발 과정이나 지원 등이 필요할 것이다.

대학생들이 교회에 출석하는 이유는 자신의 신앙 때문이다.

#자신의_신앙 #교회출석 #본질 #사역_방향성

대학생들이 교회에 출석하는 가장 큰 이유는 개인의 신앙임을 확인하였다. 이는 청소년의 분석 결과와도 일맥상통하는 부분인데, 코로나의 상황 속에서 대학생들은 자신의 신앙으로 인해 교회에 출석하고 있음을 확인해주는 대목이다. 이러한 맥락에서 교회 및 대학청년 사역자들은 사역의 우선순위를 설정할 때 대학생들의 신앙 본질에 집중할 수 있는 장을 구성하고, 해당 방향성 속에서 사역의 핵심적인 요소들을 구성해야 함을 의미한다.

청소년들을 위한 온라인 사역 만족도 개선이 시급하게 요청된다.

#온라인_사역 #만족도 #신앙활동 #사역자_및_교사

청소년들의 온라인 교회모임 참여 의향을 살펴보면, '청소년부 온라인 예배'에 참여하겠다는 비율이 80.4%로 가장 많았고, 다음으로 '청소년부 온라인 수련회'(68.4%), '청소년부 온라인 소모임'(68.1%), '청소년부 온라인 성경공부'(66.7%) 등의 순으로 나타났으며, 전반적으로 청소년들의 온라인 교회모임 참여 의향이 높은 것으로 나타났다. 반면에 온라인을 통한 신앙 활동에 만족도는 낮은 것으로 나타났다. '전체적으로 온라인을 통한 신앙 활동에 만족한다'의 항목에 대하여 모든 학교급에서 2점대의 인식을 보여주고 있어 이를 반증하고 있다. 청소년들의 온라인 사역 만족도 개선을 위한 사역자 및 교사들의 전문성 향상과 디지털 리터러시[5]의 개선이 시급하며, 이를 위한 총회 및 교회 차원에서의 역량 강화 지원 과정들이 수행될 필요가 있다. 더불어 사역자 및 교사 수준에서의 개별적인 노력도 요청되며, 질적으로 우수한 신앙교육적 활동이 온라인을 통해 수행될 수 있도록 변화가 필요한 상황이다.

---

5. 디지털 리터러시란, 디지털 이해 및 활용 능력과 더불어 비평적 접근을 수행하는 디지털 관련 문해력으로 볼 수 있음.

청소년들을 위한 신앙교육은 반드시 가정과 연계되어 수행되어야 한다.

#가정 #신앙교육 #교회의_지원 #가정_내_신앙교육_전략

청소년들의 신앙교육에 가장 큰 영향을 미치는 존재를 살펴보면, 어머니와 아버지의 영향력이 크며, 다음으로 목회자의 순으로 나타나고 있다. 이는 청소년들을 위한 사역에 있어 반드시 가정과의 연계가 수반되어야 할 필요성이 있음을 강력하게 보여주는 것이다. 또한 코로나시대에 더욱 더 가정과의 협업이 중요함을 시사해주는 대목이다. 교회 및 목회자는 가정 내 신앙교육의 기능적인 활동을 위한 체계적인 지원을 수행할 필요가 있다. 그러므로 부모세대의 신앙교육 전문성도 증진될 필요가 있다. 또한 가정과 함께 목회자의 영향력도 높게 나타나고 있는데, 이는 코로나 상황 속에서 여전히 목회자의 중요성과 의미를 놓치지 말아야 함을 보여준다. 목회자들의 사역을 위한 지원과 전문성의 증진 역시 이루어져야 함을 의미한다. 더불어 목회자와 가정의 연계를 위하여 끊임없는 소통이 필요하며, 이를 위해 목회자에 의한 부모의 신앙 양육이 필요하다.

청소년들에 대한 교사의 영향력을 증대시킬 필요가 있다.

#교회학교_교사 #구조적_상황 #기독교교육 #영향력

코로나의 상황 속에서 청소년들의 신앙교육에 있어 교회학교 교사의 영향력이 높지 않음을 확인할 수 있었다. 이는 코로나와 같은 구조적인 한계가 있는 상황에서 교사들이 청소년들과 함께 사역하지 못한 맥락으로 볼 수 있다.

그럼에도 불고하고 현상적으로 교사들의 영향력이 낮은 수준에서 제한적으로 나타나고 있음에 대하여 엄중한 문제의식을 가질 필요가 있다. 교회학교 내 교사의 역할은 목회자 만큼이나 중요한데, 그들의 영향력이 과거에 비해 줄어드는 상황은 교회학교의 성장과 발전의 측면에서 볼 때 반드시 개선되어야 할 부분이다. 이와 관련하여 교회학교 교사들의 전문성을 개발할 수 있는 체계적인 과정들이 요청되며, 실제적인 기독교 교육적 역량을 증진할 수 있는 지원책들의 마련이 시급하다.

청소년들은 교회를 떠나고 싶어하지 않는다.

#교회_이동 #갈등 #목회자 #안정감

청소년들은 교회를 떠나거나 이동하고 싶어하지 않았으며, 이에 대해서는 대부분의 영역에서 분명한 입장을 취하고 있었다. 즉, 청소년들의 경우 '나는 향후 다른 교회로 옮길 의향이 있다'와 같이 교회를 옮기는 여러 가지 이유와 항목에 대한 인식을 살펴보았을 때 강한 부정의 인식을 지니고 있었다. 이러한 측면은 청소년들이 교회를 옮기거나 이동하는 것에 대해 가지는 입장을 보여주는 내용으로 볼 수 있다. 다만 이것이 현재 교회에 대한 만족도가 높아서 나타나는 결과라기보다는 특정한 이슈목회자, 설교, 봉사, 프로그램 등로 인해 교회를 옮기는 것에 대해 부정적이라는 측면을 보여주는 것으로 이해하는 것이 적합할 것으로 판단된다. 그러므로 교회에 대한 사랑과 관계적 차원에서의 중요성을 가지고 있는 청소년들이 더욱 행복하게 개체 교회에서 신앙생활을 할 수 있도록 지원해주는 활동을 고민해볼 필요가 있을 것이다.

청소년 학교급에 따른 수준별 맞춤 훈련 프로그램이 필요하다.

#말씀_기도_전도 #알지만_잘_안돼요 #도와주세요!

청소년 신앙생활의 요구도에 대한 우선순위를 분석했을 때 '성경읽기', '성경공부 참여하기'가 1사분면을 차지했다. 이는 미래에도 중요하지만 현재에는 충분히 공급되지 못하거나 수행되지 못하고 있다는 의미이다. 다시 학교급에 따라 살펴보았을 때, 중학교 청소년들은 '성경읽기'와 더불어 '기도하기'를 요구하고 있고, 고등학교 청소년들은 '전도활동하기'를 추가로 요구하고 있다. 즉, 청소년들이 신앙생활에서의 말씀과 기도와 전도의 중요성을 충분히 알고 있지만, 스스로 진단하기에 지금은 잘 안 되고 있다고 응답한 것이다. 따라서 개체 교회와 교육기관 내 담당 교육자들은 통합양육보다는 학교급에 따라 구별된, 맞춤 훈련을 개발할 필요가 있다. 다음세대의 인원이 줄어들면서 점점 통합교육, 부서통합들이 이뤄지는 것이 현실이지만, 훈련에 있어서의 구분은 필요하다. 중학교 청소년들에게는 '성경읽기'와 '기도하기'등의 기본적인 신앙 훈련에 초점을 맞추고, 고등학교 청소년들에게는 '성경읽기'와 '성경공부', '전도활동' 등의 보다 확장되고 깊이 있는 신앙 훈련을 진행하는 것이 필요하다. 특히 고등학교 청소년들에게는 전도의 의미를 비롯해 실제로 전도할 수 있도록 복음을 다시 재정립하고 말하도록 하는 훈련, 일상 속에서 복음을 전하고 살아내는 훈련이 필요할 것이다. 이런 측면에서 이들이 가장 많은 시간을 보내는 학교는 복음 전도를 훈련하기에 가장 좋은 기회이자 장이 될 것이다.

청소년들을 향한 본질적인 사역을 확신있게 수행해야 한다.

#본질적_사역 #나의_신앙_때문 #성경_중심

청소년들의 교회 출석 동기를 살펴보았을 때, '나의 신앙 때문'이 70.1%로 가장 많은 것으로 나타났다. 또한 The Locus for Focus 모델을 활용한 청소년 신앙생활 우선순위를 살펴보았을 때, '성경읽기', '성경공부 참여하기'를 최우선적으로 요구하고 있다. 이는 모든 학교급에서 신앙 본질에 대한 요구가 있음을 보여준다. 이에 맞춰 사역자들과 교사들은 비본질적인 활동보다는 '성경 중심'의 본질적인 신앙양육에 초점을 맞춰야 함을 알 수 있다. 그러므로 앞으로의 교회교육은 깊이 있는 신앙양육에 초점을 맞추는 방향으로 수행해야 할 것이다.

청소년들의 복음전도를 향한 요구를 주목할 필요가 있다.

#전도_원해요_#고딩들의_불타는_가슴

고등학생들과 기타 홈스쿨링, 대안학교 청소년들의 신앙생활 요구도 분석 결과를 살펴보면, '성경읽기', '성경공부하기', '전도활동하기'를 확인할 수 있다. 이중 특별히 흥미로운 것은 '전도활동하기'가 요구되는 것인데, 이는 청소년들의 복음 전도를 향한 필요를 시사해주는 내용으로 볼 수 있다. 이러한 결과를 긍정적으로 해석해 본다면, 코로나19로 인해 무너진 해당교육 기관의 지체들을 바라보는 고등학생들의 안타까움이 반영된 성숙된 신앙으로 볼 수 있으나 좀 더 면밀한 후속 작업이 요청된다. 해당 결과 자체에 주목해 본다면, 청소년들의 복음전도를 향한 요구가 있으며, 따라서 이에 대하여 사역자들과 교회는 탄력적으로 반영해가야 할 필요가 있다. 즉, 교회교육은 이들의 요구를 충분히 헤아려 우선적으로 전도의 필요성을 강조함으로써 복음의 은혜를 충분히 누리도록 해야 한다. 그리고 적절한 시간과 장소를 확보해 전도 프로그램을 운영함과 동시에 새 친구반을 따로 편성해 그들이 교회에 잘 정착하도록 도와야 한다.

청소년 사역자들의 현장 조사 및 방법론적 역량 개발이 요청된다.

#현장_조사 #방법론 #인식_파악 #사전_조사_필요

청소년들은 교회사역과 관련된 요구사항에 있어서 참여와 관심을 끌어낼 수 있는 측면을 강조해주었다. 이를 위해서는 사전적으로 청소년들의 요구사항과 인식이 무엇이며, 어떠한 상황인지를 면밀하게 확인할 필요가 있음을 전제한다. 이는 사역자들로 하여금 일정 수준 이상의 현장 조사 및 방법론적인 역량을 요구하는 것인데, 이와 관련하여 현재 사역자들의 경우 사역과 관련된 역량을 학습할 수 있는 기회가 부족하다. 물론 기독교교육학과 같은 실천 분과의 대학원 Th.M., M.A., Ph.D.과정에서 사역과 관련된 사항을 학습하여 사역하면 가장 좋겠지만, 많은 사역자들의 경우 그러한 역량을 학습할 기회를 얻지 못하고 있다. 이러한 상황 속에서 당장 청소년들의 요구와 인식을 살펴야 할 사역자들에게 제안하고자 하는 것은, 정련된 수준의 조사방식은 아니더라도 '간략한 설문 문항 제작' 혹은 '소그룹 면담' 등을 통해서 사역하기 전에 반드시 대상자들의 요구와 맥락을 파악한 후 사역을 진행해야 한다는 것이다. 더불어 목사후보생 양성 과정신학대학과 신학대학원에서부터 전술한 실제적인 역량을 체계적으로 개발할 수 있도록 교육과정적 관심과 노력이 필요함을 강력하게 요청해본다.

홈스쿨링&대안학교 청소년들을 위한 '전도 책모임'을 해보자.

#기독교_서적 #권장도서_리스트

학교급에 따른 신앙생활 요구도에서 홈스쿨링&대안학교 청소년들을 주목하여 살펴보았다. 이들이 신앙생활에 있어서 시급하게 요구하고 있는 항목은 '성경읽기', '성경공부 참여하기', '기독서적 읽기', '전도활동하기'이다. 동시에 이 그룹의 교회사역에 있어서 시급하게 요구되고 있는 것은 '교회학교 신앙양육 프로그램'이다. 이를 고려하여 개체교회와 담당 교역자, 학부모들은 홈스쿨링&대안학교 청소년들을 대상으로 신앙양육 프로그램을 기획할 때, '기독교 권장 도서 리스트'를 제공하거나 기독 서적을 함께 읽는 프로그램을 기획해볼 수 있겠다. 또한 책을 선정할 때, 신앙생활 요구도 결과를 반영하여 '전도'와 '선교'의 방향에 초점을 맞추는 것도 좋은 방법이다. 홈스쿨링&대안학교 청소년들은 타 학교급 청소년들에 비해 이미 가족이나 학우들을 비롯한 주변인이 기독인일 가능성이 높다. 그러므로 전도활동을 할 수 있도록 현장을 함께 만들어 가보는 것도 추천하는 바이다.

3. Creative Ministries 2025 for the YOU.T.H. *plus(+)* No.2 "T: teach the faith(다음세대 신앙생활 지도 방향)"

다음세대들은 본질적인 신앙양육에 관심이 있다.

#내가_교회가는_이유 #나의_신앙_때문

일반적으로 다음세대는 프로그램이나 관계성에 의해 교회에 출석할 것이라고 생각하기 마련이다. 그러나 상반되는 조사 결과가 도출되었다. 청소년과 대학생들 모두 교회에 출석하는 동기를 묻는 문항에 '나의 신앙 때문'이라는 응답이 가장 높은 비중을 차지했다. 이는 다음세대를 대상으로 한 신앙양육에 대해 본질적인 것에 초점을 맞추어야 함을 보여준다. 그러므로 청소년과 대학생들을 대상으로 흥미 위주의 비본질적인 활동을 통해 출석을 독려하거나 접근하기보다는 교회 정체성에 부합하고 깊이 있는 신앙양육에 초점을 맞춰 사역해야 할 필요가 있다.

답답한 다음세대, 돌파구가 필요하다.

#이상과_현실 #답답함

청소년과 대학생 모두에게서 교회에 출석하는 동기를 살펴볼 때, 가장 높은 비율로 '나의 신앙 때문'이라고 응답하였다. 또한 청소년과 대학생들의 신앙고백 수준의 차이를 살펴보면, 전반적으로 4점대의 높은 인식을 보이고 있는데 반해, 일상생활 및 신앙생활 전반적 만족도와 한국교회의 변화인식, 다음세대들에 대한 기대 항목에서는 상반된 인식을 드러내고 있다. 일상생활 및 신앙생활 전반적 만족도에 있어서는 일상의 삶, 교회 활동, 학교생활을 제치고 신앙생활의 만족도가 가장 낮은 것으로 드러났다. 또한 한국교회의 변화인식을 묻는 항목에서는 전체적으로 다소 부정적인 입장을 보여주며, 다음세대들에 대한 기대 역시 낮지도 높지도 않은 '보통' 수준에 머물러 있었다. 앞서 조사의 내용을 통해 청소년과 대학생들의 신앙고백 수준은 높지만, 코로나시대 속 한국교회가 처해 있는 현실을 보며 답답함을 토로하는 것으로 보인다. 그러므로 교회는 다음세대의 신앙수준을 과소평가하지 말고, 이들의 이러한 답답함에 귀 기울일 필요가 있다.

대학생들이 교회에 대해 긍정적인 관점을 갖도록 지도해야 한다.

#대학생 #교회를_향한_비전심기

코로나 이후향후 3~5년 한국교회의 변화 인식에 있어서 청소년들과 대학생들은 보통과 부정적 수준의 인식을 가지고 있으며, 각 항목에 있어 통계적으로 유의미한 차이를 보이고 있다. 전체적으로 청소년들에 비하여 대학생들이 '한국교회, 한국교회 내 교회학교, 가정 내 신앙교육'에 대한 부정적인 인식을 보여주고 있다. 특히 '한국교회의 지속적인 성장과 교회 내 교회학교의 성장'에 대해 보다 부정적으로 인식하고 있다. 교회학교와 가정 신앙교육을 가장 직접적으로 겪은 대학생들이 한국교회의 미래 변화를 부정적으로 인식하고 있다는 점은 이들이 향후 10년 내에 한국교회의 주도적 역할을 감당할 계층이라는 관점에서 주목해야 할 필요가 있다. 실제로 그들이 인식하고 있는 것이 솔직하고 정확할 수도 있다. 그러나 같은 것을 보더라도 다르게 해석할 수 있도록 지도해야 할 것이다. 교회를 향한 긍정적인 관점이 필요하며, 교회를 통해 일하고, 교회가 이 시대의 소망됨을 믿음으로 고백할 수 있도록 지도하는 것이 중요하다. 이를 위해 구체적으로 성경이 말하고 있는 교회의 영광스러움, 교회를 통해 일하시는 하나님을 가르칠 필요가 있다.

미래세대에 대한 기대와 비전을 건강하게 품을 수 있도록 지도해야 한다.

#다음세대 #글쎄요 #자신없음 #부담스러움

다음세대에 대한 기대 인식의 차이를 분석해 보면, 청소년과 대학생 모두 '다음세대가 신앙생활은 할 것 같지만 기성세대 보다는 못할 것 같다'고 인식하고 있다. 구체적으로 항목을 살펴보면, '다음세대들은 기성세대보다 하나님을 잘 섬길 것 같다'의 항목에 '그렇지 않다'로 응답하고 있는 것에 비해 '다음세대들은 신앙생활을 하지 않을 것 같다'의 항목에서도 '그렇지 않다'라고 응답하였다. 이러한 양가적 반응을 나타내는 것을 볼 때, 다음세대의 신앙에 대한 '확신이 없음' 혹은 '자신 없음'을 추론해 볼 수 있다. 이 가운데서도 근소하지만 유의미한 차이로 대학생들이 청소년들보다 부정적으로 인식하고 있음을 확인할 수 있다. 이는 대학생들이 청소년들보다 더 기성세대에 가까이 있으면서 기성세대의 모습을 보았고, 머지않아 그들의 위치가 될 것이기에 더 큰 '자신없음'으로 드러난 것이 아닌가 추측해 볼 수 있다. 또한 기성세대의 열정적이고 헌신적인 모습이 이들에게는 그저 부담으로만 느껴질 수도 있음도 예상 가능한 부분이다. 이에 대해 개체교회는 다음세대가 본질적으로 하나님 앞에서 신앙생활을 하며, 믿음으로 성장할 수 있도록 지도해야 할 것이며, 이를 통해 그들 스스로도 미래세대에 대한 기대와 비전을 건강하게 품을 수 있도록 지도해야 할 것이다.

다음세대들은 성경의 중요성을 알고 있다.

#말씀에_목마르다 #말씀_중심 #Keep_going

신앙생활 요구도를 분석했을 때 청소년들과 대학생들 모두에게서 '성경읽기'와 '성경공부 참여하기'가 제1사분면에 위치하고 있음을 확인할 수 있다. 이는 다음세대들이 한 목소리로 '성경'이 미래에 중요하지만, 현재에는 그것이 충족되지 않는다고 응답한 것이다. 그러므로 개체 교회와 담당 교역자 및 전문 사역자들은 말씀의 중요성은 알지만, 실제로 누리고 있지 못하는 청소년과 대학생들에게 성경읽기와 성경공부를 위한 기회를 계속해서 제공할 필요가 있다. 특히 일상 속에서도 하나님의 말씀을 계속 읽을 수 있도록 성경읽기표를 제공하거나 성경을 함께 읽는 시간과 모임을 정하는 것도 좋다. 성경을 함께 읽고자 다짐하는 그룹을 모아서 매일 서로를 독려하고 묵상을 나누는 것도 좋은 방법이다. 또한 『날마다 주님과 Teen』청소년용, 『날마다 주님과』청년대학용 등과 같은 각 연령층을 대상으로 한 QT교재를 활용하여 같은 본문을 묵상하고 나눌 수 있도록 하는 방법도 좋겠다. 또한, '온라인 성경공부' 가능성과 참여 여부에 가장 긍정적으로 반응한 대학청년그룹을 대상으로 온라인 성경공부를 해보는 것도 하나의 방법이다. 이때 개인적으로 성경을 공부하고 묵상하는데 도움이 되는 서적 혹은 영상을 공유하는 것도 추천하는 바이다.

4. Creative Ministries 2025 for the YOU.T.H. *plus(+)* No.3 "H: healthy the life(다음세대 일상생활 지도 방향)"

청소년들의 신체적, 정신적 건강을 케어(care)해 주어야 한다.

#신체_정신_건강상태_적신호

코로나19 상황이 2년 이상 지속되면서 청소년들의 신체적, 정신적 건강상 태에 대한 인식이 다소 부정적으로 변했음을 볼 수 있다. 이것은 특정 학교급 에만 나타나지 않고 중학생, 고등학생, 기타 홈스쿨링, 대안학교 등 모든 학교 급에 해당된다. 이를 극복하기 위해 교회교육의 방향을 맞추어 신체적, 정신적 건강을 케어care할 필요가 있다. 신체적으로는 다양한 스포츠 활동을 비롯한 활동적인 프로그램을 만들고, 정신적으로는 고민, 가정, 진로, 신앙 등의 전인 적 기독교 상담 지원 프로그램을 구성해 볼 것을 제안한다.

다음세대의 자발성을 기르는 것이 시급하다.

#자기세계의_파도에_올라타기 #In_Christ #MZ세대 #이해와_존중

교회 사역을 위한 요구도를 분석하였을 때, 청소년과 대학생 모두에게서 '학 생의 개인적 요인참여, 관심 등'이 제 1사분면의 영역에 속하였다. 즉, 다음세대 모 두가 '학생의 개인적 요인참여, 관심 등'을 최우선적으로 요구하고 있다는 것이다.

이는 M-Z세대의 가장 큰 특징으로 각자의 세계를 다 가지고 있으며, 자신 의 주관과 생각을 확고히 하는 특성을 그대로 반영한다. 그렇기에 교회 사역을 위한 요구도에 있어서도 '신앙양육 프로그램', '담임목사의 리더십', '교회 교사를 위한 교육' 등을 모두 제치고 가장 최우선적으로 요구되는 것이 '학생의 개인적 요인참여, 관심 등'이라고 응답했다. 다시 말해, 학생의 자발성이 더 중요해진 것이다. 실제로 현장에서도 점점 '학생의 개인적 요인참여, 관심 등'에 따라 참여도와 적극성이 달라짐을 확인할 수 있다. MZ세대 청소년, 대학생들의 중심에 복음이 있도록 하는 것이 중요하다. 복음이 그들의 세계 안에 있을 때, 시대의 흐름을 넘어 흔들림 없는 신앙 고백자로 살아가리라 기대해볼 수 있다. 이를 위해 교회는 '이해'와 '존중'을 바탕으로 다음세대에 접근해야 할 것이다. 또한 중학생을 비롯한 청소년들도 교사나 부모에 의존하는 존재가 아니라 능동적으로 교회활동에 참여하고 펼쳐갈 수 있도록 기회를 부여하는 것이 필요하다.

다음세대의 공동체 의식이 우려된다.

#비대면_장기화 #어색해진_우리_사이

코로나19로 인한 신앙적 변화 인식을 살펴보면, 청소년들과 대학생들 모두 교제의 시간이 늘어났는지에 대한 문항에서 '그렇지 않다'로 응답하였다. 그뿐 아니라 분반공부를 비롯한 여러 모임을 통해 자연스럽게 교제가 일어나기 마련인데, 이마저도 늘어나지 않았다고 응답하였다. 더불어 교회의 대면&비대면 심방과 친구, 가족과의 신앙 관련 대화가 늘어나지 않았다고 응답한 것으로 볼 때 전체적으로 관계성을 비롯하여 공동체 의식을 쌓아가는 일이 잘 진행되지 못하고 있음을 확인할 수 있다. 신앙과 생활에 있어서 성도의 교제는 매우 중요한 의미를 지닌다. 이런 맥락에서 공동체성을 회복하려는 노력들이 필요하다. 담당 교역자와 교사를 비롯한 사역자들과 다음세대 간의 공동체성 회복을 위해 대면&비대면 심방의 빈도를 높여야 할 것이다. 온라인/오프라인 심방을 통하여 삶을 나누고 마음을 나누는 것이 중요하다. 또한 학생들간의 공동체 의식을 유지하고 높일 수 있는 노력들도 필요하다. 예를 들어, 순서를 정하여 온라인 일기를 돌아가며 쓰고, 맴버들이 댓글로 서로의 삶에 관심과 사랑을 표현하는 방법도 있다. 뿐만 아니라 공동체를 위해 함께 기도하는 것이 필요하다. 기도제목을 공유하고 기도할 수 있는 장을 마련할 필요가 있다. 그 외에도 코로나 상황을 고려하여 온라인 수련회나 작은 단위의 대면 모임을 할 수 있고, 소그룹 교제마니또, 짝꿍을 이어주는 형식, 비대면 교제온라인 레크레이션 등도 유용한 방법이다.

2021년 version Creative Ministries 2025 for the YOU.T.H.

(1) Creative Ministries 2025 for the YOU.T.H. No.1
"YOU: your church(청소년사역 및 교회사역 방향)"

청소년들의 신앙생활만족도 개선을 위한 활동이 요청된다.

#코로나19_위기 #신앙생활만족도_개선 #인력충원

청소년들의 신앙고백 수준은 주요 항목에 있어 4점대 이상의 분명한 인식을 보이고 있으나, 자신들의 신앙생활에 대한 전반적인 만족도는 상대적으로 낮음을 확인할 수 있다. 이는 청소년들이 겪고 있는 코로나19와 관련된 신앙생활의 상황을 고려할 때 이해할 수 있다. 코로나19 이후 대면예배의 위협, 교회 공동체 내 교제의 어려움, 기관 프로그램과 제자훈련 등 다양한 수준에서 신앙활동의 제한이 영향을 주었을 것이다.

그러므로 교회 현장의 사역자들과 청소년 관련 교사들은 청소년들의 신앙고백을 고려하여 내실있는 신앙적 활동을 추구해야 하며, 점진적으로 신앙생활 만족도 개선을 위해 힘써야 할 것이다. 이를 위하여 온라인 활동을 계획적으로 수행하여 내실있는 활동으로 구성하는 것은 의미가 있을 것이며, 해당 사항을 지원하는 교사와 인력들이 보충된다면 더욱 효과적일 것이다.

홈스쿨링과 대안학교가 제시하는 신앙교육적 가치들을 살펴야 한다.

#홈스쿨링_&_대안학교 화이팅! #부모와의_소통_유대감 #기독교교육

코로나19 신앙생활 변화인식 중 학교급에 따른 신앙적 변화 인식 차이에 따르면, 홈스쿨링이나 대안학교의 청소년들이 공교육의 체제에 있는 친구들보다 안정적인 경향성을 확인할 수 있었다. 이는 홈스쿨링과 대안학교가 가지고 있는 교육환경과 사역 방안들이 코로나19의 상황 속에서 효과성이 있었음을 의미하는 것이며, 이와 관련한 의미들은 교회현장과 다양한 수준의 청소년 사역자들에게 시사하는 바가 있다고 판단된다. 특별히 부모와의 소통을 통한 정서적 지지기반과 유대감, 기독교교육을 기반으로 하는 교육의 방향성 등은 홈스쿨링과 대안학교의 주요한 사역적 활동이기에 유의미한 영향력을 미친 것으로 예상된다. 이에 교회 현장의 사역자들은 공교육에서 충분하게 다루기 어려운 부모와의 소통 및 신앙적 유대감과 같은 항목들에 집중하고, 기독교교육적인 측면에서 내실있는 부모 교육도 수행될 필요가 있을 것이다.

청소년의 교제에 대한 갈증을 다른 교제의 장을 통해 충족시켜 줄 수 있어야 한다.

#피할_수_없다면 #즐겨라 #온라인_예배_더하기 #온라인_교제

청소년들이 인식하는 코로나19가 개인의 신앙생활에 미친 영향의 가장 높은 지표는 '교회모임이 줄어들어 교제를 못 해 아쉽다'였다. 실제로 청소년들은 코로나19로 인해 친구들과 함께 있는 시간이 줄어들었으며, 더욱 교제와 관련해 갈증이 있을 것이다. 코로나19로 인해 비대면 모임이 진행됨에 따라 교제가 불가능해졌다고 생각할 수 있지만, 현재 교회 현장에서는 다양한 방식을 활용한 교제들이 이루어지고 있다. 화상채팅을 비롯한 온라인 교제의 방식을 수행하고 있으며, 학생들의 교제에 대한 가치와 의미를 놓지 않기 위해 노력하고 있다. 교회현장의 관심이 온라인 모임 시 수행되는 예배에만 초점을 맞추는 것이 아니라, 교제의 부분에도 관심을 가지고 온라인 교제 모임, 레크레이션, 나눔 카드를 활용한 교제, 온라인 생일파티 등의 시간을 만들어주어 교회 친구들을 만나지 못해도 신앙 안에서 함께 교제하고 있음을 인식시키고 유지해주어야 할 것이다.

교회 규모별 특성을 고려한 신앙 활동의 전략을 구성해야 한다.

#교회_규모별_ 특성 #큰교회는_교제중심 #작은교회는_의미중심

코로나19의 상황 속에서 교회 규모에 따른 청소년들의 특징적인 요소들이 도출되었다. 예를 들어, 100명 이상의 청소년부에 소속된 청소년들은 코로나19 이후 교회 모임 교제권과 관련해 어려움을 호소하였다. 그에 비해 10명 미만의 청소년부에 소속된 청소년들은 코로나19 이후 교회 활동이 줄고 시간적 여유가 생겨 좋다는 평가를 내리고 있다. 물론 해당 사항이 교회가 지니고 있는 맥락적인 차이에서도 연유할 수 있지만, 교회 규모에 따른 특성을 고려하여 좀 더 청소년들의 상황에 맞추어 사역 전략을 세울 필요가 있음을 시사하는 대목이기도 하다. 구체적으로 청소년 사역에 있어서 큰 규모를 가진 교회는 학생들 사이의 교제권을 중심으로 사역하는 것이 필요하고, 더 나아가서 교회 생활이 교제에만 머무르지 않도록 사역을 보완할 필요가 있다. 10명 미만의 교회에서는 학생들의 교회 활동에 대한 부담을 줄여줘야 하고, 신앙과 관련해 의미 있는 활동들에 집중함으로써 시간 낭비라고 생각하지 않도록 노력해야 할 것이다.

교회와 청소년 전문 사역 기관과의 연계가 필요하다.

#Teen해지길바라 #친화력업그레이드 #청소년_전문_사역기관

코로나19의 상황 속에서 청소년들의 인식을 통해 교회와 학교 사역의 연계가 좀 더 긴밀하게 이루어져야 할 필요성을 확인할 수 있었다. 청소년들은 교회 내의 제한된 활동과 상황에 아쉬움을 보이고 있었다. 따라서 이와 관련된 신앙적 활동의 확장들이 이루어질 필요가 있다. 해당 상황 속에서 학교 사역을 수행하고 있는 다양한 선교단체나 그룹들의 참여와 연계가 필요할 것이다. 왜냐하면 교회가 청소년들을 위한 활동을 모두 감당할 수 있는 것은 아니므로 청소년 전문 사역 기관들과 연계하는 것은 의미가 있을 것이기 때문이다. 예를 들어, 청소년들이 Teen SFC 훈련에 참여하는 것을 지지하여 교회 내 청소년 공동체를 세워갈 수 있는 리더십을 갖추는 데 도움을 줄 수 있으며, Teen SFC 활동을 통해 청소년들이 신학적으로 안전한 교회 밖 그리스도인 공동체에 익숙해질 수도 있을 것이다.

청소년들은 자신의 신앙에 있어 학부모의 영향력을 높게 인식하고 있음을 기억하자

#가장좋은_교사 #학부모 #부모와_함께하는_신앙프로그램

　청소년들은 신앙에 가장 큰 영향을 주는 존재로서 학부모를 가장 높게 인식하고 있었다. 이는 청소년들이 학부모의 신앙적 관심과 태도에 영향을 받고 있음을 시사해주는 것이며, 학부모들의 신앙교육에 올바른 접근이 요청됨을 보여주는 것이다. 개혁신앙 안에서 자녀들을 향한 신앙교육의 책임은 무엇보다 부모에게 있다. 하지만 안타깝게도 현재 청소년 사역의 모습은 자녀의 신앙을 부모가 책임지는 것이 아니라, 담당 교역자 혹은 교회학교 교사가 떠안은 형국이다. 학부모가 자녀들의 신앙교육에 참여할 수 있도록 인식을 변화시킬 필요가 있으며, 자녀들의 신앙 성장을 위한 부모의 역할을 지원해주어야 할 것이다. 이와 관련하여 구체적으로 학부모들이 교회교육 기관의 활동과 프로그램들을 공유할 수 있도록 제도적으로 지원해주고, 실제적인 참여의 장도 확보하여 신앙양육을 위한 행보를 함께할 수 있도록 해야 할 것이다. 또한 학부모들의 신앙적인 활동이 우선순위가 될 수 있도록 성경적인 자녀양육 프로그램도 구성하여 제공할 필요가 있다.

청소년들은 전도를 부담스러워하고 있어 이에 대한 개선전략이 요청된다.

#전도 #필요하지만 #너무_먼_그대 #이제는_사랑하리

청소년들에게 있어 전도활동은 선호되지 않는 신앙활동으로 인식되고 있었다. 학교의 문화와 기독교의 이미지에 있어 전도가 쉽지 않음을 예상케 하는데, 이와 관련된 개선 전략이 강력하게 요청된다. 왜냐하면 복음전파와 실제적인 전도 활동은 성숙한 그리스도인으로서 구현해야 할 주요한 신앙적 요소이기 때문이다. 이와 관련하여 교회현장에서는 구체적으로 전도에 대한 교육과 프로그램의 개발이 필요하고, 이를 통해 전도에 대한 필요성을 인지시키고, 전도를 통해 신앙의 성장과 복음전도자로서 누리는 은혜를 느끼게 할 필요가 있을 것이다. 이는 청소년들의 전도 선호도에 대해 유의미한 변화를 만들어내는 데 기여할 수 있을 것이다.

> ## 오프라인과 온라인의 조화를 추구할 수 있는
> ## '청소년 맞춤형 사역 플랫폼' 개발이 요청된다.

#오프라인_온라인 #사역_플랫폼 #새로운_신앙교육환경

온라인 체제 속에서 청소년들의 생활패턴은 급격하게 변화하고 있으며, 특별히 코로나19의 상황은 이를 더욱 가속화시켰다. 교회사역은 해당 변화의 흐름에 탄력적으로 대응해야 할 것이며, 대면 사역을 근간으로 비대면 사역을 추가 및 병행해야 할 것으로 판단된다. 즉, 대면의 장점과 비대면의 장점을 모두 활용하여 신앙교육의 효과성을 담보할 수 있는 체제로 나아가야 하는 것이다. 특별히 비대면 활동의 추가는 학생들의 특성과 수준을 고려한 '맞춤형 신앙교육'의 가능성을 열어주었으며, 따라서 학생들의 신앙 수준별로 교회교육 콘텐츠와 주제들을 제공할 수 있게 되었다. 학생들로서도 자신들의 상황과 관련해 엄선된 다양한 신앙 자료와 콘텐츠를 좀 더 손쉽게 누릴 수 있는 상황이 된 것이다. 그러므로 사역현장에서는 오프라인과 온라인의 조화를 추구할 수 있는 사역 플랫폼을 구성하고 개발할 필요가 있을 것이다. 이와 관련하여 개체교회의 활동을 넘어 각 교단과 교육전문기관의 지원도 필요할 것으로 판단된다.

청소년들의 실제적인 삶과의 연계된 교회교육이 추구될 필요가 있다.

#삶과_연계된_교회교육 #실천적_역량

청소년들은 교회교육이 자신의 신앙생활과 교회생활에 영향을 주고 있다고 인식하고 있으나, 상대적으로 교우관계나 진로의 결정과 같은 삶의 영역에 대해서는 인식의 수준이 낮았다. 이는 교회교육과 관련된 청소년들의 인식이 자신들의 교회생활과 신앙적 활동에만 국한하여 인식하는 경향이 있음을 시사하는 것이다. 해당 사항은 실천적 역량을 갖춘 신앙세대를 키워야 할 교회교육 영역에 큰 숙제를 던지고 있다고 판단된다. 교회교육은 청소년들의 실제적인 삶을 성경적 원리와 기독교세계관에 입각하여 삶을 영위할 수 있도록 하는 데까지 나아가야 할 것이다. 이와 관련하여 교회교육의 교재와 프로그램이 청소년들의 실제적인 삶과 연계될 수 있는 활동으로 구성되고, 이를 위한 다양한 주제와 영역별 신앙교재와 양육 프로그램들이 개발될 필요가 있을 것이다.

청소년들의 신앙적 활동에 있어 근소한 차이지만 TEEN SFC 활동에서 희망을 보다.

#살아있다 #희망을_보았다 #날아올라!

코로나19로 인한 청소년들의 신앙적 변화 인식에 있어서 전체적으로 하향

했음을 알 수 있다. 하지만 Teen SFC 활동을 하는 청소년들이 활동을 하지 않는 청소년들에 비해 신앙적 활동에 있어 전반적으로 근소하지만 통계적으로 유의미하게 높음을 주목할 필요가 있다. 성경읽는 시간, 기독교 서적 읽기, 지인과 신앙 관련된 대화하기로 신앙적 활동 대부분의 시간에 걸친 유의미한 차이이다. 물론 전체적인 인식에 있어서는 여전히 낮은 맥락에서 이루어져 있음을 유념해야 하지만, 그럼에도 불구하고 이는 Teen SFC 사역이 유의미하게 작용하고 있음을 보여주는 내용이다. 이와 관련하여 앞으로의 Teen SFC 사역에 대한 관심과 지지가 필요하며, 무엇보다 인력과 재정 등의 실질적인 지원사격이 필요하다.

수도권(서울·경기·인천) 지역 청소년들을 위한 우선적인 지원과 교육이 요청된다.

#수도권_청소년들아_힘내 #함께_하고_싶어

학교 소재지에 따른 코로나19로 인한 개인적 변화에 있어 권역별로 서울, 경기, 인천을 중심으로 한 수도권 청소년들이 타 권역별 청소년에 비해 통계적으로 유의미하게 혼자 있는 시간이 많아졌음을 확인할 수 있었다. 이는 해당 권역의 청소년들의 인식에 있어 코로나19의 상황으로 혼자 있는 시간이 많아졌다고 인식하고 있음을 보여주는 것이며, 더불어 그것이 타 권역에 비해 통계적으로 유의미하게 높다는 것이다. 이와 관련하여 수도권 청소년은 친구들과 모임 감소, 우울감 증대, 학교 불안 등 대부분의 영역에서도 인식 수준이 높게 나타나고 있어 수도권 지역이 경험하고 있는 코로나19로 인한 부정적인 인식과 생활적인 변화가 더 큼을 예상케하며, 따라서 수도권 지역의 청소년들을 위한 지원과 교육이 필요함을 요청하고 있다. 해당 학생들을 위해 혼자 있는 시간을 무료하게 보내는 것이 아니라 생산적이고 의미 있게 보낼 수 있도록 지도가 이루어져야 할 것이며, 신앙 공동체적인 활동으로 치환할 수 있도록 기독교 교육적 활동들도 구성될 필요가 있을 것이다.

코로나19 속에서 청소년들은 내실있게 신앙생활이 이루어지지 못하였고, 이에 대한 개선이 시급하게 요청된다.

#침체기 #도와주세요 #나의_손을_잡아봐

코로나19로 인해 청소년들의 신앙적 활동은 모든 항목에 있어 기능적으로 수행되지 못하였거나 부정적으로 인식되고 있었다. 구체적으로 기도하는 시간, 성경읽는 시간, 경건 서적 읽기, 지인들과의 신앙 관련 대화 모두에서 긍정적인 변화가 없음을 보여주고 있는데, 이는 코로나19의 상황 속에서 청소년들이 처해있는 신앙생활의 상황이 그 이전의 상황보다 부정적인 차원으로 변화되었음을 시사해주는 대목이다. 즉, 최근의 상황 속에서 청소년들은 기도하는 시간, 성경읽는 시간, 경건 서적 읽기, 신앙관련 대화와 같은 영역에서 긍정적인 변화가 없었으며, 오히려 부정적인 인식을 보여주고 있어 감소 국면이었음을 짐작케 한다. 이러한 인식은 남학생과 비교해 여학생들에게서 더욱 부정적이었는데, 청소년들의 신앙 전반을 회복할 수 있는 노력들이 요청되는 대목이다. 이를 위해서 개체 교회와 청소년 사역자들의 경우 기본적으로 청소년들의 현재의 상황과 인식을 숙지한 채 접근하는 것이 필요하며, 코로나19의 상황 속에서 수행할수 있는 사역 전략과 프로그램들을 우선적으로 구성하고 고민할 필요가 있을 것이다.

청소년들의 인식 개선을 위한 한국교회의 사회적 신뢰도 회복이 필요하다.

#기독교의_이미지 #한국교회 #사회적_신뢰도_회복

청소년들이 교회학교가 성장하지 않는 가장 큰 요인으로 학생의 개인적 요인을 1순위로 응답했지만, 그것과 함께 '기독교에 대한 부정적 인식'도 높은 비율로 차지하고 있음을 볼 수 있다. 이는 청소년들에게 '기독교에 대한 부정적 인식'이 교회학교 성장을 저해하는 요인으로 인식되고 있음을 보여주는 것으로, 이를 상쇄할 수 있는 활동과 사회적 신뢰도 회복에 대한 노력이 요청된다.

이것은 개체 교회의 수준에서 모두 감당할 수 있는 상황이 아니며, 한국교회와 각 교단 차원에서 홍보 활동 및 건강하고 매력적인 이미지 구축에 대한 지혜로운 전략을 구성할 필요가 있다.

(2) Creative Ministries 2025 for the YOU.T.H. No.2
"T: teach the faith(청소년 신앙생활 지도 방향)"

**코로나19의 상황 속에서 가족과의 신앙적 유대감을
더욱 강조해야 할 것이다.**

#친구_bye! #가족_welcome!

청소년들은 코로나19의 상황 속에서 친구들과 보내는 시간이 줄어들었을 것이며, 자연스럽게 가정 내 가족들과의 접촉 빈도 및 함께 공유하는 물리적인 시간이 증대되었을 것이다. 실제로 이와 관련하여 '가족과의 대화가 많아졌다'에 대한 문항에 있어 청소년들은 보통이상의 입장을 취하고 있다는 것은 가족과의 대화가 상대적으로 증가하였음을 예상케 한다. 이러한 측면은 코로나19와 관련된 청소년들의 삶을 이해함에 있어 가족관계 차원의 수준을 좀 더 유의하며 살펴보아야 할 것을 시사한다. 즉, 청소년 이해에 있어 중요하였던 가족과의 관계성을 코로나19의 상황 속에서도 강조하되 변화된 코로나19 환경의 맥락을 고려한 특징적인 가족관계의 요소들이 있을 수 있음을 유의해야 할 것이다.

그러므로 교회와 사역자들은 청소년들이 건강하게 가족 관계를 형성하고 대화할 수 있는 방식 등에 대해 지도하는 것이 필요할 것이며, 코로나19시대 가족 구성원들과 함께할 수 있는 신앙활동 프로그램을 제공하여 가족 내 신앙적 유대감을 형성할 수 있도록 돕는 것이 필요할 것이다. 예를 들어, 가족 간의 의사소통법, 가정예배 세우기, 가족과 함께하는 성경 필사 및 성경읽기, 가족기도수첩, 가족감사일기 등이 활용될 수 있을 것이다.

기독정체성에 대한 청소년들의 고민과 확립이 필요하다.

#나는_누구? #여긴_어디? #놓치지마_골든타임

청소년들은 기독정체성에 대한 관심과 신앙인으로서의 삶을 심도있게 고민하고 있지 않았으며, 이러한 맥락이 코로나19 상황 속에서도 유사하게 나타나고 있었다. 기독정체성에 대한 관심과 고민은 자신의 삶을 성숙한 그리스도인으로서 구현하며 살아가게 하는 것과도 맞닿아 있는 부분이기에 이러한 결과에 주목할 필요가 있다. 이는 신앙인으로서의 삶에 대한 실천과 연결에 어려움이 있을 것을 예상하게 하는 대목이다. 그러므로 교회현장의 사역자들은 청소년들에게 그리스도인으로서의 삶과 기독정체성 확립을 강조하고, 이에 관한 교육을 수행할 필요가 있다. 또한 이를 위해 성경적이며 기독교적인 세계관에 근거한 구체적인 정체성 확립 프로그램과 활동을 개발할 필요가 있다.

> **교회교육은 청소년들의 신앙생활과 교회생활에 의미 있는
> 활동이 되고 있으며, 이를 계속하여 강조할 필요가 있다.**
>
> #교회교육_긍정적 #신앙생활_교회생활_만족 #잘해왔고_앞으로_더_잘하자
> #청소년부교역자_교사_만세

청소년들의 교회교육 인식을 살펴보면, 교회교육이 본인에게 미치는 영향으로 1위가 '교회생활에 적용이 된다'였고, 2위가 '신앙발전에 도움이 된다'라고 조사되었다. 이는 청소년들에게 교회교육이 영향을 미친다는 것을 의미하며, 따라서 교회교육의 성과와 필요성을 확인할 수 있게 해준다.

한국교회는 현시대에 다음세대 청소년 교회교육의 효과에 대해 부정적으로 평가한다. 하지만 실제 조사결과에서는 교회교육이 긍정적으로 작용한다는 면에서 유의미한 결과를 가진다. 매주 반복되는 예배와 가르침, 교제를 통해 실행되는 청소년들에 대한 교육효과가 눈에 띄진 않아도 지속적으로 성장하고 있으므로, 교역자, 교사들의 수고가 헛되지 않음을 확인할 수 있다. 이에 담임목사와 담당 교역자, 교사들은 교회교육에 더욱 애정을 가지고 인내하며 사역해야 할 것이다.

'신앙생활'을 넘어 '생활신앙'의 개념을 가르쳐야 한다.

#생활신앙 #날마다_주님과 #워라밸 #워십_라이프_밸런스

학생신앙운동SFC이 성장하지 않는 이유로 1위가 '개인적인 이유', 2위가 '선교단체에 흥미없음'으로 나타났다. 이런 조사결과를 통해 청소년들이 개인 생활에만 관심이 있으며, 예배와 기도회는 교회에서 하는 것으로 충분하다고 청소년들 대부분이 생각하고 있다고 보아도 무방할 것이다. 이는 그들의 신앙이 생활로 이어지지 않음을 보여준다.

그러므로 교회는 '신앙생활'을 넘어 '생활신앙'의 개념을 가르쳐야 한다. 일주일 중 주일에 한 번 교회에 나와 예배하는 것이 아닌 생활 속에서 예배자로 살도록 교육할 필요가 있다. 이를 위해 학교 내에 기도모임을 만들고, 말씀을 나눌 수 있는 동역자를 찾을 수 있도록 해야 한다. 또한 교회는 학교 내에서 기도모임을 만들 수 있도록 지원과 관심을 보여야 한다.

생활 속에서 성경을 읽을 수 있도록 도움을 주어야 한다.

#성경_읽기 #매일_성경_읽고 #얼굴_보고 #하나됨은 덤

신앙생활 요구도를 보면, 청소년들은 성별, 학교 소재지, 학교급, 청소년부 인원, TEEN SFC 활동 유무에 관계없이 '성경읽기'가 미래에 중요하다고 생각하고 있었다. 하지만 현재 선호도 수치가 낮기 때문에, 실제 성경을 읽는 청소년의 숫자는 적다는 것을 확인할 수 있었다. 중요성을 알고는 있지만, 성경읽기가 실천으로 이어지지 않는 청소년들을 위해 생활 속에서 자기주도적으로 꾸준히 성경을 읽을 수 있도록 도움을 주어야 한다. 이를 위해 삶에 밀접한 방식의 프로그램이 필요한데, 청소년들에게 익숙한 줌ZOOM, 유튜브YOUTUBE, SNS 등을 활용할 수 있겠다. 이러한 방식은 시간과 공간의 제약이 거의 없기 때문에 매일 정한 시간에 모여 함께 성경을 읽어나갈 수 있다. 이를 통해 서로 격려하면서 지속적으로 성경을 읽는 데 도움을 줄 수 있을 것이다.

> **고등학생들의 신앙생활 우선순위에 기도가 포함되고 있음을 주목할 필요가 있다.**

#성경_읽기 #성경공부_참여하기 #기도하기 #모닥불_기도회

청소년들은 신앙생활 요구에 있어 '성경읽기', '성경공부 참여하기'를 요청하고 있었다. 흥미로운 점은 고등학생의 경우 중학생 집단과 동일하게 '성경읽기', '성경공부 참여하기'를 요청하고 있었으나, 추가적으로 '기도하기'에 대한 중요성을 인식하며 요구하고 있다는 점이다. 이는 고등학생들은 기도를 중요하게 생각하며 정련된 수준에서 기도에 대해 고민하고 있음을 짐작케 하는 대목이다. 이러한 맥락을 고려할 때, 교회현장 사역에 있어 고등학생들을 위한 기도 관련 프로그램을 구성하여 적용해본다면 좀 더 의미있는 고등부 사역이 수행될 수 있을 것으로 예상한다. 또한 이를 위해서 기도에 대한 건강한 신학적 사항들을 교육하고, 실제 기도를 실천할 수 있도록 다양한 활동들을 연계한다면 의미가 있을 것이다.

청소년들을 위한 본질적인 신앙양육에 초점을 맞추어 사역할 필요가 있다.

#자신의_신앙 #본질

청소년들이 교회에 출석하는 동기는 매우 본질적인 차원으로 나타나고 있는데, 바로 '자신의 신앙' 때문이라는 것이다. 부모님과 같은 가정적인 이유도 높은 비율로 확인되고 있지만, 그보다는 청소년 자신의 신앙과 관련된 이유로 교회에 출석하고 있음을 알 수 있다. 이는 교회 내 청소년 사역에 있어 교육기관 담당자들과 사역자들의 기존 생각과 달리, 청소년들에 대한 기본적인 접근 방식에 있어 좀 더 본질적인 신앙에 초점을 맞추어야 함을 강력하게 시사해 준다.

이를 고려하여 신앙의 깊이에 따른 접근이 필요하며, 비본질적인 활동과 프로그램을 통해 청소년들의 교회출석을 요청하기보다 교회의 정체성에 부합하고, 보다 깊이있는 신앙양육에 초점을 맞추는 방향으로 사역해나가야 할 것이다.

고등학생들을 위한 학교와 가정에서의 신앙 지도와 프로그램이 시급하다.

#위기의_고딩들 #일상을_공략하라

중학생들과 기타홈스쿨링, 대안학교에 비해 고등학생들의 신앙적 활동에 대한 인식은 모든 항목(기도하기, 성경읽기, 기독교 서적 읽기, 신앙과 관련된 대화하기)에서 수치가 가장 낮은 것으로 드러났다. 이는 고등학생들의 신앙적 상황이 코로나19 이후에 부정적인 방향으로 변화했음을 보여준다.

그러므로 교회와 청소년 사역자들은 고등학생들이 처한 상황과 인식을 숙지하고, 고등학생들을 위한 신앙 지도와 프로그램을 개발하는 것이 시급하다. 이를 위해 대부분의 고등학생이 시간을 가장 많이 보내는 학교와 가정 등의 일상 공간을 공략할 필요가 있다. 또한 고등학생들의 일상 공간에서 신앙활동을 지도할 전문 사역자가 필요하며, 그 역할이 점점 더 중요해질 것으로 보인다. 이것을 위해 교회는 부모교육과 기독교사 양성, Teen SFC 간사 지원 등의 지원사역도 병행할 필요가 있다.

(3) Creative Ministries 2025 for the YOU.T.H. No.3
"H: healthy the life(청소년 일상생활 지도 방향)"

청소년들의 신체·정신 건강을 돌볼 수 있는 적절한 대안이 필요하다.

#신체_정신건강_적신호 #소그룹_컴온

코로나19 이후 청소년들은 신체적, 정신적 건강 상태가 코로나19 이전보다 나빠졌다고 인식하고 있다. 이러한 청소년들의 인식은 성별, 학교 소재지, 학교급 등의 집단별 구분에서도 공통적으로 나타났는데, 이는 코로나19 상황이 청소년들의 전방위적인 삶에 영향으로 미친 것으로 이해된다. 청소년들의 신체와 정신 건강이 나빠진 이유로는 코로나19 확산 방지를 위한 거리두기를 통해 혼자만의 시간이 많아지고 친교모임이 줄어든 것이 영향을 준 것으로 보인다.

이러한 사실을 바탕으로 건강한 신체와 정신을 유지할 수 있도록 다양하고 체계적인 방식의 프로그램이 필요하다. 예를 들어, 청소년들을 위한 야외 공동체 활동 및 학년별·관심별 소그룹 활동이 개발될 필요가 있다.

청소년들을 위한 생활 플랜(plan)이 필요하다.

#청소년생활플래너 #생활정돈_학업충실_영적안정

코로나19로 인해 청소년들이 인식하는 어려운 점은 '학업 소홀'과 '미디어 사용 증가', '생활의 불규칙'이다. 이러한 생활 패턴의 혼란은 청소년들의 정신, 신체 건강에 영향을 줄 뿐 아니라 영적 건강에도 영향을 끼친다. 따라서 교회는 청소년의 일상을 위해 구체적인 생활 지침을 제공해줄 필요가 있다.

청소년들이 학업 성취감을 혼자가 아닌 함께 얻을 수 있도록 교회 안에 학습 공동체를 만들어줄 수 있다. 학년별, 성별 등으로 커뮤니티를 형성하고, 교사가 투입되어 주중 학습 목표를 설정하며 기도제목을 나누는 식이다. 교회에서 자체적으로 학습 및 신앙 경건 플래너를 제작할 수도 있다. 이 플래너 속에서 미디어 절제 훈련에 대한 부분이나 생활 규칙 정하기를 포함시켜서 생활을 정돈하고 절제하게 함으로써 학업 충실에 도움을 줄 수 있다. 더 나아가 생활 규칙의 안정성은 영적인 건강의 안정성으로 이어질 수 있으며, 총체적인 신앙 훈련에도 도움이 될 것이다

청소년들의 건강한 수면 습관을 위한 지도와 관리가 필요하다.

#건강한_수면챌린지 #일정한_패턴으로_수면 #딥_슬립

6시간 이상 수면 비율이 코로나 이후 남학생은 감소한 반면 여학생은 증가했다. 이는 남학생의 경우 취미생활 등으로 인해 수면 시간이 줄었을 상황, 여학생의 경우 일상에 대한 회피로 수면 시간이 늘었을 상황을 조심스럽게 유추

해볼 수 있다.

수면 시간은 신체·정신 건강, 일상 생활의 안정과 관련이 있다. 또한 수면 시간은 하나의 패턴이기 때문에 신앙 생활, 특히 주일 성수나 교회 모임 참여에도 영향을 미친다. 따라서 교회는 청소년의 수면 건강을 확인하고 적절한 수면 시작 시간과 수면 시간을 제안할 필요가 있다. 목표 시간에 취침하고 기상하는 것을 인증하는 건강한 수면 챌린지를 교회적으로 시도해볼 수 있다. 또는 교회가 함께 정한 특정 시간에 심야 라디오 컨셉의 토크, 성경 읽어주는 ASMR 등을 제공하고, 이를 통해 일정한 패턴으로 함께 수면을 취하는 방안을 제안할 수도 있겠다.

청소년들을 위한 스마트기기 및 스마트폰 사용 지도가 요청된다.

#스마트폰_사용의_위기 #부모의_노력 #바른_습관태도_필요

청소년들의 경우 코로나19 이후 일상생활 속 스마트폰을 포함한 스마트기기의 사용 자체가 증가하였다. 비대면 온라인 수업 중심의 수행도 스마트 기기 사용의 증가를 이끌었으며, 이 과정에서 스마트폰 사용 증가도 함께 이루어졌다. 스마트 기기는 그 특성상 사용과 자제의 결정권을 기기를 활용하는 주체가 결정할 수 있는데, 청소년들의 경우 이를 능동적으로 수행하기가 쉽지 않다. 교회와 가정은 이 상황을 심각하게 고려하여 전문적인 스마트폰 절제 교육과 지도를 해야 할 것이다. 이를 위해서 자녀들을 위한 스마트 기기 및 스마트폰 활용 가이드와 부모교육이 요청되고, 이것이 교회 내 교육기관 및 사역자들과 연계하여 내실있게 진행될 필요가 있다.

청소년들의 자기성찰 과정이 올바른 진로·직업 탐색으로 이어지도록 도와줄 필요가 있다.

#직업군_탐색 #자기성찰 #진로지도

청소년들의 높은 관심사를 차지하고 있는 영역은 '진로/직업'이다. 또한 청소년들은 코로나19를 겪으며 '자기 성찰의 기회'를 얻은 것을 장점으로 인식하였다. 따라서 교회와 가정은 청소년들의 자기성찰 과정이 올바른 진로·직업 탐색으로 이어지도록 관심을 갖고 적극적으로 도와줄 필요가 있다.

이를 위해 직업·성격검사를 통해 청소년 자신의 관심사를 확인할 수도 있겠다. 또한 다양한 직업군을 소개해 줄 수 있도록 전문기관과 연계할 수도 있으며, 관련 학과 교수님·선배들의 면담을 통해서도 도움을 줄 수 있을 것이다.

청소년들의 비대면 학교 수업에 대한 만족도를 개선시켜 줄 필요가 있다.

#온라인학교수업_땡 #고퀄영상선호 #성적,진로고민

코로나19는 학교수업에 큰 영향을 주었다. 매일 등교가 격주등교, 격일등교로 전환되었고, 대면수업은 온라인 수업으로 대체되었다. 하지만 청소년들의 온라인 학교 수업에 대한 만족도에 있어서 전반적으로 부정적임을 확인할 수 있다.

이는 갑작스러운 코로나19 상황에 따른 학교교육의 시스템 부재와 교사들의 준비 부족, 영상기술의 한계라는 현실에 직면하게 하였다. 반면 청소년들은 기존 인터넷상의 강의에 의해 형성된 높은 기준으로 수업을 받아 왔기 때문에 온라인 학교교육의 미숙함에서 나타나는 현상으로 유추해 볼 수 있다.

청소년들의 온라인 학교 수업의 불만족과 성적, 진로에 대한 고민들의 심각성을 생각해 볼 때, 심리적으로 많은 걱정과 고민을 안고 있을 것이다. 교회는 이들의 마음을 헤아려 신앙적으로 잘 지도할 필요가 있다.

중학생들을 위한 동아리 및 기타 활동에 준하는 프로그램이 제공될 필요가 있다.

#온라인종교는_별로 #동아리활동은_좋아요 #Teen해지길바라

고등학생과 기타홈스쿨링, 대안학교 등에 비해 중학생들은 온라인 종교활동 증가에는 부정적으로 인식하고 있고, 동아리 활동 및 기타 활동 감소에는 다소 아쉬움을 가지고 있었다. 그와 관련하여 교회와 사역자들의 지혜가 필요하며, 아래 Teen SFC 사역의 실제 사례들에 주목하고 발전시켜 갈 필요가 있다. 간단히 3가지의 사례를 살펴보자면, Teen-SFC에서 시행한 '길거리 기도회道닥道 기도회', '힘내라 시험기간시험기간 응원이벤트', '틴기방기틴여러분 기운내요 방구석에서도 기도해요' 등이 있다. '길거리 기도회道닥道 기도회'는 학생들이 있는 곳으로 직접 찾아가서 공원이나 길에서 짧게 상황을 나누고 기도하고 격려하는 형식으로 진행하였고, '힘내라 시험기간시험기간 응원이벤트'은 등교길에 응원 간식 전달, 화이트보드에 서로를 향한 응원 메시지를 적도록 하여 SNS에 업로드하는 방식 등으로 진행되었다. 'Teen기방기'는 Zoom을 이용해 보이는 라디오 형식으로 쌍방향으로 소통하며, 학생 개개인의 사연들을 나누고 즉석 인터뷰와 사연과 관련된 찬양, 바이블 플렉스를 통한 성경 스케치, 학생 개인과 학교를 위한 구체적인 기도로 진행되었다.

대학생 및 청소년 설문지

포스트 코로나시대
다음세대 신앙교육을 위한 교회사역 방안 연구

- 대학생용 설문지 -

안녕하십니까?

본 조사의 목적은 '코로나시대 다음세대 신앙교육 및 교회사역'과 관련된 실태를 파악하여 현장 목회자와 교회를 위한 실제적인 사역 방안과 전략을 제공하고자 함에 있습니다. 귀하의 응답 내용은 한국교회와 고신교회의 신앙교육과 교회사역 개선을 위한 소중한 자료로 활용될 것입니다.

귀하의 응답 내용은 통계법 제33조에 따라 통계자료로만 사용되며 철저히 비밀이 보장됩니다. 본 조사가 하나님 나라 확장과 한국교회 및 고신교회 발전에 크게 이바지할 수 있도록 귀하의 적극적인 협조를 부탁드립니다.

2021년 9월
대한예수교장로회(고신) 총회교육원·학생신앙운동(SFC)

- **연구책임:** 이현철 박사(고신대학교 기독교교육과)
- **공동연구:** 박신웅 박사(고려신학대학원)·이기룡 박사(총회교육원)·안성복 목사(SFC)
- **연구협력:** 백경태·박건규·손지혜·허주은 간사(SFC), 김홍일·김은덕 목사(총회교육원)

1. 귀하의 성별은? __① 남자 __② 여자

2. 귀하가 다니는 대학교의 소재지는?
__① 서울 __② 부산 __③ 대구 __④ 인천 __⑤ 광주
__⑥ 대전 __⑦ 울산 __⑧ 경기 __⑨ 강원 __⑩ 충북
__⑪ 충남(세종) __⑫ 전북 __⑬ 전남 __⑭ 경북 __⑮ 경남
__⑯ 제주

3. 귀하의 학교 유형은?
① 2년제 ② 3년제 ③ 4년제 ④ 대학원 ⑤ 휴학 ⑥ 기타(외국 유학)

4. 귀하의 학년은?
__① 1학년 __② 2학년 __ ③ 3학년 ④ 4학년 ⑤ 기타

5. 귀하의 나이는? (숫자기입)

6. 귀하가 교회에 출석한지는 몇 년정도 됩니까?
__① 1년 미만 __② 1년~3년 미만 __③ 3년~5년 미만
__④ 5년~10년 미만 __⑤ 10년 이상

7. 귀하가 출석하는 교회의 전체 인원은 몇 명정도 됩니까?
① 50명 미만 ② 50-150명 미만 ③ 150-300명 미만
④ 300-600명 미만 ⑤ 600-1000명 미만 ⑥ 1000명 이상

8. 귀하가 출석하는 교회 대학부(청년부)의 인원은 몇 명정도 됩니까?

  ① 10명 이하   ② 11-20명   ③ 21-40명   ④ 41-60명

  ⑤ 61-100명   ⑥ 101-200명   ⑦ 201명 이상

9. 귀하의 신력(신앙 이력)은?

  __① 원입(새신자)   __② 학습   __③ 세례   __④ 유아세례-입교

10. 귀하는 코로나19로 인해 개인적으로 어떤 변화가 있었는지 다음 각각의 항목에
    응답해 주십시오.

항목	매우 그렇다	그렇다	보통 이다	그렇지 않다	전혀 그렇지 않다
1) 혼자 있는 시간이 많아졌다.	⑤	④	③	②	①
2) 가족들과 대화가 많아졌다.	⑤	④	③	②	①
3) 친구들과 모임이 줄어들었다.	⑤	④	③	②	①
4) 코로나19로 인해 우울감이 들었다.	⑤	④	③	②	①
5) 코로나19로 인해 불안감이 들었다.	⑤	④	③	②	①
6) 코로나19로 인해 고립감이 들었다.	⑤	④	③	②	①
5) 코로나19로 인해 학교에 가는 게 약간은 겁난다.	⑤	④	③	②	①

11. 코로나19로 인해 어려운 점은 무엇인지 보기에서 중요한 순서대로 2가지를 골라
   주세요.

(1순위___ 2순위___)

<보기>
① 친구와 자주 만나지 못한다.
② 외출하기 어려워졌다.
③ 학업에 소홀해졌다(공부가 잘 되지 않는다).
④ 생활이 불규칙해졌다.
⑤ 미디어(스마트폰, TV, PC/노트북 등) 사용이 증가하였다.
⑥ 식사를 혼자 해결해야 하는 경우가 많아졌다.
⑦ 취업 및 진로 준비
⑧ 알바 및 경제활동

12. 코로나19 이전과 이후 본인의 신체적 건강상태는 어떤지 해당되는 번호에 각각
   하나씩 응답해 주십시오.

평균 수면 시간	1) 코로나19 이전	2) 코로나19 이후
전혀 건강하지 않다	①	①
건강하지 않다	②	②
보통이다	③	③
건강하다	④	④
매우 건강하다	⑤	⑤

13. 코로나19 이전과 이후 본인의 정신적 건강상태는 어떤지 해당되는 번호에 각각
하나씩 응답해 주십시오.

평균 수면 시간	1) 코로나19 이전	2) 코로나19 이후
전혀 건강하지 않다	①	①
건강하지 않다	②	②
보통이다	③	③
건강하다	④	④
매우 건강하다	⑤	⑤

14. 교회에서의 온라인 활동에 대해 귀하는 전체적으로 어떻게 평가하십니까?

항목	매우 그렇다	그렇다	보통 이다	그렇지 않다	전혀 그렇지 않다
1) 사역자들은 온라인 사역 준비를 잘하는 것 같다.	⑤	④	③	②	①
2) 사역자들은 대면활동보다 설명을 더 잘하는 것 같다.	⑤	④	③	②	①
3) 대면 활동보다 온라인 활동에 집중이 잘된다.	⑤	④	③	②	①
4) 대면 활동보다 온라인 교육의 효과가 더 있다.	⑤	④	③	②	①
5) 전체적으로 온라인을 통한 신앙활동에 만족한다.	⑤	④	③	②	①

15. 귀하는 코로나19로 인해 신앙적으로 어떤 변화가 있었는지 다음 각각의 항목에 응답해 주십시오.

항목	매우 그렇다	그렇다	보통 이다	그렇지 않다	전혀 그렇지 않다
1) 기도하는 시간이 늘어났다.	⑤	④	③	②	①
2) 성경읽는 시간이 늘어났다.	⑤	④	③	②	①
3) 기독교 서적 읽기가 늘어났다.	⑤	④	③	②	①
4) 친구들이나 가족과 신앙과 관련된 대화시간이 늘어났다.	⑤	④	③	②	①
5) 교회 지체들과의 교제 시간이 늘었다.	⑤	④	③	②	①
6) 성경공부 참여 시간이 늘어났다.	⑤	④	③	②	①
7) 교회의 대면 심방(연락)의 빈도가 늘어났다.					
8) 교회의 비대면(전화, SNS 등)심방(연락)의 빈도가 늘어났다.					
9) 교회의 온라인 사역 활동 빈도가 늘어났다.					
10) 라인 매체(pc, 태블릿, 동영상 스트리밍 등) 활용 빈도가 늘어났다.					

16. 귀하는 교회예배를 온라인으로 하는 것에 대해 어떻게 생각하십니까?

____① 절대 해서는 안된다고 생각한다.

____② 어쩔수 없는 경우에는 할 수도 있다고 생각한다.

____③ 평상시에도 할 수 있다고 생각한다.

____④ 잘모르겠다

17. 귀하는 다음 항목의 교회모임을 하는 온라인으로 하는 것에 어떻게 생각하십니까? 그리고 온라인으로 모임을 한다면 참여의향은 어떠신가요?

항목	매우 그렇다	그렇다	보통 이다	그렇지 않다	전혀 그렇지 않다
1) 대학청년부 온라인 예배	⑤	④	③	②	①
2) 대학청년부 온라인 성경공부	⑤	④	③	②	①
3) 대학청년부 온라인 소모임(성경공부 외 다양한 모임)	⑤	④	③	②	①
4) 대학청년부 온라인 제자훈련	⑤	④	③	②	①
5) 대학청년부 온라인 수련회	⑤	④	③	②	①

18. 코로나19가 개인의 신앙생활에 어떤 영향을 미쳤는지 다음 각각의 항목에 대해 응답해 주십시오.

항목	매우 그렇다	그렇다	보통 이다	그렇지 않다	전혀 그렇지 않다
1) 감염 위험성 때문에 교회 가기가 부담스럽다.	⑤	④	③	②	①
2) 교회모임이 줄어들어 교제를 못 해 아쉽다.	⑤	④	③	②	①
3) 주일날 교회 친구들끼리 교회 밖에서 자유롭게 교제할 수 있어 더 좋다.	⑤	④	③	②	①
4) 코로나 이전보다 온라인을 통해 기독교 컨텐츠를 더 많이 접하게 되었다.	⑤	④	③	②	①
5) 기독교인으로서 정체성을 고민하게 되었다.	⑤	④	③	②	①
6) 주일날 교회활동이 줄어들어 시간적인 여유가 있어서 좋았다.	⑤	④	③	②	①

19. 다음의 제시된 신앙생활에 대해 귀하가 생각하는 현재 선호도와 미래 중요도를 해당 번호에 응답해주시기 바랍니다(반드시 양쪽 모두에 응답).

※ 현재 선호도는 **'내가 현재 좋아하며 자주하는 것'**이고 미래 중요도는 **'현재 좋아하거나 자주하지 않더라도 미래에는 중요하다고 생각하는 것'**입니다.

<⑤ 매우 높다 ④ 조금 높다 ③ 보통이다 ② 조금 낮다 ① 매우 낮다>

현재 선호도					신앙생활	미래 중요도				
⑤	④	③	②	①	1) (오프라인 대면) 예배 참여하기	⑤	④	③	②	①
⑤	④	③	②	①	2) (온라인 비대면) 예배 참여하기	⑤	④	③	②	①
⑤	④	③	②	①	3) (온라인 비대면) 신앙양육 프로그램	⑤	④	③	②	①
⑤	④	③	②	①	4) (온라인 비대면) 신앙공동체 활동	⑤	④	③	②	①
⑤	④	③	②	①	5) (온라인 비대면) 신앙 상담활동	⑤	④	③	②	①
⑤	④	③	②	①	6) 기도하기	⑤	④	③	②	①
⑤	④	③	②	①	7) 성경읽기	⑤	④	③	②	①
⑤	④	③	②	①	8) 성경공부 참여하기	⑤	④	③	②	①
⑤	④	③	②	①	9) 기독서적 읽기	⑤	④	③	②	①
⑤	④	③	②	①	10) 교회 외 종교모임 참여하기	⑤	④	③	②	①
⑤	④	③	②	①	11) 전도활동하기	⑤	④	③	②	①

20. 포스트 코로나시대의 다음세대 교회 사역을 위해 가장 중요한 요인은 무엇이라고 생각하시는지요. 다음의 제시된 요인에 대해 귀하가 생각하는 현재 선호도와 미래 중요도를 해당 번호에 응답해주시기 바랍니다(반드시 양쪽 모두에 응답).

※ 현재 선호도는 **'현재 생각하는 것'**이고 미래 중요도는 **'미래에는 중요하다고 생각하는 것'**입니다.

<⑤ 매우 높다 ④ 조금 높다 ③ 보통이다 ② 조금 낮다 ① 매우 낮다>

현재 선호도					교회 사역 요인	미래 중요도				
⑤	④	③	②	①	1) 담임목사의 리더십	⑤	④	③	②	①
⑤	④	③	②	①	2) 담임목사의 목회철학	⑤	④	③	②	①
⑤	④	③	②	①	3) 교역자의 현장사역 전문성	⑤	④	③	②	①
⑤	④	③	②	①	4) 교회학교 교사의 헌신	⑤	④	③	②	①
⑤	④	③	②	①	5) 학생의 개인적 요인(참여, 관심 등)	⑤	④	③	②	①
⑤	④	③	②	①	6) 교회학교 신앙양육 프로그램	⑤	④	③	②	①
⑤	④	③	②	①	7) 학부모의 관심	⑤	④	③	②	①
⑤	④	③	②	①	8) 전도 활동	⑤	④	③	②	①
⑤	④	③	②	①	9) 다음세대 재정 지원	⑤	④	③	②	①
⑤	④	③	②	①	10) 성도들의 교회교육에 대한 관심	⑤	④	③	②	①
⑤	④	③	②	①	11) 총회 및 노회의 지원과 관심	⑤	④	③	②	①
⑤	④	③	②	①	12) 총회 산하 교육기관의 지원(총회교육원, SFC 등)	⑤	④	③	②	①
⑤	④	③	②	①	13) 심방 활동	⑤	④	③	②	①
⑤	④	③	②	①	14) 교회학교 교사를 위한 교육	⑤	④	③	②	①
⑤	④	③	②	①	15) 기도 활동	⑤	④	③	②	①
⑤	④	③	②	①	16) 교역자와 성도(부서) 간의 관계	⑤	④	③	②	①
⑤	④	③	②	①	17) 교회와 가정이 연계된 신앙교육	⑤	④	③	②	①
⑤	④	③	②	①	18) 평생교육(장노년 포함) 프로그램	⑤	④	③	②	①
⑤	④	③	②	①	19) 지역사회와 연계된 프로그램	⑤	④	③	②	①

21. (복수응답) 귀하의 신앙교육에 가장 큰 영향을 미치는 사람은 누구라고 생각하십니까? 아래의 보기에서 찾아 우선 순위에 따라 적어주세요.

1순위(　　) 2순위(　　) 3순위(　　)

<보기>
① 담임목사　② 담당 교역자　③ 교사　④ 아버지　⑤ 어머니
⑥ 학생 자신　⑦ 간사(신앙단체)　⑧ 교회 성도　⑨ 조부(할아버지)　⑩ 조모(할머니)
⑪ 친구

22. (복수응답) 교회에 출석하는 동기는 무엇입니까? 자신의 생각을 표현하는 문항을 모두 표시해 주십시오.
___① 나의 신앙 때문이다.
___② 부모님 때문이다.
___③ 친구 때문이다.
___④ 교회 담당 교역자(목사님) 때문이다.
___⑤ 교회 담당 선생님 때문이다.
___⑥ 특별한 이유가 없다.

23. 다음 각각의 항목에 대해 응답해 주십시오.

항목	매우 그렇다	그렇다	보통 이다	그렇지 않다	전혀 그렇지 않다
1) 나는 향후 다른 교회로 옮길 의향이 있다.	⑤	④	③	②	①
2) 나는 향후 신앙생활을 포기할 의향이 있다.	⑤	④	③	②	①
3) 나는 목회자로 인해 교회를 떠나고자 고민해 본적이 있다.	⑤	④	③	②	①
4) 나는 목회자의 비윤리적 행동 때문에 교회를 떠나고자 고민해본 적이 있다.	⑤	④	③	②	①
5) 나는 목회자의 설교 때문에 교회를 떠나고자 고민해본 적이 있다.	⑤	④	③	②	①
6) 나는 신앙 자체에 대한 회의감이 들어 교회를 떠나고자 고민해본 적이 있다.	⑤	④	③	②	①
7) 나는 영적인 필요가 채워지지 않아서 교회를 떠나고자 고민해본 적이 있다	⑤	④	③	②	①
8) 나는 신앙생활을 해도 성장하지 않는 자신의 모습 때문에 교회를 떠나고자 고민해본 적이 있다.	⑤	④	③	②	①
9) 나는 교회의 문화 때문에 교회를 떠나고자 고민해본 적이 있다.	⑤	④	③	②	①
10) 나는 비민주적인 의사소통 구조와 소통의 부재 때문에 교회를 떠나고자 고민해본 적이 있다.	⑤	④	③	②	①
11) 나는 교회가 다음세대에 관심이 없는 것 같아서 교회를 떠나고자 고민해본 적이 있다.	⑤	④	③	②	①
12) 나는 교회가 나에게 지나치게 헌신을 요구하는 문화 때문에 교회를 떠나고자 고민해본 적이 있다.	⑤	④	③	②	①
13) 나는 교회가 지나치게 헌금을 강요하는 문화 때문에 교회를 떠나고자 고민해본 적이 있다.	⑤	④	③	②	①
14) 나는 내가 교회에서 수행하는 봉사로 인해 힘들어서 교회를 떠나고자 고민해본 적이 있다.	⑤	④	③	②	①
15) 나는 교회가 사회적 이슈에 민감하게 반응하지 않기 때문에 교회를 떠나고자 고민해본 적이 있다.	⑤	④	③	②	①

16) 나는 사람들이 생각하는 기독교인에 대한 부정적 인식 때문에 교회를 떠나고자 고민해본 적이 있다.	⑤	④	③	②	①
17) 나는 교회가 공공의 영역에 관심이 없는 것 같아 교회를 떠나고자 고민해본 적이 있다.	⑤	④	③	②	①
18) 나는 교회가 수행하는 특정한 프로그램으로 인해 교회를 떠나고자 고민해본 적이 있다.	⑤	④	③	②	①
19) 나는 교회의 시설환경이 낙후되어 교회를 떠나고자 고민해본 적이 있다.	⑤	④	③	②	①

24. 다음 각각의 항목에 대해 응답해 주십시오.

항목	매우 그렇다	그렇다	보통 이다	그렇지 않다	전혀 그렇지 않다
1) 다음세대들은 기성세대보다 하나님을 더 잘 섬길 것 같다.	⑤	④	③	②	①
2) 다음세대들은 기성세대와 비슷한 수준에서 하나님을 섬길 것 같다.	⑤	④	③	②	①
3) 다음세대들은 기성세대보다 하나님을 잘 섬기지 못할 것 같다.	⑤	④	③	②	①
4) 다음세대들은 신앙생활을 하지 않을 것 같다.	⑤	④	③	②	①
5) 다음세대들은 기성세대보다 교회(봉사와 섬김 등)를 더 잘 섬길 것 같다.	⑤	④	③	②	①
6) 다음세대들은 기성세대와 비슷한 수준에서 교회(봉사와 섬김 등)를 섬길 것 같다.	⑤	④	③	②	①
7) 다음세대들은 기성세대보다 교회(봉사와 섬김 등)를 섬기지 못할 것 같다.	⑤	④	③	②	①
8) 다음세대는 앞으로 교회 활동을 하지 않을 것 같다.	⑤	④	③	②	①

25. 코로나시대 다음 각각의 항목에 대해 응답해 주십시오.

항목	매우 그렇다	그렇다	보통 이다	그렇지 않다	전혀 그렇지 않다
1) 나는 일상의 삶에 전반적으로 만족하고 있다	⑤	④	③	②	①
2) 나는 교회활동에 전반적으로 만족하고 있다	⑤	④	③	②	①
3) 나는 신앙생활에 전반적으로 만족하고 있다	⑤	④	③	②	①
4) 나는 학교생활에 전반적으로 만족하고 있다	⑤	④	③	②	①

26. 코로나 이후(향후 3-5년) 한국교회의 변화에 대해 응답해 주십시오.

항목	매우 그렇다	그렇다	보통 이다	그렇지 않다	전혀 그렇지 않다
1) 한국교회가 계속 성장해 나갈 것이다.	⑤	④	③	②	①
2) 한국교회의 교회학교가 계속 성장해 나갈 것이다.	⑤	④	③	②	①
3) 가정 안에서의 신앙교육이 나아질 것이다.	⑤	④	③	②	①

27. 다음 각각의 항목에 대해 응답해 주십시오.

항목	매우 그렇다	그렇다	보통 이다	그렇지 않다	전혀 그렇지 않다
1) 나는 성경이 정확무오한 하나님 말씀임을 믿습니다.	⑤	④	③	②	①
2) 나는 하나님의 천지창조를 믿습니다.	⑤	④	③	②	①
3) 나는 예수 그리스도를 믿음으로 말미암아 구원받음을 믿습니다.	⑤	④	③	②	①

♣ 설문에 응답해주셔서 대단히 감사합니다 ♣

포스트 코로나시대
다음세대 신앙교육을 위한 교회사역 방안 연구

- 다음세대용 설문지 -

안녕하십니까?

본 조사의 목적은 '코로나시대 다음세대 신앙교육 및 교회사역'과 관련된 실태를 파악하여 현장 목회자와 교회를 위한 실제적인 사역 방안과 전략을 제공하고자 함에 있습니다. 귀하의 응답 내용은 한국교회와 고신교회의 신앙교육과 교회사역 개선을 위한 소중한 자료로 활용될 것입니다.

귀하의 응답 내용은 통계법 제33조에 따라 통계자료로만 사용되며 철저히 비밀이 보장됩니다. 본 조사가 하나님 나라 확장과 한국교회 및 고신교회 발전에 크게 이바지할 수 있도록 귀하의 적극적인 협조를 부탁드립니다.

2021년 9월
대한예수교장로회(고신) 총회교육원·학생신앙운동(SFC)

- **연구책임:** 이현철 박사(고신대학교 기독교교육과)
- **공동연구:** 박신웅 박사(고려신학대학원)·이기룡 박사(총회교육원)·안성복 목사(SFC)
- **연구협력:** 백경태·박건규·손지혜·허주은 간사(SFC), 김홍일·김은덕 목사(총회교육원)

※ 다음은 귀하의 개인배경에 대한 질문입니다. 귀하에게 해당되는 번호 옆 빈칸에
  ∨ 표시를 해주시기 바랍니다.

1. 귀하의 성별은? __① 남자 __② 여자

2. 귀하가 다니는 학교의 소재지는?
    __① 서울   __② 부산   __③ 대구   __④ 인천   __⑤ 광주
    __⑥ 대전   __⑦ 울산   __⑧ 경기   __⑨ 강원   __⑩ 충북
    __⑪ 충남(세종) __⑫ 전북   __⑬ 전남   __⑭ 경북   __⑮ 경남
    __⑯ 제주

3. 귀하의 학교급은?
    ① 초등학교   ② 중학교   ③ 고등학교   ④기타(홈스쿨링 또는 대안학교 등)

4. 귀하의 학년은?
    - 초등학교생의 경우: (   )학년
    - 중고등학생의 경우: (   )학년

5. 귀하의 나이는? (숫자기입)

6. 귀하가 교회에 출석한지는 몇 년정도 됩니까?
    __① 1년 미만   __② 1년~3년 미만   __③ 3년~5년 미만
    __④ 5년~10년 미만 __⑤ 10년 이상

7. 귀하가 출석하는 교회의 전체 인원은 몇 명정도 됩니까?
    ① 50명 미만   ② 50-150명 미만   ③ 150-300명 미만
    ④ 300-600명 미만 ⑤ 600-1000명 미만 ⑥ 1000명 이상

8. 귀하가 출석하는 교회 청소년부의 인원은 몇 명정도 됩니까?

    ① 10명 이하 ② 11-20명   ③ 21-40명   ④ 41-60명

    ⑤ 61-100명 ⑥ 101-200명 ⑦ 201명 이상

9. 귀하의 신력(신앙 이력)은?

    __① 원입(새신자) __② 학습 __③ 세례 __④ 유아세례-입교

10. 귀하는 코로나19로 인해 개인적으로 어떤 변화가 있었는지 다음 각각의 항목에
    응답해 주십시오.

항목	매우 그렇다	그렇다	보통 이다	그렇지 않다	전혀 그렇지 않다
1) 혼자 있는 시간이 많아졌다.	⑤	④	③	②	①
2) 가족들과 대화가 많아졌다.	⑤	④	③	②	①
3) 친구들과 모임이 줄어들었다.	⑤	④	③	②	①
4) 코로나19로 인해 우울감이 들었다.	⑤	④	③	②	①
5) 코로나19로 인해 불안감이 들었다.	⑤	④	③	②	①
6) 코로나19로 인해 고립감이 들었다.	⑤	④	③	②	①
5) 코로나19로 인해 학교에 가는 게 약간은 겁난다.	⑤	④	③	②	①

11. 코로나19로 인해 어려운 점은 무엇인지 보기에서 중요한 순서대로 2가지를 골라
주세요.

(1순위___   2순위___)

<보기>
① 친구와 자주 만나지 못한다.
② 외출하기 어려워졌다.
③ 학업에 소홀해졌다(공부가 잘 되지 않는다).
④ 생활이 불규칙해졌다.
⑤ 미디어(스마트폰, TV, PC/노트북 등) 사용이 증가하였다.
⑥ 식사를 혼자 해결해야 하는 경우가 많아졌다.
⑦ 진로 준비

12. 코로나19 이전과 이후 본인의 신체적 건강상태는 어떤지 해당되는 번호에 각각
하나씩 응답해 주십시오.

평균 수면 시간	1) 코로나19 이전	2) 코로나19 이후
전혀 건강하지 않다	①	①
건강하지 않다	②	②
보통이다	③	③
건강하다	④	④
매우 건강하다	⑤	⑤

13. 코로나19 이전과 이후 본인의 정신적 건강상태는 어떤지 해당되는 번호에 각각 하나씩 응답해 주십시오.

평균 수면 시간	1) 코로나19 이전	2) 코로나19 이후
전혀 건강하지 않다	①	①
건강하지 않다	②	②
보통이다	③	③
건강하다	④	④
매우 건강하다	⑤	⑤

14. 교회에서의 온라인 활동에 대해 귀하는 전체적으로 어떻게 평가하십니까?

항목	매우 그렇다	그렇다	보통 이다	그렇지 않다	전혀 그렇지 않다
1) 사역자들은 온라인 사역 준비를 잘하는 것 같다.	⑤	④	③	②	①
2) 사역자들은 대면활동보다 설명을 더 잘하는 것 같다.	⑤	④	③	②	①
3) 교회학교 선생님은 온라인 사역 준비를 잘하는 것 같다.	⑤	④	③	②	①
4) 교회학교 선생님은 대면활동보다 설명을 더 잘하는 것 같다.	⑤	④	③	②	①
5) 대면 활동보다 온라인 활동에 집중이 잘된다.	⑤	④	③	②	①
6) 대면 활동보다 온라인 교육의 효과가 더 있다.	⑤	④	③	②	①
7) 전체적으로 온라인을 통한 신앙활동에 만족한다.	⑤	④	③	②	①
5) 전체적으로 온라인을 통한 신앙활동에 만족한다.	⑤	④	③	②	①

15. 귀하는 코로나19로 인해 신앙적으로 어떤 변화가 있었는지 다음 각각의 항목에 응답해 주십시오.

항목	매우 그렇다	그렇다	보통 이다	그렇지 않다	전혀 그렇지 않다
1) 기도하는 시간이 늘어났다.	⑤	④	③	②	①
2) 성경읽는 시간이 늘어났다.	⑤	④	③	②	①
3) 기독교 서적 읽기가 늘어났다.	⑤	④	③	②	①
4) 친구들이나 가족과 신앙과 관련된 대화시간이 늘어났다.	⑤	④	③	②	①
5) 교회 지체들과의 교제 시간이 늘었다.	⑤	④	③	②	①
6) 분반공부 참여 시간이 늘어났다.	⑤	④	③	②	①
7) 교회의 대면 심방(연락)의 빈도가 늘어났다.	⑤	④	③	②	①
8) 교회의 비대면(전화, SNS 등)심방(연락)의 빈도가 늘어났다.	⑤	④	③	②	①
9) 교회의 온라인 사역 활동 빈도가 늘어났다.	⑤	④	③	②	①
10) 온라인 매체(pc, 태블릿, 동영상 스트리밍 등) 활용 빈도가 늘어났다.	⑤	④	③	②	①

16. 귀하는 교회예배를 온라인으로 하는 것에 대해 어떻게 생각하십니까?

___① 절대 해서는 안된다고 생각한다.

___② 어쩔수 없는 경우에는 할 수도 있다고 생각한다.

___③ 평상시에도 할 수 있다고 생각한다.

___④ 잘모르겠다

17. 귀하는 다음 항목의 교회모임을 하는 온라인으로 하는 것에 어떻게 생각하십니까? 그리고 온라인으로 모임을 한다면 참여의향은 어떠신가요?

항목	매우 그렇다	그렇다	보통 이다	그렇지 않다	전혀 그렇지 않다
1) 청소년부 온라인 예배	⑤	④	③	②	①
2) 청소년부 온라인 성경공부	⑤	④	③	②	①
3) 청소년부 온라인 소모임(성경공부 외 다양한 모임)	⑤	④	③	②	①
4) 청소년부 온라인 제자훈련	⑤	④	③	②	①
5) 청소년부 온라인 수련회	⑤	④	③	②	①

18. 코로나19가 개인의 신앙생활에 어떤 영향을 미쳤는지 다음 각각의 항목에 대해 응답해 주십시오.

항목	매우 그렇다	그렇다	보통 이다	그렇지 않다	전혀 그렇지 않다
1) 감염 위험성 때문에 교회 가기가 부담스럽다.	⑤	④	③	②	①
2) 교회모임이 줄어들어 교제를 못 해 아쉽다.	⑤	④	③	②	①
3) 주일날 교회 친구들끼리 교회 밖에서 자유롭게 교제 할 수 있어 더 좋다.	⑤	④	③	②	①
4) 코로나 이전보다 온라인을 통해 기독교 컨텐츠를 더 많이 접하게 되었다.	⑤	④	③	②	①
5) 기독교인으로서 정체성을 고민하게 되었다.	⑤	④	③	②	①
6) 주일날 교회활동이 줄어들어 시간적인 여유가 있어 서 좋았다.	⑤	④	③	②	①

19. 다음의 제시된 신앙생활에 대해 귀하가 생각하는 현재 선호도와 미래 중요도를 해당 번호에 응답해주시기 바랍니다(반드시 양쪽 모두에 응답).

※ 현재 선호도는 **'내가 현재 좋아하며 자주하는 것'**이고 미래 중요도는 **'현재 좋아하거나 자주하지 않더라도 미래에는 중요하다고 생각하는 것'**입니다.

<⑤ 매우 높다 ④ 조금 높다 ③ 보통이다 ② 조금 낮다 ① 매우 낮다>

현재 선호도					신앙생활	미래 중요도				
⑤	④	③	②	①	1) (오프라인 대면) 예배 참여하기	⑤	④	③	②	①
⑤	④	③	②	①	2) (온라인 비대면) 예배 참여하기	⑤	④	③	②	①
⑤	④	③	②	①	3) (온라인 비대면) 신앙양육 프로그램	⑤	④	③	②	①
⑤	④	③	②	①	4) (온라인 비대면) 신앙공동체 활동	⑤	④	③	②	①
⑤	④	③	②	①	5) (온라인 비대면) 신앙 상담활동	⑤	④	③	②	①
⑤	④	③	②	①	6) 기도하기	⑤	④	③	②	①
⑤	④	③	②	①	7) 성경읽기	⑤	④	③	②	①
⑤	④	③	②	①	8) 성경공부 참여하기	⑤	④	③	②	①
⑤	④	③	②	①	9) 기독서적 읽기	⑤	④	③	②	①
⑤	④	③	②	①	10) 교회 외 종교모임 참여하기	⑤	④	③	②	①
⑤	④	③	②	①	11) 전도활동하기	⑤	④	③	②	①

20. 포스트 코로나시대의 다음세대 교회 사역을 위해 가장 중요한 요인은 무엇이라고 생각하시는지요. 다음의 제시된 요인에 대해 귀하가 생각하는 현재 선호도와 미래 중요도를 해당 번호에 응답해주시기 바랍니다(반드시 양쪽 모두에 응답).

※ 현재 선호도는 '**현재 생각하는 것**'이고 미래 중요도는 '**미래에는 중요하다고 생각하는 것**'입니다.

<⑤ 매우 높다 ④ 조금 높다 ③ 보통이다 ② 조금 낮다 ① 매우 낮다>

현재 선호도					교회 사역 요인	미래 중요도				
⑤	④	③	②	①	1) 담임목사의 리더십	⑤	④	③	②	①
⑤	④	③	②	①	2) 담임목사의 목회철학	⑤	④	③	②	①
⑤	④	③	②	①	3) 교역자의 현장사역 전문성	⑤	④	③	②	①
⑤	④	③	②	①	4) 교회학교 교사의 헌신	⑤	④	③	②	①
⑤	④	③	②	①	5) 학생의 개인적 요인(참여, 관심 등)	⑤	④	③	②	①
⑤	④	③	②	①	6) 교회학교 신앙양육 프로그램	⑤	④	③	②	①
⑤	④	③	②	①	7) 학부모의 관심	⑤	④	③	②	①
⑤	④	③	②	①	8) 전도 활동	⑤	④	③	②	①
⑤	④	③	②	①	9) 다음세대 재정 지원	⑤	④	③	②	①
⑤	④	③	②	①	10) 성도들의 교회교육에 대한 관심	⑤	④	③	②	①
⑤	④	③	②	①	11) 총회 및 노회의 지원과 관심	⑤	④	③	②	①
⑤	④	③	②	①	12) 총회 산하 교육기관의 지원(총회교육원, SFC 등)	⑤	④	③	②	①
⑤	④	③	②	①	13) 심방 활동	⑤	④	③	②	①
⑤	④	③	②	①	14) 교회학교 교사를 위한 교육	⑤	④	③	②	①
⑤	④	③	②	①	15) 기도 활동	⑤	④	③	②	①
⑤	④	③	②	①	16) 교역자와 성도(부서) 간의 관계	⑤	④	③	②	①
⑤	④	③	②	①	17) 교회와 가정이 연계된 신앙교육	⑤	④	③	②	①
⑤	④	③	②	①	18) 평생교육(장노년 포함) 프로그램	⑤	④	③	②	①
⑤	④	③	②	①	19) 지역사회와 연계된 프로그램	⑤	④	③	②	①

21. (복수응답) 귀하의 신앙교육에 가장 큰 영향을 미치는 사람은 누구라고 생각하십니까? 아래의 보기에서 찾아 우선 순위에 따라 적어주세요.

1순위(　　) 2순위(　　) 3순위(　　)

<보기>
① 담임목사　② 담당 교역자　③ 교사　④ 아버지　⑤ 어머니
⑥ 학생 자신　⑦ 간사(신앙단체)　⑧ 교회 성도　⑨ 조부(할아버지)　⑩ 조모(할머니)
⑪ 친구

22. (복수응답) 교회에 출석하는 동기는 무엇입니까? 자신의 생각을 표현하는 문항을 모두 표시해 주십시오.

___① 나의 신앙 때문이다.

___② 부모님 때문이다.

___③ 친구 때문이다.

___④ 교회 담당 교역자(목사님) 때문이다.

___⑤ 교회 담당 선생님 때문이다.

___⑥ 특별한 이유가 없다.

23. 다음 각각의 항목에 대해 응답해 주십시오.

항목	매우 그렇다	그렇다	보통 이다	그렇지 않다	전혀 그렇지 않다
1) 나는 향후 다른 교회로 옮길 의향이 있다.	⑤	④	③	②	①
2) 나는 향후 신앙생활을 포기할 의향이 있다.	⑤	④	③	②	①
3) 나는 목회자로 인해 교회를 떠나고자 고민해 본적이 있다.	⑤	④	③	②	①
4) 나는 목회자의 비윤리적 행동 때문에 교회를 떠나고 자 고민해본 적이 있다.	⑤	④	③	②	①
5) 나는 목회자의 설교 때문에 교회를 떠나고자 고민해 본 적이 있다.	⑤	④	③	②	①
6) 나는 신앙 자체에 대한 회의감이 들어 교회를 떠나 고자 고민해본 적이 있다.	⑤	④	③	②	①
7) 나는 영적인 필요가 채워지지 않아서 교회를 떠나고 자 고민해본 적이 있다	⑤	④	③	②	①
8) 나는 신앙생활을 해도 성장하지 않는 자신의 모습 때문에 교회를 떠나고자 고민해본 적이 있다.	⑤	④	③	②	①
9) 나는 교회의 문화 때문에 교회를 떠나고자 고민해 본 적이 있다.	⑤	④	③	②	①
10) 나는 비민주적인 의사소통 구조와 소통의 부재 때 문에 교회를 떠나고 고민해본 적이 있다.	⑤	④	③	②	①
11) 나는 교회가 다음세대에 관심이 없는 것 같아서 교 회를 떠나고자 고민해본 적이 있다.	⑤	④	③	②	①
12) 나는 교회가 나에게 지나치게 헌신을 요구하는 문 화 때문에 교회를 떠나고자 고민해본 적이 있다.	⑤	④	③	②	①
13) 나는 교회가 지나치게 헌금을 강요하는 문화 때문 에 교회를 떠나고자 고민해본 적이 있다.	⑤	④	③	②	①
14) 나는 내가 교회에서 수행하는 봉사로 인해 힘들어 서 교회를 떠나고자 고민해본 적이 있다.	⑤	④	③	②	①
15) 나는 교회가 사회적 이슈에 민감하게 반응하지 않 기 때문에 교회를 떠나고자 고민해본 적이 있다.	⑤	④	③	②	①

항목	매우 그렇다	그렇다	보통 이다	그렇지 않다	전혀 그렇지 않다
16) 나는 사람들이 생각하는 기독교인에 대한 부정적 인식 때문에 교회를 떠나고자 고민해본 적이 있다.	⑤	④	③	②	①
17) 나는 교회가 공공의 영역에 관심이 없는 것 같아 교회를 떠나고자 고민해본 적이 있다.	⑤	④	③	②	①
18) 나는 교회가 수행하는 특정한 프로그램으로 인해 교회를 떠나고자 고민해본 적이 있다.	⑤	④	③	②	①
19) 나는 교회의 시설환경이 낙후되어 교회를 떠나고자 고민해본 적이 있다.	⑤	④	③	②	①

24. 다음 각각의 항목에 대해 응답해 주십시오.

항목	매우 그렇다	그렇다	보통 이다	그렇지 않다	전혀 그렇지 않다
1) 다음세대들은 기성세대보다 하나님을 더 잘 섬길 것 같다.	⑤	④	③	②	①
2) 다음세대들은 기성세대와 비슷한 수준에서 하나님을 섬길 것 같다.	⑤	④	③	②	①
3) 다음세대들은 기성세대보다 하나님을 잘 섬기지 못할 것 같다.	⑤	④	③	②	①
4) 다음세대들은 신앙생활을 하지 않을 것 같다.	⑤	④	③	②	①
5) 다음세대들은 기성세대보다 교회(봉사와 섬김 등)를 더 잘 섬길 것 같다.	⑤	④	③	②	①
6) 다음세대들은 기성세대와 비슷한 수준에서 교회(봉사와 섬김 등)를 섬길 것 같다.	⑤	④	③	②	①
7) 다음세대들은 기성세대보다 교회(봉사와 섬김 등)를 섬기지 못할 것 같다.	⑤	④	③	②	①
8) 다음세대는 앞으로 교회 활동을 하지 않을 것 같다.	⑤	④	③	②	①

25. 코로나시대 다음 각각의 항목에 대해 응답해 주십시오.

항목	매우 그렇다	그렇다	보통 이다	그렇지 않다	전혀 그렇지 않다
1) 나는 일상의 삶에 전반적으로 만족하고 있다	⑤	④	③	②	①
2) 나는 교회활동에 전반적으로 만족하고 있다	⑤	④	③	②	①
3) 나는 신앙생활에 전반적으로 만족하고 있다	⑤	④	③	②	①
4) 나는 학교생활에 전반적으로 만족하고 있다	⑤	④	③	②	①

26. 코로나 이후(향후 3-5년) 한국교회의 변화에 대해 응답해 주십시오.

항목	매우 그렇다	그렇다	보통 이다	그렇지 않다	전혀 그렇지 않다
1) 한국교회가 계속 성장해 나갈 것이다.	⑤	④	③	②	①
2) 한국교회의 교회학교가 계속 성장해 나갈 것이다.	⑤	④	③	②	①
3) 가정 안에서의 신앙교육이 나아질 것이다.	⑤	④	③	②	①

27. 다음 각각의 항목에 대해 응답해 주십시오.

항목	매우 그렇다	그렇다	보통 이다	그렇지 않다	전혀 그렇지 않다
1) 나는 성경이 정확무오한 하나님 말씀임을 믿습니다.	⑤	④	③	②	①
2) 나는 하나님의 천지창조를 믿습니다.	⑤	④	③	②	①
3) 나는 예수 그리스도를 믿음으로 말미암아 구원받음을 믿습니다.	⑤	④	③	②	①

♣ 설문에 응답해주셔서 대단히 감사합니다 ♣

표 & 그림 목록

표 목록

그림 목록